“互联网＋”背景下
企业品牌营销的策划与创新

杨　枫◎著

文化发展出版社
Cultural Development Press
·北京·

图书在版编目（CIP）数据

“互联网 +”背景下企业品牌营销的策划与创新 / 杨枫著 . — 北京 ：文化发展出版社，2024.1
ISBN 978-7-5142-4286-7

Ⅰ . ①互… Ⅱ . ①杨… Ⅲ . ①互联网络－应用－企业管理－品牌营销－研究 Ⅳ . ① F272.3-39

中国国家版本馆 CIP 数据核字 (2024) 第 014009 号

“互联网 +”背景下企业品牌营销的策划与创新

杨　枫　著

出 版 人：宋　娜
责任编辑：张宝平　　　　责任校对：侯　娜
责任印制：邓辉明　　　　封面设计：守正文化
出版发行：文化发展出版社（北京市翠微路 2 号　邮编：100036）
网　　址：www.wenhuafazhan.com
经　　销：全国新华书店
印　　刷：天津和萱印刷有限公司

开　　本：710mm × 1000mm　1/16
字　　数：240 千字
印　　张：13.5
版　　次：2024 年 3 月第 1 版
印　　次：2024 年 3 月第 1 次印刷

定　　价：72.00 元
I S B N：978-7-5142-4286-7

◆ 如有印装质量问题，请电话联系：010-58484999

内容简介

本书以企业品牌为基底，以企业品牌营销为导向，对“互联网 +”背景下企业品牌营销的策划与创新展开论述。本书简要介绍了品牌与品牌营销，引导读者了解品牌的内涵与相关理论、品牌营销的基本概念、特征、基本步骤与目标成果等基本内容；详细论述了“互联网 +”背景下的企业品牌营销相关概念、面临的挑战以及互联网思维，试图厘清“互联网 +”与企业品牌营销的关系；具体分析了“互联网 +”背景下品牌营销的顶层设计与品牌文化塑造，主要内容包括品牌营销的设计原则、消费者的角色变化、品牌营销的战略规划、品牌文化构成与培育等；进一步探究了“互联网 +”背景下的品牌营销创新和危机管理，为“互联网 +”背景下的企业品牌营销策划与创新提供了建设性的指导意见。

前　言

在当今信息爆炸的时代，互联网的兴起给企业品牌营销带来了巨大的挑战和机遇。互联网的普及和技术的进步改变了人们获取信息的方式和消费行为，传统的品牌营销方式已经无法满足新时代的需求。为了适应这一变革，企业需要不断地进行品牌营销的策划和创新，以有效地推动品牌的发展并增强营销的效果。

在“互联网 +”背景下，企业品牌营销不再局限于传统的广告宣传和销售推广，而是更注重消费者的互动和参与，与消费者建立起更加紧密的品牌关系。互联网的发展让企业能够更加精确地了解消费者的需求和喜好，通过大数据分析和人工智能的运用，企业可以进行更加精准的定位和个性化的推广。同时，互联网还为企业提供了更多的沟通和传播渠道，使得品牌可以更加广泛地传播，扩大品牌的影响力。

另外，互联网的发展也催生了各种新兴的营销方式和平台。微信公众号、短视频等新媒体平台的兴起，让企业有了更多的选择和机会，可以更加灵活地展示品牌形象和产品特点。通过精心策划的营销活动和独特的内容创意，企业可以吸引更多的目标受众，提高品牌的知名度和美誉度。

除了传统的线上渠道，线下实体店铺也可以借助互联网的力量进行创新营销。例如，通过与线上平台的合作，实现线上线下的融合，为消费者提供更加便捷的购物体验和个性化的服务。此外，通过利用互联网技术，创建智能化的购物环境和个性化的推荐系统，可以更好地满足消费者的需求，提高其购物的满意度和忠诚度。

当然，在互联网时代的品牌营销中，企业也面临着一些挑战和难题。互联网的发展使得市场竞争更加激烈，消费者的选择更加广泛，如何在众多品牌中脱颖而出成为企业需要解决的问题。同时，互联网也加剧了商标侵权和不实信息传播等风险，企业需要采取有效的措施保护自己的知识产权和品牌形象。

在这样的背景下，企业品牌营销的策划与创新显得尤为重要。无论是传统企业还是互联网企业，都需要密切关注市场和消费者的变化，不断进行市场研究和分析，了解消费者的需求和喜好。基于对消费者的深入洞察和对市场的精准定位，企业可以制定出切实可行的营销策略，选择适合的渠道和平台进行推广。

创新是企业品牌营销的核心竞争力，只有不断创新，才能与时俱进，提升品牌的竞争力和市场份额。企业可以通过有创意的广告宣传、新颖的产品设计、独特的服务体验等来吸引消费者的关注和认同。此外，企业还可以与其他企业、机构进行合作，通过资源共享和互惠互利的模式实现协同营销。

本书共六章内容。第一章为品牌与品牌营销，主要内容有品牌的内涵与外延、品牌研究相关理论、品牌营销的基本概念与特征、品牌营销的基本步骤与目标成果，全面论述了品牌与品牌营销相关的理论内容。第二章为“互联网 +”背景下的企业品牌营销，分为“互联网 +”与品牌营销、“互联网 +”时代品牌营销面临的挑战、品牌营销的互联网思维研究三节内容。第三章为“互联网 +”背景下品牌营销的顶层设计，分为“互联网 +”背景下品牌营销的原则、“互联网 +”背景下消费者角色的变化、“互联网 +”背景下品牌营销的战略规划三节内容。第四章为“互联网 +”背景下的品牌文化塑造，分为品牌文化的概念、品牌文化的构成、“互联网 +”背景下品牌文化的培育三节内容。第五章为“互联网 +”背景下的品牌营销创新，分为社会化媒体营销、搜索引擎营销和跨界营销三节内容。第六章为“互联网 +”背景下的品牌危机管理，介绍了“互联网 +”背景下的品牌维护、“互联网 +”背景下的品牌危机应对策略、法律保护机制在品牌危机中的应用研究三节内容。

在撰写本书的过程中，作者参考了大量的学术文献，得到了许多专家学者的帮助，在此表示真诚感谢。本书内容系统全面，论述条理清晰、深入浅出，但由于作者水平有限，书中难免有疏漏之处，希望广大同行及时指正。

杨　枫

2023 年 6 月

目录

第一章　品牌与品牌营销

本章为品牌与品牌营销，主要内容有品牌的内涵与外延、品牌研究相关理论、品牌营销的基本概念与特征、品牌营销的基本步骤与目标成果，全面论述了品牌与品牌营销相关的理论内容。

第一节　品牌的内涵与外延

自 20 世纪 50 年代正式提出“品牌”这个概念以来，越来越多的专业领域开始对与之相关的课题展开探讨。在这些领域，基于各种不同的分类准则，提出了大量关于品牌的新概念，并且形成了许多品牌假说、定律和执行模式。

一、品牌的内涵

品牌是在人们营销过程中形成的无形资产。随着“互联网 +”概念的流行，品牌的内涵也发生了一定变化。品牌已经成为企业和国家综合实力的重要体现方式，同时也是经济全球化中必不可少的资源之一。

品牌是人们通过对某组织、行业、市场、网络、地区或社会中具有一定影响力的事物的共同特点的抽象认知所形成的概念，这是从术语学的角度来考虑的。这些事物不仅包括实际存在且可见的事物，如商品、个人和组织，还包括由想象产生的事物，如神话人物。此外，还包括抽象的事物，如概念和思想。

（一）品牌内涵发展阶段

1. 品牌内涵发展阶段划分的研究现状

第一，二阶段论。将品牌的内涵发展分为两个阶段：一是“品牌即标识”阶段，即通过采用名称、徽标、图标、口号和广告标语来标识公司产品，以提升知名度和形象，从而满足理性消费者的“特色和益处”需求；二是“品牌即体验”

阶段，即通过建立名称、标识、口号、活动和建立品牌与消费者感官、情感、生活方式之间的创新性联系，来满足消费者渴望刺激、乐趣，从而为客户创造“体验”价值。

第二，三阶段论。从品牌内涵演进过程角度，把品牌理论发展划分为三个阶段，即品牌就是品牌标识、品牌就是品牌形象、品牌就是品牌关系。从马克思的经济学哲学——“人的方式”“关系方式”思想角度出发，提出“物—人—我的关系方式”的序列，在此基础上把品牌的内涵发展划分为“产品品牌—品牌产品—品牌”的序列，并认为品牌是人的关系方式。把品牌本性发展划分为三个阶段：一是传统品牌观阶段，包括符号说、情感说、综合说、浅层关系说、浅层媒介说等；二是现代品牌观阶段，包括深层关系说、扩展的媒介特性说等；三是未来品牌观阶段，包括品牌哲学说、品牌生态说等。

第三，五阶段论。把品牌建设划分为五个发展阶段：一是由制造商与销售者主导市场阶段；二是产品物质差别营销阶段；三是传统的品牌营销阶段；四是偶像驱动的品牌营销阶段；五是消费者成熟或后现代化阶段。从品牌的产生、发展趋势角度又可把品牌内涵分为五个阶段：一是属性、利益阶段；二是属性、利益、价值和文化阶段；三是属性、利益、价值、文化和个性阶段；四是属性、利益、价值、文化、个性和品牌本身阶段；五是属性、利益、价值、文化、个性、品牌本身、品牌使用者及使用场合、品牌销售者及销售地点阶段。还可把西方品牌研究历程划分为品牌本身、品牌是一种战略、品牌是一种资产、品牌是一种管理和品牌是一种关系五个理论阶段。

2. 品牌内涵发展阶段划分的新标准

实践证明，上述研究者仅仅按时间序列对品牌内涵发展阶段进行简单的划分是不全面的。实际上，在品牌概念诞生之时，人们对它的理解就分别包含了“品牌人物复合化”“品牌人格化”“品牌物格化”三种基本假说。品牌的发展是因为品牌具有一种能满足顾客理性和情感需要的价值，品牌的创建要超越差异性和功能主义，它应该注重开发一种个性价值，因此，品牌管理的一项任务就是要建立品牌的个性，要创造性地运用广告资源来为品牌建设（即企业的长期收益）投资。

20 世纪 50 年代，品牌人格化思想处于零散状态，物格化和人物复合化认识占据主导地位，代表性理论和思想有独特销售主张理论、品牌功能和情感（个性）价值统一说等。在 20 世纪 60 年代，有关品牌人物的综合研究还没有形成系统化的体系，此时最主要的研究方向是人格化和物格化的发展与探究。品牌研究中常用的理论包括品牌标识说、品牌生命周期论、品牌形象论、品牌个性论等。20世纪70年代，品牌人格化和人物复合化研究处于零散状态，物格化研究占据主导地位，代表性理论和思想有品牌定位论、品牌延伸思想等。20世纪80年代，品牌人格化和人物复合化研究仍然处于零散状态，物格化研究继续占据主导地位，代表性理论和思想有品牌延伸理论等。20世纪90年代，品牌人物复合化研究处于零散状态，物格化和人格化研究占据主导地位，代表性理论和思想有品牌权益论、品牌资产论、品牌价值论、品牌关系论等。世纪之交，人们对品牌内涵的认识又重新回到了50年前品牌人物复合化思想的"起点"，所不同的是理解深刻得多：品牌是人与物的统一体。品牌人格化的理论基础包括宗教神学的万物有灵论、心理学的自我概念和自我认同理论、社会学的社会角色理论和仿生学理论等。到了经济发展的新时期，越来越多的人开始把品牌物格化和人格化研究范式转到人物复合化的研究范畴之中，至此人们开始初步具备完整审视品牌的眼光。

（二）品牌内涵发展状态

1. 品牌内涵发展状态刻画的研究现状

第一，品牌内涵的冰山模型：品牌的冰山理论主要包括2个部分，共5个不同方面的特征。标识、名称等是品牌的可见特征，完整的品牌概念还包括价值观、智慧、文化等不可见部分。可见部分与不可见部分的关系可以用一个漂浮在水中的冰山来形容。其中，标识、名称等可见部分仅占品牌内涵的15%，而价值观、智慧、文化等不可见部分约占品牌内涵的85%。

第二，品牌内涵的金字塔模型：一个品牌的内涵包括六个不同方面，即属性、利益、价值、文化、个性和使用者。这六个方面并不是完全并列的关系，而是一种可以归结于三个层次的金字塔结构。从顾客认知过程来看，往往是从品牌的属性、利益体验到品牌的功能定位，到品牌在用户、文化、个性上的独特性，最后才能领悟到品牌的核心价值。从品牌塑造过程来看，则应该以品牌做出的价值承诺为核心，建立品牌文化，树立品牌个性，定位目标市场，从这几个方面出发去设计品牌的属性和提供的利益。以品牌的核心价值统率品牌的塑造过程，这样才能保证品牌管理的成功。

2. 品牌内涵发展状态刻画的新标准

在上述研究基础上，我们拟从术语学角度对品牌内涵的发展状态进行分类刻画，具体包括三大范畴共34个不同的本质特征（表1-1-1）。采用这一划分标准不仅有助于人们全面了解“品牌理论丛林”的发生机制，而且可以为后续探讨规范“品牌研究范畴”提供现实依据。通过大量的文献调查、整理与归纳，我们可以发现：不同专业领域对“作为物的品牌”“作为人的品牌”“作为人与物复合的品牌”的众多特性的侧重点有所不同，逐渐形成了一些不同的本质特征认识和假说，并在此基础上提出了一系列不同的品牌理论和思想。

表 1-1-1　品牌的内涵：本质特征、专业领域及代表性理论和思想

范畴	本质特征及其表述		专业领域	代表性理论和思想
品牌是物	名称、语言	品牌是一种名称或语言活动	语言学	品牌命名理论
	特色、产品	品牌是一种特色、亮点、益处或产品	推销学	独特销售主张理论
	标志、设计	品牌是一种标志（色、图、字等物）或设计	艺术设计学	品牌设计理论
	符号、象征	品牌是一种象征、符号或符号系统	符号学	品牌符号学说
	组合、区分	品牌是一种名称、术语、标记、符号或设计，或是它们的组合运用	市场营销学	传统品牌营销理论
	商标、产权	品牌是指商品的牌子和商标或知识产权	法学	商标理论
	资产	品牌是一种动态的资产	会计学	品牌资产理论
	认知	品牌是消费者或公众对产品、名称或组织感受的总和	心理学	品牌认识说
	信息、媒介	品牌是一种信息或消费者回忆的媒介	信息学	品牌的信息问题研究
品牌是人	灵魂、生命	品牌是一个有灵魂的生命体	宗教神学	品牌精神
	生命、肉体	品牌是一个生理性的演进实体	仿生学	品牌生命周期论

续表

范畴	本质特征及其表述		专业领域	代表性理论和思想
品牌是人	故事、传承	品牌是一种创业史、故事或文化的传承	历史学	品牌故事塑造方法
	情感、人格、认同	品牌是一个可感知、可映射个性的存在	心理学	品牌价值观
	角色、关系	品牌是一种顾客、供应链或利益相关关系	社会学	品牌关系
	口碑	品牌是一种口碑	新闻传播学	品牌口碑营销思想
	体验	品牌是一种体验	神经生物学	品牌体验论
	文化、品位	品牌是一种文化、意义和品位	文化学	品牌意义说
	联结、媒介	品牌是产品、符号等相关者之间的联结和媒介	信息学	品牌媒介说
	文化、差异	品牌体现了价值观、态度和文化的差异	人类学	品牌的民族、本土及国际化问题研究
	完整、统一	品牌是完整的“人”	人学	品牌人学思想
品牌是人、物的复合统一	承诺、品质	品牌是一种承诺、品质保证或风险减弱器	质量管理	品牌的质量问题研究
	组织	组织就是品牌	组织理论	组织品牌化思想
	协同、进化	品牌是一种生态关系	生态学	品牌生态学思想
	权益、过程	品牌是一种权益、活动或过程	管理学	品牌管理
	协调、沟通	品牌是一种行动的一致协调	领导科学	品牌领导思想

续表

范畴	本质特征及其表述		专业领域	代表性理论和思想
品牌是人、物的复合统一	资源、方法	品牌是一种资源配置的方法或原则	经济学	品牌经济学思想
	差异、价值	品牌是一种差异、定位或价值链	战略管理	品牌差异化
	和谐、平衡	品牌是一种平衡	政治学	综合品牌塑造
	行为、认知	品牌是公众对组织行为的印象感受	心理学	品牌行为学思想

（三）现代品牌的功能和作用

品牌的功能与作用和它的竞争特点密切相关。对于企业而言，实施品牌化的过程，既是创造价值的过程，也是一种管理工具的运用过程；而对于消费者而言，品牌则不但包含了简单的识别，而且还包含了更深的意蕴。从市场营销角度界定品牌的作用，通常将其简单地归结为标志作用、品质保证、影响和决定企业竞争力、创造超值能力以及品牌文化导向等。

1. 标志性作用

通常情况下，品牌直接的表现就是标志性作用。这种标志性作用简单来说，可以明确区分与其他品牌的差异，它确认了商品及其原料制造商，并且通常带有特定的关联形象；进一步则可以说，一个品牌就是一个信号，就是一面特定的旗帜。在这面旗帜上书写了企业追求、企业精神、企业文化、企业商誉和社会形象，以及企业的产品和服务质量，是对企业及其产品行为的高度概括和提炼。它告诉人们品牌与众不同之所在，从区别中显现特殊，通过特殊创造与众不同的情感体验。就这点而言，品牌标志意味着产品定位、质量、服务、信誉、销售等内容，是企业活动各个方面以及消费者满意程度的综合概括。

2. 质量信誉保证

品牌标识不仅起到识别作用，还具有更加重要的功能，即向消费者传递品质和信誉保证，使其感受到该品牌的价值和信任。在我们第一次使用某些产品，特别是那些我们没有经验的产品时，我们无法直接检验它们的品质和信誉。品牌的重要性在这种情况下就显得尤其突出，因为品牌本身所具有的质量和信誉信息就是至关重要的。如果人们熟悉了这个品牌，就会了解与该品牌相关的产品、服务、品质以及商业声誉。从这个意义上来说，品牌对消费者来说是一种保证和信赖，对于企业来说则是一种责任，而这种品牌暗示的强度也决定了品牌影响和品牌竞争的力度。比如，1955 年，美国开设了第一家麦当劳餐厅，这个品牌经过多年的发展，深受大众欢迎。麦当劳自美国开创之后，在全球范围内大受欢迎，得到了各国消费者的青睐。因为品牌的影响力，麦当劳迅速发展成为世界最大、最具知名度的餐饮集团之一，其每 3 小时就会在全球范围内新开一家分店，每天服务的顾客数量高达 4000 万。传闻称，麦当劳在约翰内斯堡开业当天，数千人排成长队等候就餐，这表明了知名品牌在市场上的极大号召力。

3. 影响企业竞争力

现代企业竞争很大意义上体现为品牌竞争。可口可乐总裁自信，即使所有可口可乐工厂在一夜之间化为灰烬，仍旧可以凭借其品牌而重新崛起，这种自信就是来自品牌的影响力。在这种情况下，品牌之间的竞争已经演化为一种多方面综合竞争，因为品牌提供的内容比产品更加丰富。这是因为品牌不仅代表产品在竞争中的地位，也体现了企业本身的竞争力。它的主要特征可以归纳为以下三点：扩大市场份额，即品牌美誉度越高，市场影响力越大；实现产品组合扩散效应，即品牌影响力延伸到整个产品序列；品牌的凝聚力可以促进企业之间的并购和重组，产生聚合效应。这些特征说明品牌虽然是一种抽象的概念，但能够为企业带来非产品方面的价值。

4. 具有超值创造力

品牌经营的成功与否往往可以通过利润水平来衡量，因为一旦企业的品牌经营达到一定程度，品牌所带来的各种优势和利益就会更加显著地展现出来。当品牌的声誉很高时，顾客通常更倾向于购买它们的产品，即使它们的价格高于同类商品。另外，品牌还能够减少经营中的交易成本，从而有望提高该品牌相对于同行业的平均盈利水平。

5. 文化导向性

将品牌打造成文化导向是品牌经营的最高境界。这是因为这些品牌所传递的文化价值不仅表明它们在市场上的吸引力，而且还反映了品牌、顾客以及整个社会之间共同的理解和互动。如今，品牌的价值已经不再局限于商业领域，而是成为代表着社会精神内涵的象征。比如，在一定程度上，人们感到困惑的是许多人认为可口可乐已经成为美国文化的标志。他们可能会质疑，这种颜色深褐的饮料如何能够承载如此重要的文化内涵？在这里，美国文化已经被凝聚为一个代表符号，呈现出一种独特的生活方式和审美观。

二、品牌的外延

（一）品牌化事物的范围

依据差异化、特色、亮点、与众不同等标准，可将世界事物划分为两类基本性存在，即品牌化存在和非品牌化存在。换言之，人类经济社会的发展史，就是一部把非品牌化存在转化为品牌化存在的历史。究竟哪些事物可以被品牌化呢？除产品、服务、企业和雇主是当前品牌对象选择战略的重点之外，实际上凡是需要沟通并且可以沟通的事物都可以品牌化。

从纵向层次来说，可把品牌化事物划分为两个层次、四大类型、15 个细类。两个层次是微观品牌（Micro−Brand）和宏观品牌（Macro-Brand）；四大类型是产品／服务品牌（客体品牌）、社会组织／个人品牌（主体品牌）、产业品牌（集体品牌）和区域品牌（载体品牌）；15 个细类分别是纯公共产品／服务品牌、准公共产品／服务品牌、私人产品／服务品牌、个人品牌、企业／雇主品牌、非营利组织品牌、政府品牌、第一产业品牌、第二产业品牌、第三产业品牌、社区品牌、地方品牌、城市品牌、地区品牌和国家品牌。从横向层次来说，可划分为两个方面：一是以个人或社会组织及其族群为主要对象的品牌化，包括社会组织／个人品牌、产业品牌等；二是以物为主要对象的品牌化，包括产品／服务品牌、区域品牌等。由此可见，品牌的外延比较宽泛，相对而言品牌的内涵则较为贫乏。不管是从品牌内涵的认识角度，还是从品牌化事物的发展史都清楚地表明，世界事物无论是公私性质、历史长短、规模大小还是区位优劣等，都可踏上品牌化的发展之路。

品牌化事物的梯形布局即微观和宏观品牌的层次结构，既阐明品牌研究本质上是一门微观的学问，又表明品牌研究也关注宏观行为。这种内在的梯度结构还揭示了品牌与社会之间的互动关系，强调了品牌微观和宏观理论取向互为综合的必要性和可能性。

（二）微观品牌与宏观品牌的比较

从品牌化事物的层次角度，可把品牌理论区分为两大组成部分：微观品牌和宏观品牌。在品牌分析中以单个品牌主体（如产品、服务、个人、社团、企业、政府、非营利性组织等）的品牌行为作为考察对象，称为微观品牌研究；而把一个产业、城市、地区、国家、区域等作为一个整体的品牌活动作为考察对象，称为宏观品牌研究。微观品牌研究的内容实际上包括三大部分，一是考察产品或服务品牌的塑造问题（物）；二是考察个人或社团品牌的塑造问题（人）；三是考察组织品牌的塑造问题（人＋物）。而对上述问题的理论分析，实际上涉及在一个既定的产业、城市、地区、国家或区域内单个品牌怎么塑造（how）、为谁塑造（whom）、何时塑造（when）以及谁做决策（who）的问题。微观品牌研究也包括考察一个产业、城市、地区、国家或区域内的全部竞争或相关品牌活动内容。

如果说微观品牌研究是考察在既定的产业、城市、地区、国家或区域内，单个品牌怎么塑造、为谁塑造、何时塑造以及谁做决策的问题，那么，宏观品牌研究恰恰是要考虑微观品牌分析中被假定为既定的产业、城市、地区、国家或区域品牌是如何形成的，以及如何进一步集群发展。因此，宏观品牌研究实际上是考察诸如产业、城市、地区、国家和区域品牌形成的影响因素、内部品牌互动关系的驱动机理、塑造方法与发展政策等问题。品牌学者在宏观品牌分析中使用的一些品牌变量一般都是由微观的个量耦合而成的宏观总量，所以宏观品牌分析和宏观品牌研究也可以称为总体品牌研究。与此相对应，微观品牌分析和微观品牌研究也可以称为个体品牌研究。

由上可见，微观与宏观品牌研究，虽然各有其探讨的课题和相应的分析工具，但它们作为一门科学下的一套理论体系或知识体系的两大组成部分，显而易见两者有密切联系。第一，它们是整体与个体之间的关系。假如把宏观品牌研究看作考察一只“大象”的整体体积、形状和活动，那么微观品牌研究则是考察“大象”各个器官的形状、大小和作用。又如，假如宏观品牌是研究森林的特征，微观品牌则是考察构成森林的树木。第二，宏观与微观品牌研究使用一些相同分析方法。第三，微观品牌知识是宏观品牌研究的理论基础。

第二节　品牌研究相关理论

一、品牌形象理论

（一）品牌形象的定义

品牌形象是消费者对传播过程中所接收到的所有关于品牌的信息进行个人选择与加工之后存留于头脑中关于该品牌的印象和联想的总和。

这个定义有两个要点：首先，品牌形象是从传播过程中接收者的角度出发的概念，是有关人们如何看待这个品牌的概念；其次，品牌形象塑造的主要手段是传播。

（二）品牌形象的特征

品牌形象的特征主要有四个方面：综合性、心理性、独特性和发展性。

1．综合性

品牌形象具有综合性，一方面，它必须掌握品牌精髓，以此作为内在底蕴；另一方面，它必须依托外在的表现形式作用于消费者。

2．心理性

品牌形象的心理性特征体现在两个方面：象征性和联想性。一旦一个品牌形象塑造成功，其内在价值就会作用于消费者的思想和情感，引起消费者一定的心理反应，这时的反应就不单是该品牌代表什么产品了，而是一系列关于该品牌象征性意义与特性的联想。

3．独特性

独特性即可识别性。品牌形象的独特性意味着该品牌形象由于某一方面或某些方面与众不同，如独树一帜的标志设计、先进的理念、有创意的广告等，能让消费者一眼识别出来。

4．发展性

品牌形象的塑造是个长期的过程，必须不断发展，顺应时代，顺应潮流。

（三）品牌形象的构成

1. 品牌定位

品牌定位是品牌形象的一个指向。把握了品牌定位，有助于确定品牌形象设计与传播的前进方向。

2. 品牌个性

品牌个性是把品牌视为人时所表现出来的性格特征；除了这些个性外，还有更多因素综合的结果，比如品牌形象的载体、品牌形象的符号标志系统等。把握品牌个性是使品牌形象更加人性化、个性更鲜明的前提。

3. 品牌文化

一个品牌最持久的影响来源于其文化，品牌文化使品牌形象更加恒久、影响力更深远。

（四）品牌形象的载体

品牌形象需要一定的承载物，这一承载物主要包括企业的产品或服务、产品或服务的提供者及产品或服务的使用者。

1. 产品或服务

品牌形象依托于有形的产品或服务，并通过它们来外化和表现出来。

2. 产品或服务的提供者

产品或服务的提供者是品牌形象的必要载体，他们通过品牌形象的设计以及维护创新来参与品牌形象的形成和建立过程。

3. 产品或服务的使用者

产品或服务的使用者是品牌形象的关键载体，他们的参与和反馈将使品牌形象构成完整的循环体。

（五）品牌形象符号系统

品牌形象符号系统包括语言符号系统和非语言符号系统。具体而言，其主要包括品牌名称、品牌语言、品牌标志和品牌包装。

1. 品牌名称

品牌名称是品牌中可以用语言称呼的部分。例如可口可乐、奔驰、雅芳等都是著名的品牌名称。

2. 品牌语言

品牌语言是品牌识别系统的重要组成部分，是品牌与消费者进行交流和沟通的方式。

3. 品牌标志

品牌标志是指品牌中可以被认出但不能用言语称呼的部分，如符号（记号）、设计、与众不同的颜色或文字等。

4. 品牌包装

品牌包装是一个较为宽泛的包装概念，它指的是针对品牌概念所做的整体商业文化的包装，包括品牌视觉形象系统、品牌文化传播、商业环境的设计等系列行为，从而构成一个完整的品牌塑造体系。

（六）品牌形象的发展

品牌形象的发展经历了四个阶段。第一阶段始于 20 世纪 50 年代，主要是出现了一些学者零散的思想，内容只涉及关于品牌形象的初步探讨，并没有给出品牌形象的具体定义。第二阶段始于 20 世纪 70 年代末，阶段特征为：心理学观点和方法引入，品牌形象的明确定义被提出。第三阶段为 20 世纪 80 年代，阶段特征为：战略管理与系统论的理念逐渐体现，品牌形象塑造被当作一种品牌管理的方法。第四阶段为 20 世纪 90 年代至今，是品牌形象概念更加丰富化的阶段。

（七）品牌形象塑造的原则

1. 立足于精髓

品牌形象需要立足于精髓，只有个性鲜明且寓意深刻的品牌才能给消费者留下难忘的印象。

2. 创造独特形象

品牌形象要与众不同，只有这样才能使产品或服务与竞争对手区别开来，创造持久的认同和购买意愿。

3. 保持前后形象一致

保持前后形象一致有助于巩固品牌在消费者心中的稳定地位，从而促成品牌忠诚意愿和重复购买行为。

4. 保证产品质量

质量是品牌的生命，产品质量已经成为一个品牌在同类市场中立足的根本和发展的保证。质量的优劣可以决定品牌的生命，影响企业的发展命运。有质量才有市场，有质量才有效益，有质量才有发展。①

（八）品牌形象的塑造

品牌形象的要点是立足于品牌带给消费者的利益点，将品牌精髓——价值、文化和个性传达给消费者。可以从消费者需求、品牌形象价值内化、品牌形象载体选择、品牌形象符号设计、品牌形象整合传播和品牌形象动态发展六个方面来进行品牌形象塑造。

1. 消费者需求

学者对于品牌形象的属性研究基本肯定了功能性属性和象征性属性，前者是指寻求产品的动机是为解决与消费相关的问题（如解决现实问题、阻止潜在问题、解决冲突、重构受挫环境），后者指购买产品的愿望来自消费者实现自我提升、角色定位、成为社会成员、自我认识的需求。对于其他的属性，不同学者有着不同的说法，但大多可归结为消费者对于自身利益的经验判断等。所以，专注提升消费者的功能性需求，保持良好的象征性影响，有利于品牌形象的塑造。

2. 品牌形象价值内化

品牌形象是一种相对虚无的事物，只有通过合理的价值内化才能使其具有可以度量和比较的基础。价值内化就是通过在消费者心中形成区别于其他品牌的个性和位置，从而占据一定的优势地位。

3. 品牌形象载体选择

品牌形象具有三大载体：产品或服务、产品／服务的提供者及使用者。选择合适的载体进行品牌形象塑造，是推动品牌发展和传播的关键突破口。

4. 品牌形象符号设计

品牌形象有属于自己的符号设计系统，主要包括品牌名称、品牌语言、品牌标志和品牌包装，这些要素相辅相成，共同构成了品牌形象的系统整体。

5. 品牌形象整合传播

品牌形象整合传播是对以上元素进行综合考虑和整合后进行的多手段融合的

---

① 曹钦．基于品牌形象理论的NK营销策略研究[J]. 营销界，2019（47）：33，35.

传播与塑造品牌的方式。通过多方位的传播，品牌形象更加快速地融入人心，激发消费者的购买意愿。

6. 品牌形象动态发展

随着外部环境的不断变化，品牌形象也需要据此进行调整和变化。品牌发展是一个动态演化和不断提升的过程，在其中需要有持续的监管来控制，确保品牌形象始终保持正确的方向和持久的生命力。

二、品牌定位理论

品牌定位主要包含以下三个方面的含义。

第一，品牌定位的对象是公司的产品或者服务，既可以是产品的名称、质量、包装等有形物品，也可以是附加的服务质量或者环境氛围等无形体验。

第二，品牌定位的手段是多种多样的，一切有助于提高消费者满意度和认同感的手段都可以加以运用。

第三，品牌定位的目的是迎合潜在消费者的购物和消费心理，即在顾客心中占据有利的地位。

由此可知，品牌定位是一个由内及外的过程，即从顾客的角度出发，针对潜在顾客的心理采取的一系列的行动。进行品牌定位时需要确定目标顾客、主要竞争对手、本品牌和竞争品牌的相似性以及本品牌和相似品牌的差异性，为自己的品牌树立一个明确的、区别于竞争对手的、符合消费者需要的形象，从而在消费者心中占据有利的位置。①

（一）产品利益定位

1. 功能利益定位

消费者购买某一产品主要是为了获得产品的使用价值，所以强调产品的功效是一般产品定位的常见形式。很多产品有多重功效，我们认为品牌定位时应向顾客传达一种或多种功效，但由于消费者可以记住的信息是有限的，因此，向消费者承诺一个功效点的诉求更能突出产品的个性，获得定位上的成功，如宝洁旗下洗发品牌“飘柔”定位于“飘逸柔顺”；“海飞丝”则突出“去屑清爽”；“潘婷”承诺“营养修护”；“沙宣”则旨在宣传“质感亮泽”。

① 王雪．关于国内外品牌定位理论的浅析和思考[J]. 现代商业，2013（25）：59.

2. 情感利益定位

情感利益定位是将人类情感中的关怀、牵挂、思念、温暖、怀旧等思想内涵融入品牌，使消费者在购买、使用产品的过程中获得这些感情体验，从而唤起消费者心中的共鸣和认同，最终获得对品牌的喜爱和忠诚，如哈根达斯的广告语“爱她，就带她去吃哈根达斯”，为产品贴上了爱情标签，得到了消费群体的强力追捧。

3. 自我表达利益定位

该定位通过表现品牌的某种独特形象和内涵，让品牌成为消费者表达个人价值观、审美品位、自我个性、心理期待的一种载体和媒介，使消费者获得一种自我满足和自我欣赏的快乐感知。美国曾流行一句话“年轻时有辆哈雷摩托，年老时有辆凯迪拉克，则此生了无他愿”，哈雷摩托作为美国最有号召力的摩托车品牌，在哈雷粉丝心中远远不只是简单的代步工具，更是自由精神、奋斗意识的象征，凝聚着年轻一代的梦想。

（二）竞争者定位

1. 首席定位

首席定位即强调品牌在同行业或同类中的领导性、专业性地位，如宣称“销量第一”。如今的社会信息极度膨胀，消费者只对行业中的领导者印象深刻，如百威啤酒宣称是“世界上最大、最有名的美国啤酒”；双汇集团则强调“开创中国肉类品牌”。这些都是首席定位策略的运用。雅戈尔宣称是“衬衫专家”；格兰仕推出柜式空调，宣称是“柜机专家”，致使其他的竞争品牌不能采用相同的定位策略，这也是首席定位策略的具体表现。

2. 差别定位

该定位就是与某些知名而又司空见惯的产品作出明显的区别，以突出与众不同之处。这种定位也可称为与竞争者划清界限的定位，如美国的七喜汽水，之所以能成为美国的第三大软性饮料，正是源于采用了此种策略，宣称自己是“非可乐”型饮料，是代替可口可乐和百事可乐的消暑解渴饮料，突出其与两“可乐”的区别，因而吸引了很多有异质需求的顾客。

3. 比附定位

比附定位就是攀附名牌的定位策略，即企业通过各种方法和同行业中的知名品牌建立一种内在联系，使自己的品牌迅速进入消费者的内心，占据一个牢固的位置，借助名牌的号召力让自己的品牌扩大影响力。

（三）消费群体定位

该定位直接以产品的消费群体作为诉求对象，突出产品专为该类消费群体服务，来获得某些消费群的认同。把品牌与消费者结合起来，有利于增进消费者的归属感，使其产生"我自己的品牌"这样的感觉，如金利来定位为"男人的世界"；哈尔滨制药的"护彤"定位为"儿童感冒药"；百事可乐定位为"青年一代的可乐"；北京统一石油化工公司的"统一经典"润滑油将目标锁定为"高级轿车专用润滑油"。

（四）质量／价格定位

质量／价格定位就是将质量和价格结合起来构筑品牌识别。质量和价格通常是消费者最关注的要素，每一位消费者都希望买到质量好、价格适中或者便宜的商品。因而在实际应用中，这种定位往往表现为宣传产品的物美价廉和物有所值。戴尔电脑所采用的直销模式，大大降低了仓储成本和销售成本，并让利于顾客，所以戴尔电脑总是强调"物超所值，实惠之选"；日化品牌雕牌用"只选对的，不选贵的"暗示雕牌的实惠价格，都是既考虑了质量又考虑了价格的定位策略。

（五）文化定位

文化定位就是将文化内涵融入品牌，形成文化上的品牌识别。文化识别使品牌形象更加独具特色。中华文化源远流长，这给国内品牌的成长和发展提供了天然的良好养料。如金六福酒实现了"酒品牌与酒文化"的完美信息衔接，把在中国具有超广泛群众基础的"福"文化作为品牌内涵，达到了与老百姓心理完美的信息对称效果，使品牌得以迅速成长。又如中国某牙膏企业将中草药"田七"作为自己的名字，旨在宣扬产品的消炎散瘀效果，得到了消费者的认可和关注。

（六）情景定位

情景定位就是将品牌与一定环境、场合下产品的使用情况联系起来，以唤起消费者在特定情景下对该品牌的联想，从而产生购买欲望和行动。雀巢咖啡的广告语"每刻精彩瞬间，每杯雀巢咖啡"就将咖啡与清晨苏醒时的振奋、午后休闲时的惬意、熬夜加班时的高效率之间的联系较好地给予了展现，达到了很好的联想效果。

三、品牌资产理论

（一）品牌资产定义和要素

1. 品牌资产的定义

美国市场营销协会（AMA）对于品牌资产的定义：品牌资产就是品牌的顾客、渠道成员、母公司等对于品牌的联想和行为。

本书对于品牌资产的定义是：附着于品牌之上，并且能为企业带来额外收益的顾客关系。

2. 品牌资产要素

构筑品牌资产的五星模型分别是品牌忠诚、品牌知名度、心目中的品质、品牌联想以及其他独有资产。

品牌忠诚是指消费者在购买决策中，多次表现出来对某个品牌有偏向性的（而非随意的）行为反应。它是一种行为过程，也是一种心理（决策和评估）过程。

品牌知名度是指潜在购买者认识到或记起某一品牌是某类产品的能力。它涉及产品类别与品牌的联系。

心目中的品质是指消费者对产品功能、耐用度等品质的预期。

品牌联想是指当消费者看到某一特定品牌时，从他的记忆中所能被引发出对该品牌的任何想法，包括感觉、经验、评价、品牌定位等。

其他独有资产是指品牌资产拥有的区别于其他同类商品的不可模仿或替代的资产属性。

（二）品牌资产价值

品牌资产价值主要可以分为两个维度，即“为消费者提供价值”以及“为企业提供价值”。

1. 为消费者提供价值

此种价值是通过品牌名称、品牌标志物的认知作用，帮助消费者加工整理、存储有关产品及品牌信息，增强消费者的购买信心，缩短购买商品的决策过程。

2. 为企业提供价值

品牌资产通过以下方面为企业提供价值：培养消费者的品牌忠诚；品牌体现的质量能促使该品牌产品以溢价销售；品牌资产为品牌扩张提供了有利的条件；

品牌资产提供了对竞争者来说是进入目标市场的一种障碍的竞争优势。

（三）品牌资产的特征

1. 无形性

品牌资产的无形性主要通过与有形资产的对比体现出来：

第一，有形资产通常是通过市场交换方式取得的，而品牌资产权一般是经由品牌使用人申请品牌注册，由注册机关按法定程序确定其所有权。

第二，品牌资产的使用价值具有依附性。

第三，品牌资产意味着赋予产品一种附加价值，是品牌持有者长期在营销方面为品牌所做的投资结构，这种投资所带来的收益就是：更高的忠诚度，对于竞争对手的营销行为具有较强的抵抗能力，对市场危机具有较强的应变能力，企业的顾客对产品价格上升有较强的承受力，可以与更多的行业合作并得到支持，以及增强营销沟通效果等。

2. 特殊性和复杂性

品牌资产的构成比较复杂，并且由于品牌资产的价值最终要通过品牌未来的获利能力或获利性反映出来，它的估价具有一定的特殊性。此外，品牌资产还包括增值价值。

3. 长期性与累积性

品牌资产的形成并非一日一时之功所能成就，它往往需要几代人的不懈努力。

4. 交叉性

品牌的创建是一种投资的过程，需要时间、金钱的投入，但同时品牌又具有丰富的利用价值，可以为企业带来丰厚的投资回报。

5. 波动性

品牌资产的价值会随着内外部环境的变化而波动，需要定期进行监督和调控，以保证价值的整体稳定性。

（四）品牌资产的管理

1. 品牌资产管理的一般方法

（1）建立品牌知名度

品牌资产管理的第一步是建立品牌的知名度，此时消费者对于品牌尚不熟悉，加大力度进行品牌营销和传播就显得十分必要。

（2）维持品牌忠诚度

建立了品牌的知名度以后，消费者对于品牌拥有了一定的认识，此时就需要保持和维护这种存在于品牌与消费者之间的默契关系，维持消费者对于品牌的忠诚度。

（3）建立品牌认知度

品牌认知度是衡量消费者对品牌内涵及价值认识程度的标准，也是保持品牌忠诚、维护品牌形象和建立品牌认同的前提。

（4）建立品牌联想

品牌联想是构成品牌形象的关键要素。建立品牌联想不仅可以巩固品牌资产的建立，更能巩固品牌的市场优势。

2. 提升品牌资产价值的策略

（1）提高品牌资产的差异化价值

品牌必须具有自己的个性，这种独特的差异性有助于消费者有效地进行品牌识别，保证品牌资产的有效建立。

（2）品牌延伸

成功的品牌经验可以通过品牌延伸来扩展和推广。品牌延伸是指企业将某一知名品牌或某一具有市场影响力的成功品牌扩展到与成名产品或原产品不尽相同的产品上，凭借现有成功品牌推出新产品的过程。合理的品牌延伸有助于企业节省成本，迅速取得市场的竞争优势。

（3）品牌故事

品牌故事是品牌文化的具体表现，是讲述品牌产生和发展过程的故事。通过吸引人的品牌故事可以传播品牌的内涵文化，从而提升品牌资产的价值。

（4）品牌联合

品牌联合是指分属不同公司的两个或更多品牌的短期或长期的联系或组合。品牌联合可以使资源配置更加合理，并改善消费者对于品牌的态度。

（五）品牌资产价值评估的基本方法

对品牌资产价值进行评估是一项非常有意义的工作，但同时也是一项复杂而烦琐的工作。依据各种评估方法的基本特点，品牌资产价值的评估方法基本可分为以下几种。

1. 成本法

（1）历史成本法

历史成本法是依据品牌资产的购置或开发的全部原始价值进行估价的方法。最直接的做法是计算对该品牌的投资，包括设计、创意、广告、促销、研发、分销等的投资计算。

（2）重置成本法

重置成本法是按品牌的现实重新开发创造成本，减去其各项损耗价值，来确定品牌价值的方法。重置成本相当于重新建立一个全新品牌所需的成本。

2. 市价法

这种方法是通过市场调查，选择一个或几个与评估品牌相类似的品牌作为比较对象，分析比较对象的成交价格和交易条件，将其与评估对象进行对比，从而估算出品牌价值。参考的数据包括市场占有率、知名度、形象或偏好度等。

应用市价法，必须具备两个前提条件：一是要有一个活跃、公开、公平的市场；二是必须有一个近期可比的交易对照物。但此种方法在执行上存在一些困难。因为对市场定义不同，所产生的市场占有率也就不同，且品牌的获利情况和市场占有率、普及率、重复购买率等因素并没有必然的相关性，这些市场资料虽然有价值，但对品牌资产价值的计算却用处不大。

3. 收益法

收益法又称收益现值法，是通过估算未来的预期收益（一般是“税后利润”指标），并采用适宜的贴现率折算成现值，然后累加求和，得出品牌价值的一种评估方法。

在对品牌未来收益的评估中，有两个相互独立的过程：第一是分离出品牌的净收益；第二是预测品牌的未来收益。收益法计算的品牌价值由两部分组成：一是品牌过去的终值（过去某一时间段上发生收益价值的总和）；二是品牌未来的现值（将来某一时间段上产生收益价值的总和）。

（六）品牌资产评估十要素

戴维·阿克（David Aaker）对各大公司品牌资产评估方法做了新的综合，提出了“品牌资产评估十要素”的指标系统，借以全面评估品牌资产。该评估系统兼顾了两套评估标准：基于长期发展的品牌强度指标，以及短期性的财务指标。10个指标被分为5个组别，前四组代表消费者对品牌的认知，该认知又根据品牌资产的不同方面（忠诚度、品质认知、联想度、知名度）分为四大类。第五组则是两种市场状况，代表来自市场而非消费者的信息。

品牌资产评估十要素模型为品牌资产评估提供了一个更全面、更详细的思路。其评估因素以消费者为主，同时也加入了市场业绩的要素。它既可以用于连续性研究，也可以用于专项研究，而且品牌资产评估十要素模型所有指标都比较敏感，可以以此来预测品牌资产的变化。其不足之处在于，对于具体某一个行业品牌资产研究，品牌资产评估十要素模型指标要做相应的调整，以便更适应该行业的特点。例如，食品行业的品牌资产研究与高科技行业品牌资产研究所选用的指标就可能有所不同。

四、品牌传播理论

（一）品牌传播的含义

品牌传播（Brand Communication），是指企业以品牌的核心价值为原则，在品牌识别的整体框架下，选择广告、公关、销售、人际等传播方式，将特定品牌推广出去，以建立品牌形象，促进市场销售。

（二）品牌传播的模式

发送方与接收方是传播过程的主要参与者，信息和媒体是主要的传播工具，编码、解码、反应、反馈是主要的传播功能，噪声包括参与传播并影响传播效果的各种无关的外生变量。

（三）品牌传播的方式

1. 广告传播

广告是品牌所有者委托广告经营部门，利用各种传播媒介，采用付费方式，以策划和创意为核心，向目标受众传递品牌名称、标志、定位和个性等重要信息的推广活动，是品牌传播的主要手段。

有人认为，品牌由产品和广告两部分构成，因此广告在品牌传播中起着至关重要的作用，不可忽视。主要的品牌宣传方式是通过广告让人们了解该品牌。这些广告可以提高品牌的曝光率和口碑，加强消费者对品牌的信任和依赖，并协助品牌树立特有的形象和特色。因此，广告是品牌传播的核心。

2．公关传播

公共关系的简称为公关，是一种行之有效的解决方案，可帮助企业在没有支付费用的情况下宣传其形象、品牌、文化、技术等信息，包括但不限于投资者关系、员工沟通、事件处理等。公共关系是品牌传播的一种方法，它借助于第三方认证来提供可靠的信息，从而达到引导和教育消费者的目的。

3．销售促进传播

销售促进传播是一种品牌推广方式，借助促销活动来刺激消费者尝试产品或增加购买的意愿。常用的促销手段包括赠券、赠品、抽奖等。

销售促进传播的主要目标在于吸引那些有意愿转换品牌的潜在消费者。它或许能够在短时间内吸引消费者购买，但长期来看它的优势和收益却很有限。品牌过于依赖销售促进传播策略可能会损害品牌形象，让顾客更加关注价格而不是品牌本身，从而导致顾客对品牌的忠诚度降低，削弱品牌形象以及企业的长期价值观。为此，企业应注重品牌建设，以提升品牌忠诚度和品牌的长期价值。然而，针对小型品牌而言，采用销售促进传播策略有着诸多优点。小型品牌由于无法承担市场领导品牌的昂贵广告费用，因此它们以开展促销活动为刺激手段来吸引消费者使用其品牌。

4．人际传播

人际传播是指企业职员通过语言沟通、行为典范等方式，将企业信息传递给大众，让大众对企业有更深入的领悟与认识，进而对企业形成印象和评价。这些评价会直接影响企业形象。建立品牌信誉的一个关键方法是进行有效的人际互动。在进行品牌推广时，消费者最易于接受的是口口相传的推广方式。提高相关人员的素养水平是必要的，可以有助于获得更好的人际传播效果。只有这种措施，才能充分运用它所具有的积极效用。

传播方式的选择和设计是品牌传播成功与否的关键因素。若选用不适当的传播途径或设计不合理，可能会对传播效果产生负面影响。因此，在传播品牌时，企业必须把选择和设计传播方式视作非常重要的因素。

（四）品牌传播的特点

1．信息的聚合性

作为动态的品牌传播，其信息的聚合性，是由静态的品牌信息聚合性所决定的。菲利普·科特勒（Philip Kotler）所描述的品牌表层因素如名称、图案、色彩包装等，其信息含量是有限的，但“产品的特点”“利益与服务的允诺”“品牌认知”“品牌联想”等品牌深层次的因素却无疑聚合了丰富的信息。而它们构成了品牌传播的信息源，也就决定了品牌传播本身信息的聚合性。

2. 受众的目标性

虽然品牌传播形式多种多样，但并不代表传播的受众是广泛的、无特定目标的或十分清晰明确的，即对产品和服务产生购买欲望的潜在消费者。

3. 媒介的多元性

我们接收的信息是由媒介的性质决定的，如电视媒介传播了比报刊、广播更多的信息，而网络媒介又传播了兼容所有媒介信息的“新信息”。在传播技术正进行革命性变更的今天，新媒介与传统媒介则共同打造出一个传播媒介多元化的新格局。这为“品牌传播”提供了机遇，也对媒介运用的多元化整合提出了新挑战。

传统的大众传播媒介，如报纸、杂志、电视、广播、路牌、海报、车体、灯箱等，对现代社会的受众来说魅力犹存，而且它们的选择组合本身就具有多元性。而新媒体的诞生，则使品牌传播的媒介多元性更加突出。如此，品牌传播在新旧媒介的选择上就有了多元性的前提。

4. 操作的系统性

在品牌传播中，其系统的构成部分主要为品牌的拥有者与品牌的受众，二者由特定的信息、特定的媒介、特定的传播方式、相应的传播效果（如受众对品牌产品的消费、对品牌的评价）、相应的传播反馈等信息互动环节构成。由于品牌传播追求的不仅是近期传播效果的最佳化，而且还追求长远的品牌效应，因此品牌传播总是在品牌拥有者与受众的互动关系中遵循系统性原则进行操作。

五、品牌关系理论

（一）品牌关系产生的背景

品牌关系（Brand Relationship）理论是品牌理论发展的最新阶段，是基于“关系营销”这一概念的提出而形成并发展起来的。

关系营销是一种基于营销者和顾客之间的一对一关系的营销模式。它以“关系”作为研究的核心，认为作为有限理性的“社会人”的顾客在交易中不但要得到经济价值，而且还追求经济价值以外的其他价值。

从关系的角度看待营销，是人类商业活动本源的回归。它将传统交易营销学研究的视角从关注一次性的交易转向保留顾客，从有限地满足顾客期望转向高度的顾客服务，从有限的顾客联系转向高度的顾客联系，从只关注顾客市场扩展到“六个市场”（供应商市场、内部市场、竞争者市场、分销商市场、顾客市场、影响者市场）；营销的目的从获取短期利润转向与各方建立和谐的关系并通过这种关系获取长期的利润。

贝里的关系营销理论推动了企业从以交易为主导转变为以建立良好关系为主导的经营模式。在这一理念的影响下，学者和商界开始研究品牌与企业、消费者之间沟通和联系的重要性，以促进品牌关系的建立。

（二）品牌关系的形成机制

如果要描述一个战略目标是建立高度品牌忠诚，可以表达为旨在提升顾客对品牌的忠诚度，加强品牌与消费者之间的紧密联系，从而达到构建高质量品牌关系的目标。品牌关系有可能因其体现的价值而建立，举例来说，当顾客觉得品牌所提供的功能性收益安全、价格合理，同时能带来可信与值得信赖的情感效益时，他们就会对品牌保持忠诚。品牌关系通常是在将品牌视为组织或个人时产生的，如将联想思维应用到品牌营销中，可以通过建立亲密关系来培养顾客对品牌的尊重和欣赏。建立这种亲密关系是塑造品牌个性的一个主要方法。品牌和顾客之间建立的关系可以源于多种积极情感，如崇敬、友好、享乐，以及加入品牌社区等。这些情感通常难以用金钱价值精准描述。

品牌关系的形成分为四个阶段：第一，设计品牌特色和识别；第二，建立品牌形象和性能，形成特定的含义；第三，激发消费者对品牌的评价和情感反应，即触发消费者的情感共鸣；第四，建立消费者与品牌之间的相互联系，以促进共鸣的达成。当品牌达到共鸣的阶段时，品牌关系便达到了最高水平，这时品牌将会引发以下效果：消费者的行为表现变得更忠诚，态度变得更依赖品牌，共同感受变得更加强烈，并且积极参与品牌活动。

品牌和顾客在建立关系的过程中，相互认知对方为自己创造的价值至关重要。企业认识到，建立良好的品牌形象和顾客关系可提高顾客忠诚度，从而促进企业利润增长。在这里，我们把顾客从品牌中获得的盈利归类为关联价值。品牌与顾客建立联系的原因在于该品牌可以通过提供特定的功能或情感价值，满足顾客的特定需求。

六、品牌生态理论

（一）品牌生态研究理论溯源

1935 年，英国生态学家 A.G. 坦斯利（A.G.Tansley）首创了生态系统的概念。他认为，生态系统的重点在于同一地区内的各种生物和它们与环境之间的相互作用和功能的整合。这个概念强调了生物间的联合生存和环境的影响。随着现代生态学的发展，人们开始逐渐将生态系统的概念引入社会和经济领域，以探索和解释各种社会和经济现象。在这种情况下，出现了关于品牌生态系统的理念。

1955 年，学者伯利·加德纳（Burleigh Gardner）和教授悉尼·利维（Sidney levy）的研究中，提出了将品牌视作具有生命特质的实体的观点，并开创了“品牌个性理论”的研究领域。1998 年，戴维·阿克首次提出了“品牌群”的概念。此概念基于单一企业品牌系统，引入了生态学中的种群概念，这为品牌生态理论的研究打开了新局面。

阿格涅斯卡·温克勒（Agnieszka Winkler）提出了品牌生态环境新概念，并提出品牌生态环境是一个复杂、充满活力并不断变化的有机组织的论断。品牌与生态的结合成为品牌理论发展的趋向之一，生态学将成为解决品牌复杂性问题的桥梁，成为品牌理论创新与发展的新视角。

菲利普·科特勒认为，应该用产品生命周期的概念对品牌加以分析，即品牌也会像产品一样，经历一个从出生、成长、成熟到最后衰退并消失的过程。从众多营销学者的论述中我们可以看出，品牌具有特殊的生物属性和生态属性，品牌与外部环境通过资源利用与循环、能量流动、信息传递而形成了一个相互依存、相互作用的统一整体。只有形成适当的生态系统，品牌才能得到生存和发展。

本书综合以上各方观点，认为品牌生态管理是基于品牌生态化运作目标而设置的管理机制，具有管理目标的确定性、管理主体的多元性、管理对象的复杂性、管理过程的长期性和管理结果的双向性等基本特征。

（二）品牌生态系统的构成要素分析

品牌生态系统中，品牌在与周围生态环境系统相互作用的过程中，始终伴随着资源、能量和信息的流动与转化。相对于自然生态系统，品牌生态系统是一个以品牌企业为核心的，由品牌与品牌产品、品牌拥有企业、公众、相关企业以及品牌生态环境（包括政治、经济、法律、社会、技术、自然及其他环境等）所组成的人工生态系统。品牌生态系统的结构可以从个体与整体的角度加以描述。个体品牌生态系统主要是指单个品牌的。品牌生态系统边界划定在包括品牌顾客以及品牌供应链与资源供应链之内。整体市场品牌生态系统则描述某特定市场中由多个品牌系统共同组成的品牌生态系统，包括区域市场品牌生态系统与产业品牌生态系统。从生态学角度来看，品牌生态系统应包括品牌生态环境（经济生态因子、社会生态因子、地缘生态因子）、品牌个体生态系统、品牌种群、品牌群落四部分。

（三）品牌生态学的研究内容

品牌生态学探讨品牌与周围环境互动所形成的生态系统，不同于品牌的生理学研究仅关注单个品牌实体的品牌生命周期。虽然品牌生态学属于现代品牌仿生学的一个组成部分，但与品牌生理学相比，它更注重品牌与环境的相互作用。从品牌生态学诞生之初起，就同时探究以下几个方面的难题：

第一，品牌个体生态学。

第二，品牌种群和群落生态学。

第三，品牌系统生态学。其内容包括品牌生态系统结构方面的研究、品牌生态系统功能的研究、品牌生态系统的动态研究、品牌生态系统的系统生态学研究、品牌生态系统与非品牌生态系统之间关系的研究。

第四，研究品牌圈内各种品牌生态系统间相互作用和联系的品牌生态学。

第五，研究以人和组织活动为主导的，人和组织与品牌圈之间相互作用及联系的跨学科品牌生态学。

第六，与此同时，还派生出若干个关联的应用学科，如品牌生态工程学、品牌生态系统管理学、品牌恢复生态学等。其中，品牌生态工程学研究的内容包括品牌生态预警、品牌生态评价、品牌生态规划、品牌生态建设和品牌生态管理等。它主要是根据品牌生态学的理论对品牌进行生态预警、生态评价、生态规划、生态建设和生态管理。

第三节　品牌营销的基本概念与特征

一、品牌营销的基本概念

品牌营销是一种高效的营销策略，旨在通过市场推广来提升企业品牌和产品的知名度。这是一种必不可少的营销理念，可帮助企业获得并保持竞争优势。构建强有力的品牌标识是实现全面市场覆盖的最佳途径，比起依靠庞大的营销网络来实现目的，更具先进性和效率。因此，消费者常常在考虑购买产品时选择具有更强品牌标识的产品。而投资者则会选择与具有更强品牌表是的企业合作，这意味着他们更信任该企业的发展前景和可持续性。

品牌营销是指企业通过各种手段塑造自身形象，并深入消费者内心，以吸引和留住他们。品牌营销是企业为了让消费者更好地了解产品品质、企业文化和特殊的营销手段，通过深入分析消费者对产品需求的情况，以打造一个知名品牌并赢得顾客的认可为目标的一种策略。企业的最终目标是设计一个完备的品牌营销计划和流程。

品牌营销是企业为满足客户需求和偏好，采用各种营销手段和策略，旨在塑造企业品牌形象、提升产品价值，崇尚服务理念的过程。从更高的层面上看，品牌营销是通过建立企业形象、提高知名度、树立可信赖的美誉度等方式，向消费者展示企业的产品或服务品牌形象。

品牌营销的作用在于突显品牌的独特特点，让消费者深刻地体验品牌核心价值观，从而增强对品牌的认知和记忆，促进消费者与品牌的情感共鸣，甚至引发消费者对品牌的热爱和认同。

品牌营销的前提是产品质量，企业必须确保这一点得到消费者的认可。品牌营销是基于有形产品和无形服务的。有形产品指的是新颖的包装、独特的设计，以及富有特点的名称等。无形服务是在销售或售后服务过程中的客户满意度，让消费者真正成为“上帝”。在整个市场上，产品质量几乎是一样的，从消费者的角度来看，他们注重的价值往往是可以提供服务的质量。从长期竞争的角度来看，品牌营销的建立是企业长远发展的必要途径。企业有必要满足自己的利益，也要顾及客户的满意度，才能获得双赢的局面，赢得终身客户。

品牌营销主要包括品牌识别、品牌定位、品牌形象塑造和品牌推广四个方面。

（一）品牌识别

品牌识别是消费者对品牌的初步认知，指的是在同类产品中，消费者是否能很快地识别出品牌的独特标识和与产品相关的信息。核心和本质是让消费者清楚地认知品牌的主要价值和精髓，从而为企业的品牌建设明确发展方向。建立企业与消费者之间的联系的首要措施是进行品牌识别。通常情况下，企业在构建品牌时，会考虑到未来的发展计划并据此制定相应的品牌规划。这些品牌构想旨在刻画产品的特点和价值，并营造消费者所期望的印象和联想，在各方面凸显企业的品牌形象。

（二）品牌定位

如果企业未能明确品牌定位，很可能会在竞争激烈的市场中失去竞争优势。只有对市场进行充分调查并确定品牌定位，企业才能在竞争中获胜。品牌定位并不是对产品特征的构思，而是企业期望消费者心中留下对其产品的特定印象。我们可以考虑消费者的购买心理和选择偏好，并结合产品特点，制定一个适合目标市场和潜在顾客消费需求的品牌定位。企业通过设定品牌定位目标，致力于在消费者有消费需求时，让他们首选该品牌的产品。要确定企业的目标市场和细分市场，必须考虑品牌定位的重要性，因为品牌定位是一个非常有用的工具。品牌定位的核心目标是帮助企业明确自己的市场目标。

（三）品牌形象塑造

企业打造的品牌特色和个性在消费者心中形成的印象，就是品牌形象。品牌形象是由内、外两个方面构成的，其中内在形象是一个抽象的概念，包括产品形象、文化形象等。另一个是外在形象，这则是一个更直观的概念，指的是公司的外部形象和形象传播。品牌形象的外在形象包括商标名称、标志图案、标志颜色和字体等，这些元素可以通过直观感知来识别。不少品牌会采用卡通形象来设计他们的商品，这种方式可以让消费者更直观地感受品牌的特色。例如，著名品牌迪士尼就擅长运用卡通形象和明亮的色彩来吸引消费者的目光，让消费者更加喜爱这个品牌。许多品牌会搭配与品牌特点相符的代言人，以便更加全面地塑造品牌的形象。

（四）品牌推广

在品牌推广的过程中，必须确保品牌的核心价值和外部表现一致，始终保持品牌形象的内涵和外在信息的一致性。为了有效地宣传品牌，需要运用多种传播手段和工具，综合运用各项传播方式，以建立长期、稳定的品牌消费者关系。在品牌推广中，通常会采用横向和纵向两种常见的推广方式。横向推广是一种常用的推广手段，通常采用广告宣传以及其他各种形式的推广活动来宣传品牌和商品信息，从而提高品牌知名度、深化品牌印象、传递品牌意义等。它通常是推广活动中较为简单和基础的一种方式。从品牌推广的角度来看，横向推广的目的在于通过讲述品牌故事传达品牌文化并与消费者建立多元化的互动，从而营造一种能够与消费者产生情感共鸣的氛围，进而打造更具吸引力和影响力的品牌形象。

二、现代品牌营销的特征

（一）实现品牌影响和品牌扩张

品牌是一种复杂的谜团，具有既抽象又具体的特性，难以完全用语言描述其真实面貌。有市场影响力的品牌具有吸引企业和消费者注意的能力，这些品牌的吸引力和内在价值对于企业和消费者都是至关重要的。这些著名品牌不仅能够满足消费者的需求，还有助于企业品牌的知名度和范围的拓展。

1. 消费者的品牌效应

为什么消费者更倾向于购买知名品牌香水，而非无名气的香水呢？实际上，很多香水产品在质量和气味等方面不比这些知名品牌的香水差，甚至其功效也没什么显著差别，但消费者在选择时却有较强的偏好性。这些知名品牌成功地将自家产品与消费者的生活方式紧密结合起来，通过影响消费者的心理，提升了产品的价值和消费者对其的评价，进而创造了所谓的品牌溢价。

（1）消费者的感性追求

市场营销长期以来一直默认消费者是非常理性的，尤其在引入调查和统计分析方法后更加深信不疑。然而，从品牌意义上来看，这种先入为主的假设并不一定准确。

消费者更加看重品牌，因为对品牌的态度比对单个产品更加关键。这是由于消费者获得产品满足感的主要因素是产品的功能性，也就是产品的实际用途。在一个竞争充分的市场环境中，商品的使用价值通常不会有缺乏的情况，而且往往会呈现出过剩的状态。这种价值是由商品的实用性决定的。因此，产品的功能对消费者在选择过程中的影响逐渐减小，越来越多的是基于与产品相关联的因素进行选择，尤其是消费者与其认同的社会因素密切相关时，品牌就显得至关重要了。品牌是由一个公司及其产品所带有的一组价值观的综合体，它不仅包含了消费者对相关产品的看法，同时也涵盖了他们对自身社会角色的情感认知。

（2）品牌给消费者带来的心理满足

虽然品牌的作用是用来区分商品，但它却不限于仅仅是一个普通的商标。在制定营销策略时，品牌的心理影响要比提高品牌知名度更加重要，因为消费者对品牌的情感联结会带来更深远的影响，而仅仅提高品牌知名度只是实现基本目标而已。虽然品牌似乎只是一个抽象的元素，但在市场竞争中，品牌的重要性已越来越凸显。由于产品同质化，品牌差异化已成为产品竞争的主要方式。此外，消费者越来越注重感觉因素，而非仅仅产品的使用价值。这也导致了消费者行为的改变。在进行选择时，消费者通常会优先考虑高感知度的产品特征，这些特征往往由品牌所暗示。

简单来说，对于任何产品而言，重点不仅在于其能否满足消费者的实际需求，还在于其是否能够激发消费者的情感共鸣。除了看重产品的实用价值，消费者还通过使用它来获得情感上的享受。产品能够满足消费者实际使用需求，提供基础的功能服务，而品牌在此基础上，更加重视满足消费者情感需求，追求更全面的消费者体验。因此，可以说品牌更像是一种情感体验，而非一个具体的实物。当汽车被塑造成具有特定品牌形象时，对消费者而言，其价值不仅仅在于其实用性，更在于其所带来的心理满足和象征意义。宝马车往往被视为身份地位和财富的象征，它在满足消费者身份认同的需求方面具有独特的作用，从而无声地展现了这种认同。在社会化生活中，一旦满足了基本的物质需求，人们最大的幸福来源于心理上的满足，其主要原因在于社会给予的认可。由于这个原因，一旦品牌形成，就会自动地获得一种神奇的力量，在消费者和市场方面受到青睐。品牌可以轻松地获得高于社会平均利润的收益。因此，消费者、企业和广告商都对品牌投入了很多精力。

2. 企业的品牌张力

由于消费者关注的已不仅仅是产品本身，品牌的价值愈发重要，因此企业应该立足于品牌，以扩大市场份额为核心目标。品牌张力是指品牌在市场竞争激烈的环境中所产生的积极影响为企业带来的价值。它不仅考虑品牌在市场上的影响度量，还考虑了品牌在消费者心中所形成的影响力。通常情况下，消费者更偏向于知名品牌而非普通品牌，而市场领头品牌则会对市场的发展和趋势产生重要影响，能够引领市场的发展方向。知名品牌对企业的品牌拓展带来了多种显著的好处。

（1）扩散持续效应

建立知名品牌是企业提升整体经营水平必不可少的途径。一旦成为知名品牌，就会树立良好的形象，随着产品传播和流通范围的扩大，产品的影响力快速增强。随着影响力的增强，呈现出马太效应的趋势，即影响力扩散的程度越大，其积累速度越快。随着业务范围的扩大，越来越多的人开始信任企业，这也有助于企业获得更多的忠实客户。例如，肯德基作为一家备受推崇和知名度极高的快餐连锁品牌，由于连锁店数量逐渐增多，为了适应各地消费者的口味，不断研发创新和改进产品。消费者喜爱并信任肯德基，对于其推出的新品也非常关注。知名品牌具备稳定性，一旦树立了一定的品牌影响力，就会得到长期广泛的认可，如同一个人的优良品德一样，很难被动摇。反之，若未对品牌造成致命伤害，这种影响力将长期存在。

（2）刺激放大效应

刺激是指著名品牌对市场需求的推动，尤其是对消费者的心理吸引和诱惑，当消费超越简单功能利益时，对消费者深层次的消费需求就具有一种刺激作用。例如，很多消费者都向往拥有品牌运动鞋，这除了对品牌运动鞋产品本身优异品质的追求之外，更重要的是品牌中凝结了丰富的象征意蕴，追捧它实际上是消费者对知名品牌的一种迷恋。因此，著名品牌有利于企业进一步挖掘市场潜力。与此同时，著名品牌一旦确立，就不仅仅局限于一个产品，它还具有一种晕轮效应，把具体产品的品牌形象放大为企业形象，从而扩张到该企业的一系列产品之上。例如，某电器品牌原本是广东顺德的一个电风扇品牌，出色的产品质量使该品牌效能得到放大，成就了良好的企业形象。这种品牌放大效应相应地延伸到企业其他产品上，成就了其空调、冰箱等电器的著名品牌。

（3）资产增值效应

品牌的商标属性本身就具有法律所赋予的独享权，因此著名品牌也是一种知识产权，当然它的价值不仅仅是标志性区隔，还意味着一种无形资产。品牌的增值效应来自两个方面：一方面，品牌本身可以为企业带来超出行业平均利润率的增值收益，行业平均利润率所反映的是产品本身的竞争力，而超值利润则可归之于品牌竞争力；另一方面，著名品牌一旦形成，其本身就具有极大的价值，成为企业的无形资产，这种无形资产往往在企业品牌评估和企业并购中得到充分体现。世界上各种各样的品牌资产评估机构每年都会为著名品牌做出价值评估并公之于众，而在近些年的企业并购中，并购价格往往远远超过企业实有资产价格，其主要原因就是品牌资产具有更大的价值。

（二）经营路径品牌化

商业上，只有当一个品牌能够为企业带来实际收益时，它才具有真正的价值。企业之所以重视品牌，是因为品牌为它们带来了附加价值和利益。因此，在这部分我们将从企业经营的角度对品牌加以审视，着重探讨企业品牌化的必然性，以及促成这种必然性的利益因素。

1．品牌化成为一种经营路径

将品牌理念融入实际运营中，使得产品和服务具备了品牌特质，这就是品牌化的过程。而品牌化的核心在于创造独特的形象和特点，以便使自己与其他品牌产生区别。品牌的含义远不止商标这么简单。品牌化并不只是简单地给产品或服务添加某种符号形式，更重要的是为其注入更加深刻的内涵和意义，以确立品牌的发展方向。

通过制定品牌基本策略进行品牌化的过程主要包括三个步骤：第一步，建立品牌认同系统；第二步，设计品牌的标志性符号系统；第三步，制定品牌战略。品牌认同是确保品牌价值的基础，在营销传播过程中起着至关重要的作用。这些系统及其元素的作用在于将品牌身份在视觉和感性方面具体化和表达出来。品牌战略的确定取决于品牌创建者和所选品牌。对品牌进行品牌化，有两个阶段需要考虑，即选择品牌发展方向和确定品牌定位，这是品牌决策的过程。通常情况下，进行品牌化运作的基本流程如表 1−3−1 所示。

表 1-3-1　品牌化运作基本流程

运作步骤	主要关注点
是否建立品牌	品牌经营具有一定的风险性，必须对企业和产品及市场状况做出相应的评估
确定品牌基本价值系统	对品牌内涵和基本价值理念加以确认，明确品牌意义，初步建立品牌认同系统
设计品牌符号	使品牌理念形象化和视觉化
制定品牌战略	新品牌、产品线延伸、品牌延伸、多品牌、共同品牌战略
实施品牌定位	从品牌特点出发，注重传播对象的接受特点，确定品牌传播和诉求核心

一旦确定品牌定位，就相当于确定了品牌的特性和核心传播点。品牌要成功需满足的基本条件是，唯有品牌独特之处才能带来消费者并创造经济利益。因此，品牌建设包括构建品牌形象和传达产品或服务信息给消费者，目的是让消费者确认选择，并让公司获得实际收益。

通常来说，企业热衷于打造品牌，主要是为了实现自身利益的追求。他们相信在市场竞争中，品牌对于企业占据优势并获得更多利润起着至关重要的作用。因此，他们对品牌的追求包括两个方面：一方面，品牌能够帮助企业扩大市场份额。企业及其产品的整体品质是一个重要的考量因素，品牌在企业扩张市场的过程中扮演着重要的角色，对企业的成功至关重要。品牌具有巨大的影响力，几乎成为企业成功与否的决定性因素。由于企业需要不断拓展和保持在市场上的份额，因此品牌对其来说至关重要。另一方面，品牌能够实现更高的利润率。企业的首要目标是实现盈利，然而，在竞争激烈的市场上，不同行业的利润通常呈相对稳定的态势。这就凸显了品牌价值的重要，因为通过品牌，企业可以为其产品赋予附加价值，从而使其在同行业中获得更高的利润。对于许多跨国公司而言，实施全球战略时品牌建设已经变得至关重要。

就品牌经营而言，很多跨国企业代表的是一种完美的品牌形象。在 20 世纪 90 年代后期，中国企业普遍增强了对品牌追求的意识。大致是基于这样一种背景：其一，企业在此时期已经完成了早期粗放式经营，并面临自我提升的挑战。提高企业整体形象的关键之一是重视产品形象，并确保其良好。其二，由于市场开放程度的提高以及全球经济形势的变化，越来越多的跨国企业和全球品牌开始进军中国市场。其因品牌优势，在中国市场上它们大肆抢占市场份额，而且比中国企业获得更高的行业收益。中国企业可以从这种品牌策略中获得启示。其三，由于生产过剩和市场买方力量的增强，许多同类型商品数量急剧增加，市场竞争变得越来越激烈。因而，在细分市场上，企业很难凭借产品的差异化来取得竞争优势。这为产品营销中追求情感因素提供了更加稳固的基础。鉴于上述多种因素所产生的影响，品牌认知迅速兴起。为了确保企业的稳定发展，许多企业都将品牌建设提升到经营战略层面，并期望通过建立品牌来达成企业的目标。

2．品牌成为企业的战略性资源

尽管市场营销和营销传播领域广泛探讨了品牌和品牌资产，使它们成为热门战略概念，并且许多品牌机构提出了精确的评估指标，但这些指标并未被完全认同，品牌管理专家对此存在不同看法。据他们所说，虽然不可能准确测定品牌价值，但可以作出粗略的估计。这些估算不够精确，无法用于评估营销计划的效果，只能反映品牌资产的大概数量。这些估计还不够给品牌策划和预算编制提供参考。这个问题的意义非常重要：若我们无法精准地估算品牌的价值，也就无法以此为基础制定计划。那么我们该如何理解品牌及其资源的实际价值呢？品牌是营销价值链中不可或缺的策略性资源，对于营销的价值发挥具有重要作用。

在企业从事各种价值活动时，并非所有行为都能够创造出超越竞争对手的独特优势。因此，必须确定哪些行为具有差异性并能够创造出竞争上的优势。在企业的价值链上，营销是一个重要的组成部分，也是一个完整的系统。在这个系统中，品牌是起到统合作用的关键要素。换句话说，品牌在整个价值链中具有最综合的核心作用。品牌具有一种独特的关联性，其他元素无法替代。因此，通过巧妙的关联方式，品牌可以充分展现自身的独特性和优势，提升其竞争力。通过实现最优化和协调一致，我们可以获得竞争优势。协调是指在企业的整体目标实现时，需要对所有活动进行协调和统一，确保各项工作形成相互配合的整体，达到最优化的效果。显而易见，若没有品牌统一，产品在面对众多竞争对手时，很难在企业和消费者之间建立独特的竞争优势。品牌可以清楚地定义商品与竞争对手的产品在哪些方面存在差异，同时可以享受规模效应和范围效应的优势。此外，品牌还可以建立市场壁垒，让其他竞争对手难以越过这个障碍，并迫使它们和品牌进行竞争。另外，品牌可以让企业避免陷入价格战的恶性循环，进而保持收益的稳定。

看待品牌时，可以将其视为企业运营中的重要策略资产，纳入营销管理的范畴。品牌在营销活动中具有非常关键的作用。品牌所带来的实际和非实际优势，能够集合整个营销活动，成为整个营销过程中不可或缺的组成部分。只有善于组织和充分利用，品牌资源才能成为具有优势的竞争因素。品牌资源在整合过程中的变化，源于品牌决策者对资源的效果评价和平衡不同倾向所作出的决策。因此我们需要在品牌管理层面上重新审视我们对品牌的认知。企业的竞争优势在于能够提供超过成本的客户价值。商品或服务的价值即客户所愿意支付的价钱，超额价值则表示以比同等效益更低的价格提供服务，或以更高的价格提供特别的效益。出于同样的原因，竞争优势可由成本效益和独特性这两个要素所构成。实际上，将品牌视为一种资源，我们会发现品牌可以成为实现这两种获得竞争优势的途径。

品牌所拥有的独特资源优势是其他价值链上的参与者无法复制的，因此，充分发掘品牌资源是企业形成核心竞争力的最佳途径。企业的核心竞争力来自团队的集合性知识，尤其是在协调各种不同的生产经营技巧、不同技术流之间的知识整合方面。首先，一款产品需要具备明显的客户价值，以满足客户所追求的利益需求，从而让客户产生对产品的实质利益感；其次，必须具备独创性并且难以被竞争对手复制；最后，具备良好的可扩展性，以便更好地实现规模经济。据戴维·阿克提出的品牌认同理论，品牌的全部特征均可通过品牌认同来展现，这种理论可以涵盖品牌的所有元素。综合而言，品牌在营销价值链中的作用不可或缺，因为它整合了战略性资源。所以，我们可以得出结论：品牌是整合战略性资源的一种关键手段。品牌的独特特征凸显了它的核心竞争能力，可以满足客户的价值需求。

3. 品牌资源的整合路径

自 20 世纪 90 年代以来，已有大量研究探讨品牌相关的主题。然而，虽然这些研究提供了各种各样的解释，但是迄今为止还未出现一个完整的模型来解释品牌这个复杂的现象。出于品牌资源方面的考虑，我们期望为企业竞争提供一种新颖的视角，同时确保其涵义未有改变。品牌资源整合的最大挑战是在企业竞争中做出正确的选择：是开始品牌化运营，还是等待更好的时机。这个决策必须基于企业和市场的实际情况来作出，因此决策的依据就在于品牌是否具备重要的资源优势。如果企业认为品牌资源比较重要，其竞争力较强，而且品牌本身具备较强的整合能力，那么通过运用品牌资源，企业和产品可以获得更多的好处。在这种情况下，品牌经营是一个适合的选择。

如果决定进行品牌化经营，就必须整合品牌资源。在这种情况下，需要深入了解品牌和各种价值构成之间的关系，然后根据这些关系建立品牌的基本价值框架。这是品牌化经营的重要一步，包含着两个方面：第一，要从多个维度清晰地表达品牌的核心理念和内涵，从而形成初步的品牌认知；第二，要根据品牌的内涵建立起初步的品牌认同。在保持品牌本质要求的前提下，探索外部呈现方式，以呈现品牌的独特特点，并设计相应的品牌标识系统。应当说，从此刻开始，品牌推广已经启动，它将在这一过程中明确品牌形象，确定品牌定位，并选择品牌化的发展方向。其中重要的是找到品牌和多种价值中的具体共同点，然后采取积极的宣传和协作管理来推动战略进一步发展，这涉及运用品牌管理的战略。即使品牌研究专家提供多种理论方法，品牌经营仍不能套用固定不变的模式。实际上，几乎所有成功的营销品牌公司都采用个性化的品牌管理策略。传统品牌经营方法长期以来一直被认为是经典之作，然而在当前的市场形势下，它已经遇到了严峻的挑战。宝洁公司和其他企业多年来一直运用传统的品牌管理方法来经营品牌，但现在这种方法已经难以应对新的市场环境。新兴的品牌经营模式更加注重战略性思考，它不仅考虑战术层面，更注重运用战略思维来提升品牌价值。相比于传统的品牌观念，现在的品牌观念强调战略性思维和长远规划，不仅注重传播和规范，更倡导战略性品牌管理。

品牌管理已经不仅是纯粹的市场宣传活动，而是需要考虑整个企业管理体系的适应与变革。因此，品牌经营不是一项简单的营销传播任务。事实上，品牌的定义是广泛和包罗万象的，它可以被延伸到接近无限的领域中，因此即使是专家也可能对其有不同的理解。根据戴维·阿克所言，品牌的基础是广泛的品牌认同，在此基础上建立品牌框架。汤姆·邓肯的观点是品牌承载了企业价值的全面追求。邓肯提出的整合营销传播框架，是基于这一理念构建的。当品牌经营发展成为企业竞争优势战略时，不同企业可能会采取各自不同的竞争策略。这些策略可能超越了常规的营销传播手段。从这个角度上看，并不是所有企业都适合进行品牌经营，许多企业可能会面临更高的成本，因此这不一定是一个适宜的选择。因此，可以把品牌视为企业在自然竞争优势创造过程中无意中形成的一种现象，而不是一种有意追求的东西。

（三）重视品牌资产与品牌管理

在当今的企业运营中，品牌不仅已经成为有效的经营策略，而且也被视为一项极其有价值的企业资产。各大知名品牌资产评估机构每年考察世界知名品牌时会使用一套特定的指标体系，以公开的方式披露这些品牌的资产价值。品牌资产是企业品牌的运作成果、影响力以及其带来的收益能力的集中体现。企业通过合理有效地管理品牌资产，可以保护品牌利益并促进品牌稳健发展。

1. 品牌资产及其评估要素

品牌资产可以用来衡量品牌的价值和权益。一般来说，人们认为企业的商标或品牌不仅仅是用来区分产品或服务，同时也被看作是树立企业声誉和积累财富的重要途径。品牌资产表现在同质量的商品或服务中的价格差异之处，这意味着品牌具有相对独立的价值。品牌权益体现在市场上，是指产品有品牌时与无品牌时的市场效益差别。这种差别只有品牌才能带来。品牌资产是随着产品或服务不断附加在品牌名称和标识上的财产。就消费者而言，这些资产可以分为四个方面：品牌知名度、品质认定度、品牌联想度和品牌忠诚度。另外，品牌资产评估还需要考虑市场占有率以及价格、通道因素对于品牌的影响。

显然，这种关于品牌资产的评价标准摆脱了把品牌资产单纯看作一种财务加权的认识，是一种立足于品牌消费者的思考视角。可以说，品牌资产价值就是品牌的关系程度。品牌关系程度越高，品牌资产价值也就越高。

品牌知名度是消费者对某个品牌的认知程度，是衡量品牌资产中顾客熟悉程度的重要指标。对某些产品来说，其知名度可以对消费者的认识和喜好产生重要影响，因此知名度是推动消费的关键因素。尽管一个产品或品牌的知名度很高，但并不能完全反映消费者对其值得信赖程度的评价。因此，该指标未能全面反映消费者的意见。通常情况下，我们并不需要太费力气就能建立品牌知名度。只要采用简单的重复广告或其他营销传播方式，就能达到预期目的。然而，要想进一步提升品牌知名度，就需要付出更多的努力。

品牌联想度指的是消费者与品牌之间的相互影响，主要由消费者对品牌的想象、产品的归属、使用的场合、企业联想、品牌个性符号等构成。这种联系通常基于企业或品牌独特的特点，并考虑到消费者因其个人经历和生活经验而自然形成的相关性。企业和品牌追求的是塑造良好的形象。品牌管理的主要目的是确立积极的印象，融入品牌识别元素并善加运用。

品质认定度是品牌联想的特殊形式，它不仅涉及品牌的联想程度，而且直接关乎对品牌的形象评价，品牌的品质认定对于创造品牌价差效应关系极大。品质认定几乎适用于所有品牌类型。通常，消费者在选择时不论是否有意识都会对品牌进行品质判断，在判断中把品牌分为优等／一般／劣等、高品质／低品质、最佳品质／最低品质、一致性品质／非一致性品质等。

消费者对品牌的忠诚度是衡量品牌资产价值的重要因素之一。忠诚的含义在于持续地认同品牌，这种认同来自顾客和利益相关者。品牌的成功不仅取决于吸引新顾客，更重要的是保持旧顾客的忠诚度。只有这样，品牌才能建立起稳定的忠诚粉丝群体。此外，还需考虑品牌的知名度、品牌联想和品质认定。这些指标中，评估品牌知名度相对来说比较简单。

2．品牌资产的不确定性

虽然品牌资产经常被提及，但在实际应用上并没有一个明确的共识关于如何具体把握品牌资产。根据戴维·阿克的定义，各种参考标准都存在着一定的歧义性，除了市场参考标准可以被精确地解释。因此，品牌资产的内涵本身就比较模糊。这是因为消费者的情感体验是相关指标的主要来源，而在实际评估过程中，消费者通常采取情感化的方法。评价方法和评价体系与认知不确定性之间仍然存在相关性，这种影响无法完全消除。根据戴维·阿克的观点，首先需要明确的是，每个主要产品所带来的市场收益应当与品牌进行区分。其次，需要对收益进行分类：一是品牌；二是场地、设备等固定资产；三是其他无形资产，如人员、系统、制作工序和专利权等。一般而言，计算固定资产的收益比较简单，而且回报率较为稳定。经资本化处理后，该品牌获得了一定的市场价值，在特定的产品市场中具备一定的威望。将各个产品市场中的品牌价值相加，便可计算出品牌的综合价值。平衡收益是指将品牌收益与其他非物质资产的收益相互抵消，这些非物质资产的收益有时也包括品牌资产的收益。

由于各个品牌的情况千差万别，所以在全球范围内，不同品牌组织对品牌的评价也存在差异。这种差异也在公司并购市场上反映出来。品牌价值是一个变量，因为它受虚拟资产的波动和品牌因素的影响。根据 1994 年英国国际品牌集团的评估，IBM 的品牌价值被认为并不高。但在经过一系列改进措施后，到了 1995 年，IBM 的品牌价值已经大幅上升至 171 亿美元。2001 年 1 月，美国在线公司完成了一项规模巨大的并购计划，收购了时代华纳公司，这是 21 世纪初大规模的并购之一。因为 IT 经济泡沫导致的美国在线品牌价值被高估，所以出现了这种情况：在进行股票交换时，美国在线加价近 50 美元，与时代华纳公司交换股票进行并购。即使美国在线公司进入了市场，但它的股价却持续受困于 39～45 美元的狭窄区间。接下来，多种因素导致公司的股价持续下滑。前时代华纳的各业务部门普遍表现良好，相比之下，美国在线表现则不尽如人意。这表明，品牌的虚拟元素被夸大后，不确定性因素会增加，因此必须清楚地认识品牌的价值。

3. 有效地实施品牌管理

严格意义上说，品牌管理的本质就是对品牌资产的日常维护和不断提升，实施品牌管理是建立品牌进而维护品牌关系和品牌利益，并保证品牌价值持续增长的基本需要。当然，广义的品牌管理包含了品牌从创立到发展，乃至于形成一个完整品牌体系和营销价值的全部过程，但是我们在这里所说的品牌管理主要是指对一个确定品牌的战略管理，按照科特勒的说法，就是一个长期远景的营销决策。为了保证品牌价值和品牌效应的稳定与持续提升，科特勒和凯勒对品牌资产管理规定了两项基本的管理任务：品牌加强和品牌复苏。

（1）品牌加强

品牌加强是对品牌基本形态的一种强化管理。因为品牌一旦确立之后就成为公司的一种资产，它和其他有形资产一样具有相应的价值。但是也正如其他资产一样，品牌资产在实际中也面临着折旧和贬值。从时间维度上看，尽管我们在品牌文化中常常强调品牌的历史和积淀，但是并不是所有品牌在历史进程中都会不断延伸。固然有很多品牌几十年、上百年一直都处于领导地位，如可口可乐等，但是也有不少品牌随着时间的推移渐渐失去光泽，更有一些品牌风光一时便如星辰般陨落。因此，强化品牌的目的，就是为了保证这些资产不仅不会随着时间的流逝和市场的变化而贬值，反而要不断发展、不断增值。

强化品牌资产归根到底就是要让品牌所拥有的顾客和消费群体不断意识到品牌的存在，并能够体会到品牌的价值。而这些都需要通过相应的品牌营销活动来完成。品牌的强化可以通过两种营销方式向客户传递品牌信息：其一，品牌代表什么产品，它提供什么核心利益，它满足什么样的需要；其二，品牌怎样使产品比其他同类产品更加优良，并且使独特的品牌联想存在于消费者心里。很多品牌在长期的发展过程中都形成了自己独特的内涵和基本的信息关联，这些因素在一定意义上决定了消费者对品牌的认知和记忆。但是随着产品线的进一步延伸和消费范围的不断扩展，这些信息往往会出现一些新的变化。在这种变化过程中，一方面，品牌本身所有的内涵和基本信息关联会被有意无意地淡化。而对于品牌强化来说，这是非常值得注意的，即不论品牌如何发展，其与消费者相关的品牌认知和品牌记忆都必须得到不断的强化和相应的延伸。这反映了品牌的核心价值。例如，百事可乐是一个行业领先的饮料品牌，为了突出自己的品牌特色，几十年来保持“年轻一代的选择”。另一方面，由于品牌是一种长期的积累，它在一定意义上代表了公司对顾客的承诺，因此品牌强化也就意味着一种持续的品质保证，也就是它应当表现出品牌所特有的营销优势。

在现实营销中，任何有效的品牌强化都不是简单的品牌宣言可以达到的，因为品牌本身不可能是一成不变的。只有追随消费者变化的品牌，才可能成为价值不断提升的品牌。所以品牌强化必然涉及品牌的创新，以及对于品牌内涵的延伸必须处理好一个重要关系，那就是如何维护价值创新与基本内涵之间的平衡。有很多品牌，常常不顾自己的核心内涵和基本价值，而一味地追求变化和创新，结果导致了品牌的衰落。其中很重要的一个原因就是没有处理好品牌延伸与维护原有价值之间的平衡。世界上所有成功创新的品牌，从营销的角度看，都没有偏离其核心的价值和基本内涵。从品牌管理的角度看，品牌创新不是违背品牌的价值和内涵，而是对品牌价值和内涵的进一步丰富。

（2）品牌复苏

在现实营销中品牌复苏往往是一个经常遇到，但是却很难取得预期效果的计划。所谓品牌复苏，是指在品牌发展过程中，由于市场变化和竞争影响，或者是由于品牌自身的因素而丧失了品牌原有的生机。为了重新振兴品牌，就必须扭转已经出现的品牌颓势，使之重新呈现出健康发展的趋势。这是一项关于老品牌如何新生的工作。

逆转某一失败品牌的局势要求“返回它们的根”，或者放弃品牌的来源以建立新来源。这实际上涉及两个方面的问题：一方面是对品牌原有内涵和品牌价值的重新审视，要认识到原有品牌是否还在建立正面的联想，这种联想是否还有意义，在此基础上决定是否要保持原来的定位；另一方面是在大多数情况下，原有的品牌定位由于竞争或者市场变化很难再继续实行，这就需要一种新的定位策略来取代它。显然，在这里重新定位是一种再创新战略，它也涉及一个棘手的问题，就是如何把握重复创新与历史记忆之间的尺度。多年前娃哈哈公司的著名品牌“娃哈哈儿童营养口服液”一直领先儿童营养品市场，它的品牌推广的突出定位就是“喝了娃哈哈，吃饭就是香”。后来在激烈的竞争中，为了扩展市场，娃哈哈公司曾经尝试为该品牌作重新定位。有一个广告把它向老年市场延伸了，其初衷是老年人在一定程度上与儿童具有相同的营养需求，因此广告诉求是：“老人香、小孩香，老人小孩都一样。”但这次复苏计划最后失败了，它在一定程度上反映了复苏一个进入颓势的品牌的艰难。

第四节　品牌营销的基本步骤与目标成果

一、品牌营销的基本步骤

（一）进行品牌评估

品牌评估指通过各类新闻媒体发布品牌评估及评价资料，展示企业品牌形象，向上级主管部门、投资者、广大终端消费者传递企业实力和企业发展能力，为促进企业全面发展提供价值参考，并通过细分公允价值评估方案达到“资产—股权—资本”的运作目的。

在品牌创建之前，经营者需要了解品牌产品的核心价值是什么，能为消费者提供什么使用价值；产品在哪一行业或领域，其优势与劣势如何。了解品牌标下的产品处于何种位置就是品牌评估的目的。只有如此，企业才能为品牌的定位和品牌战略的实施提供明确的方向。

品牌评估要从企业的硬件资源、软件资源、行业特色，商业环境，竞争者、消费者认知、传播策略等多方面进行。仅仅从传播的层面来评估是片面和不客观的。品牌评估认识到创建品牌的重要性，并学会如何站在顾客的立场上来思考问题，对顾客做调查，并通过调查结果了解该品牌当前所处地位。

回顾当前的研究：完成顾客／市场调查（调查公司），完成书面调查报告，向执行委员会汇报结果，就品牌的当前地位作出结论。

（二）作出品牌承诺

品牌承诺是品牌创建的原则和精神大旗，也就是一个品牌给消费者的所有保证。一个品牌向消费者承诺什么，反映出一个企业的经营理念。品牌承诺包含产品承诺，又高于产品承诺。顾客对企业某种产品或服务预期的情感和功用上的利益要求，即企业希望消费者产生的感受。品牌承诺是站在顾客的角度考虑，定义他们享受了产品和服务后意欲达到的功用和情感方面的效应。

在营销学的产品要素里，一个整体的产品概念包括三个方面：首先，核心产品，是指产品为购买者提供的基本效用和利益，也就是使用价值，如消费者买羽绒服主要是为了保暖；其次，形式产品，指产品的外在表现，如外形、质量、重量、体积、视觉、手感、包装等；最后，延伸产品，是指产品的附加价值，如服务、承诺、身份彰显等。一个产品在这三个方面的标准就是产品承诺。如质量合格的羽绒服完全可以起到保暖（核心产品承诺）的作用；产品设计上非常美观、重量轻等（形式产品承诺）；售后服务体系健全，让消费者放心等（延伸产品承诺）。一个品牌产品，必须做到所有的产品承诺。

而品牌承诺的核心不仅只是产品承诺，还包括更为深层的精神承诺。精神承诺以产品承诺为基础，它的主要意义在于，在不同时间、用不同的方式使品牌持续地和消费者沟通，并产生情感的共鸣，从而使产品具有更广泛的意义。

（三）进行品牌规划

品牌规划是建立以塑造强势品牌为核心的企业战略，将品牌建设提升到企业经营战略的高度，其核心在于建立与众不同的品牌识别，为品牌建设设立目标、方向、原则与指导策略，为日后的具体品牌建设战术与行为奠定基础。

在弄明白品牌将给顾客带来哪些核心利益之后，必须通过恰当的文字信息和图形标志将这些利益明白无误地告知每个人。

设计完成品牌的各个组成部分：品牌名称、品牌说明、品牌口号、品牌图案表述以及品牌故事。这五个组成部分是相互独立却又密不可分的。作为一个整体，五个组成部分要达到和谐与均衡，才能更好地获得顾客的认同。品牌规划的功能就在于推动品牌的传播和推广，包括广告、促销、公共关系等。

策划设计有关品牌的文字和图像的传播方案（广告或设计公司）讲述的就是产品的来源以及历史，提供给消费者对产品内涵的理解。产品从设计到包装以及相关的宣传都是围绕品牌的概念来进行的，比如为一个运动内衣进行品牌概念的树立，就可以以一个故事的讲述来定义为力量与美丽间的对比，这样产品的设计就以体现力度美以及年轻人活力而进行，产品的包装也会变得比较前卫或者时髦，同时推广也会选用年轻偶像或者运动员来体现。

（四）建立品牌文化

品牌文化指通过赋予品牌深刻而丰富的文化内涵，建立鲜明的品牌定位，并充分利用各种强有效的内外部传播途径形成消费者对品牌在精神上的高度认同，创造品牌信仰，最终形成强烈的品牌忠诚。

建立品牌文化离不开品牌文化战略。品牌文化战略指的是在品牌核心价值体系指导下，通过各种途径传播品牌的核心价值观，建立一种品牌文化；以此培养顾客忠诚度，最终通过品牌文化营销的方式建立一个强大的品牌。品牌文化战略可以初步分为两种，一种是企业品牌文化，另一种是产品品牌文化。企业品牌文化是指在企业品牌基础上形成的一种品牌文化；产品品牌文化是指在产品品牌基础上形成的一种品牌文化。企业需要在实践中制定出一个方针，对未来一年中的有关品牌文化方面的工作作出全面的计划和安排。

二、品牌营销的目标成果

品牌营销的目标成果可以从以下几个方面详细展开。

（一）提高品牌忠诚度

品牌忠诚度是品牌营销的核心目标之一，它反映了消费者对品牌的认可和依赖程度。在竞争激烈的市场环境中，提高品牌忠诚度对于企业的生存和发展至关重要。

1. 提升产品质量

产品质量是品牌忠诚度的基石，只有高品质的产品才能赢得消费者的信任和认可，从而提高品牌忠诚度。企业在生产产品时，应该注重产品的质量、性能、安全等方面，加强质量管理体系的建立和完善，确保产品质量的稳定和可靠性。同时，对于消费者反馈的问题和需求，企业应该及时回应，积极改进和优化产品。

2. 强化品牌形象

品牌形象是消费者对品牌的总体印象和评价，它是影响品牌忠诚度的关键因素之一。一个独特的、积极的品牌形象可以与消费者建立情感联系，提高消费者的忠诚度。企业可以通过以下几个方面来塑造品牌形象：

第一，品牌名称和标识。品牌名称和标识是品牌形象的重要组成部分，它们要能够体现品牌的定位和特点，易于记忆和识别。

第二，广告宣传。广告宣传是塑造品牌形象的重要手段之一。企业可以通过各种广告形式，如电视广告、网络广告、户外广告等，向消费者传递品牌的理念和特点，提高消费者的认知度和忠诚度。

第三，公关活动。公关活动可以帮助企业与消费者建立情感联系，提高品牌的形象和声誉。例如，企业可以通过参与公益活动、支持文化事业等，来提升品牌形象和忠诚度。

3. 提高消费者满意度

消费者满意度是影响品牌忠诚度的另一关键因素。企业应该通过了解消费者的需求和期望，提供令消费者满意的产品和服务，从而提高消费者的满意度和忠诚度。企业可以通过以下方式提高消费者满意度：

第一，提供优质的服务。企业可以提供周到的售前咨询、售中服务和售后服务，让消费者感受到贴心的关怀和专业的服务。

第二，创新产品功能和服务。企业可以通过创新产品功能和服务，满足消费者的个性化需求，以提高消费者的满意度和忠诚度。

4. 提高消费者参与度

通过各种营销活动和互动形式，增加消费者与品牌的互动，从而提高消费者参与度。提高消费者参与度可以帮助企业更好地了解消费者的需求和期望，还可以帮助企业收集消费者的反馈和建议，进一步改进产品和服务。同时也可以让消费者更深入地了解品牌和产品。企业可以通过以下方式增加消费者参与度：

第一，社交媒体平台。企业可以通过社交媒体平台与消费者进行互动和交流。

第二，在线社区。企业可以建立在线社区，邀请消费者分享使用经验和感受。

第三，会员计划。企业可以推出会员计划，为消费者提供积分兑换、优惠折扣等福利，增加消费者的参与度和忠诚度。同时，会员计划还可以为企业提供消费者的购买记录和偏好等信息，帮助企业更好地了解消费者的需求和期望。

综上所述，提高品牌忠诚度需要企业在产品质量、品牌形象、消费者满意度和消费者参与度等方面进行全面的品牌营销策略。只有通过这样的策略，才能让消费者对品牌产生信任和认可，从而提高品牌忠诚度。

（二）提高品牌认知度

品牌认知度是指消费者对某一品牌的认知和理解程度，它反映了消费者对品牌的认知和熟悉程度。提高品牌认知度是品牌形成核心竞争力的重要因素之一，是成功的品牌营销需要达到的目标。

1. 确定目标市场

确定目标市场是提高品牌认知度的关键。在品牌推广前，企业需要对目标市场进行深入的分析和研究，了解消费者的需求和偏好，从而制定相应的营销策略。例如，针对年轻人的品牌可能需要采取时尚、活力的营销策略，而针对中老年人的品牌可能需要采取稳健、实用的营销策略。通过精准的目标市场定位，可以提高品牌在消费者心中的认知度和熟悉度。

2. 强化品牌标识和名称

强化品牌标识和名称是提高品牌认知度的有效手段。一个简单易记、独特的品牌标识和名称可以帮助消费者更好地识别和记忆品牌。例如，苹果公司的品牌标识是一个咬过一口的苹果形状，既简单又易于记忆。同时，品牌名称也应该简洁、易于拼写和记忆，以便消费者在口头传播中能够轻松地提及品牌。

3. 统一品牌形象

统一品牌形象是提高品牌认知度的关键。统一的产品形象、包装设计、广告风格等可以帮助消费者更好地认知品牌。例如，可口可乐的红色瓶子和波浪形字体已经成为品牌的标志性形象，消费者在购买时可以轻松地识别和选择。此外，广告风格也应该与品牌形象相符合，以加强消费者对品牌的认知和记忆。

4. 加强品牌传播

加强品牌传播是提高品牌认知度的核心。通过各种传播渠道和形式，如广告、公关、口碑营销等，加强品牌传播力度，提高品牌认知度。例如，通过电视广告、网络广告、户外广告等多种形式进行品牌宣传，可以扩大品牌的覆盖面和影响力。此外，通过公关活动如慈善捐赠、环保行动等，可以提高品牌的形象和声誉，进而提高品牌认知度。

（三）提高品牌知名度

品牌知名度是指潜在购买者认识到或记起某类产品是某一品牌的能力。提高品牌知名度可以通过以下几个方面实现：

第一，选择正确的传播渠道。选择适合品牌的传播渠道和方式，如电视广告、社交媒体推广、线下活动等，可以提高品牌知名度。

第二，创造独特的品牌个性。通过塑造独特的品牌个性，如时尚、优雅等，吸引潜在消费者的关注，从而提高品牌知名度。

第三，加强品牌公关活动。通过参与公益活动、赞助大型活动、与知名人士合作等方式，提高品牌的曝光度和知名度。

第四，创新营销策略。采用创新的营销策略，如互动游戏、短视频、直播等，吸引潜在消费者的关注和参与，从而提高品牌知名度。

（四）提高品牌联想度

品牌联想是消费者品牌知识体系中与品牌相关联的一切信息结点。建立品牌联想可以通过以下几个方面实现：

第一，建立品牌与产品属性的关联。将品牌与产品的某些属性相关联，如耐克与运动、奔驰与豪华等，让消费者在购买时更容易联想到该品牌。

第二，强调品牌的利益和价值。通过各种宣传手段，强调品牌的利益和价值，让消费者更深入地了解品牌的核心价值。

第三，建立品牌与消费者的情感联系。通过建立情感联系，如亲情、友情、爱情等，让消费者更容易将品牌与自己的情感联系起来，从而提高品牌联想。

第四，加强品牌的社交媒体互动。在社交媒体上与消费者进行互动，回应消费者的反馈和意见，加强消费者对品牌的信任和认可，从而提高品牌联想。

（五）加强其他独有资产管理

独有资产除了上述提到的品牌知名度、品牌联想度、品牌认知度外，还包括专利、渠道关系、品牌形象和品牌声誉、品牌在市场中的地位等。这些资产都是企业长期积累的结果，也是品牌营销的重要目标之一。加强其他独有资产管理可以通过以下几个方面实现：

第一，加强知识产权保护。通过申请专利、注册商标等方式，保护企业的知识产权，防止侵权行为对品牌造成损害。

第二，建立良好的渠道关系。与渠道商建立良好的合作关系，提高品牌的渠道覆盖和市场占有率。

第三，提升品牌形象和声誉。通过不断提高产品质量和服务水平，提升品牌的形象和声誉。同时，要注重与消费者的沟通和互动，积极回应消费者的反馈和投诉，增强消费者对品牌的信任和认可。

第四，持续创新和研发。不断进行产品创新和研发，推出符合市场需求的新产品和服务，提高品牌的竞争力和市场地位。同时，要注重技术积累和人才培养，保持企业在行业内的领先地位。

第五，建立品牌联盟和合作伙伴关系。与其他品牌或企业建立联盟和合作伙伴关系，共同推广品牌和服务，扩大市场份额和影响力。同时，要注重合作关系的选择和管理，确保合作效果和可持续发展。

（六）提高品牌溢价能力

品牌溢价能力是指品牌能够以高于同类产品的价格出售的能力。如果一个品牌的溢价能力较高，那么即使它在同类产品中价格较高，消费者仍然愿意购买该品牌的产品。这是因为消费者认为该品牌的产品具有更高的品质、信誉和价值。提高品牌溢价能力可以通过以下几个方面实现：

第一，提升品牌形象。高品质、高档次的品牌形象可以提升消费者对品牌的信任和认可，从而提高品牌的溢价能力。

第二，增加品牌附加值。通过提供额外的服务、赠品、体验等方式，增加品牌的附加值，从而提高品牌的溢价能力。

第三，精准定位。对品牌进行精准的定位，针对目标消费者提供符合其需求和期望的产品和服务，从而提高品牌的溢价能力。

第四，持续创新。通过持续的产品创新、营销策略创新等方式，保持品牌的领先地位和独特性，从而提高品牌的溢价能力。

（七）提高品牌盈利能力

品牌营销的最终目的是提高企业的盈利能力。通过提高品牌知名度、认知度和忠诚度，以及加强其他独有资产管理和提高品牌溢价能力等手段，企业可以增加销售量和市场份额，提高企业的盈利能力。同时，通过有效的品牌营销，企业可以保持和提高品牌的长期盈利能力。提高品牌盈利能力可以通过以下几个方面实现：

第一，优化产品定价。根据市场需求和消费者心理，制定合理的产品定价策略，提高企业的盈利能力。

第二，加强营销推广。通过各种营销手段和渠道，提高品牌知名度和认知度，增加销售量和市场份额，从而提高企业的盈利能力。

第三，管理渠道。建立良好的渠道关系，优化渠道结构，降低渠道成本，从而提高企业的盈利能力。

第四，持续改进。通过对产品的持续改进、对营销策略的持续优化等方式，提高企业的竞争力和盈利能力。

综上所述，品牌营销的目标成果是多方面的，包括提高品牌忠诚度、认知度、知名度、联想度，加强其他独有资产管理，提高品牌溢价能力和提高品牌盈利能力。企业需要通过全面的品牌管理策略，实现这些目标成果，从而形成企业的核心竞争力。

第二章 “互联网 +”背景下的企业品牌营销

本章为“互联网 +”背景下的企业品牌营销，分为“互联网 +”与品牌营销、“互联网 +”时代品牌营销面临的挑战、品牌营销的互联网思维研究三节内容。

第一节 “互联网 +”与品牌营销

一、“互联网 +”的产生

互联网思维大概包括这几点：根据用户的需求去做产品，即产品生产区域定制化；顺应变化，不断通过市场的变化和用户的反馈，来调整自己的产品；免费和增值服务，例如在餐厅就餐送定制筷子；重视用户体验，这是互联网思维的关键点。

随着互联网在各个行业各个领域的应用，其开始与其他行业深度融合。这种深层、广泛的融合产生了一个全新的概念——“互联网 +”。最早使用“互联网 +”这个词组的人是当代生态思想家张荣寰先生。张荣寰先生自 2007 年提出全生态世界观、全生态文明、全息方法论以来，不断以全新的思想和认知，提出世界伦理学、中华民族生态文明发展模式、国际就业工程战略、大数据在线模式、极平台、云产业、全数据等超前思想发展观。2007 年 4 月，张荣寰先生在生态文明论中提出生态文明理论和新型城镇化，继而提出互联网思维和推动中国发展的三个引擎模式：全然生态文明发展模式，即世界 + 全然思想 + 生态系统；国家生态文明发展模式，即国家 + 互联网 + 生态系统；商业生态文明发展模式，即依托市场 + 互联网 + 生态系统。

“互联网 +”概念起源于 2012 年。该年，于扬在易观第五届移动互联网博览会上，首先提出“互联网 +”理念。2013 年，余额宝的推出引领了互联网金融的兴起，各大互联网公司也竞相进军互联网金融市场。这一势头也渗透到了保险行业，2013 年 11 月，马明哲、马化腾和马云共同创立了众安保险，被称为“三马”合璧。这次合作被视为保险行业在“互联网 + 金融”实践中的突破。

2015 年全国两会上，马化腾作为全国人大代表提交了《关于以“互联网 +”为驱动，推进我国经济社会创新发展的建议》的议案。李克强总理在政府工作报告中也首次提出制定“互联网 +”行动计划，并对互联网与传统产业融合发展提出更高要求。这一举措将“互联网 +”提升到了国家政策层面，标志着“互联网 +”正式成为产业发展的重要趋势。

二、“互联网 +”的内涵

（一）互联网渠道 +

“互联网 +”创造了一个新的营销及供应的渠道。有了这个渠道，理论上任何行业的任何商品都可以在网上实现交易。渠道是互联网交易的重要组成部分。

一个完整的互联网渠道模式应该具有以下五大功能：

一是订货功能。互联网为消费者提供相关的产品信息，同时将消费者的需求提供给厂商，厂商针对消费者的需求提供相应的产品。消费者看中一件产品，在充分了解产品的信息之后，会将其加入购物车、厂商负责提供该产品。

二是结算功能。消费者将产品加入购物车中，确认购买信息后，需要对产品进行支付。这时就需要厂商支持多种有保证的支付方式，如网银、货到付款等。

三是配货功能。网上购物，除了无形产品，如音乐、电子书、软件等，在付款之后可以立马到我们的手中之外，还有有形的商品，如生活用品、书、衣物等，这就需要厂商有专门的配货机构为消费者配货。

四是互动功能。消费者可以随时在网上选购产品，然后与厂商进行沟通；还可以查看其他消费者的点评信息，作为购物参考。

五是评价功能。用户在体验过企业的产品或服务之后，可以对其进行评分。良好的口碑传播可以促进用户对企业产品和服务的消费。

（二）互联网平台（生态）+

互联网发展到 2.0 时代，进入“互联网 + 综合服务”的时代。除了特别大的市场，大型的互联网商家已经看不上那些本源市场不够大的行业。但是一个商家足够多的行业是需要互联网服务的，大型的互联网商家干脆做出一个只服务于卖家与买家的网站，而自身不从事这个行业，这就是我们当前看到的各大平台。例如，国美商城、京东商城等电子商务平台就是利用互联网的方法，做成了一个线上、线下相结合的B2C平台。

在这个“互联网+”的时代，平台的力量是惊人的，如国内的搜索引擎百度、国外的搜索引擎谷歌，它们其实就是一个知识平台。百度这个互联网平台里面融合了许多知识和智慧，用户只需要搜索就能了解到全世界各个区域、各个方面的事情，它属于一个知识平台。马云的淘宝网也是采用平台模式，就是让许多商家都把产品放到网站上去卖，需要产品的人在浏览网站的时候，看到需要的产品就能够达成交易，这是一个买卖平台。它们的本质都是为买家和卖家双方提供最大化的服务，盈利模式上赚取的是服务费。

传统企业融合“互联网+”，一方面可以自己做平台或生态；另一方面在早期也可以加入某个平台或生态，做那些平台不愿做或者不想做的，从而通过平台及生态战略来实现企业的初步转型。平台一方会为企业提供足够多的帮助与支持，将来很有可能是传统企业转型的必经之路。大部分企业会选择两条腿走路，一条是入驻平台及生态，另一条则是企业自身的探索，这样可以规避转型不成功的风险。

（三）物联网+

“物联网+”也可以称作“万物互联+”。虽然现在各处都是智能硬件，各处都讲物联网，但要实现真正的“万物互联+”，还有很长的路要走。这是未来的“互联网+”形态。当前，“物联网+”不仅提供了传感器的连接，其本身还具有智能处理的能力，能够对物体进行智能控制。物联网将传感器和智能处理相结合，利用云计算、模式识别等各种智能技术，扩充其应用领域。从传感器获得的海量信息中分析、加工并整理出有意义的数据，以适应不同用户的不同需求，发现新的应用领域和应用模式。

三、“互联网+”品牌营销创新模式

（一）跨界营销

品牌延伸也就是企业将已经取得成功的品牌延伸到该品牌产品之外的产品上。由于跨界概念的出现，这一举措也被业内界定为品牌跨界，是成熟的品牌企业经常采用的经营策略。不少大品牌早已不满足于仅仅贩卖品牌管辖下的单线产品，它们将自己在原领域的经营理念、品牌经验和经典风格不遗余力地推广到其他领域。相对而言，这要比开辟一个新品牌容易得多。

成功的品牌延伸可以使新产品借助原品牌的知名度，从而降低准入市场的营销成本。因为原品牌的信誉沉淀可以使得新产品快速得到消费者认可。在此基础之上，如果新产品进入市场之后表现卓越，能够取得消费者的认可，就有可能形成品牌延伸的良性循环，它将会反过来为原品牌的品牌形象和声誉加分。在激烈的市场竞争中，通过跨界推出新产品远胜于凭空开拓一片市场。缺乏成功品牌支持的新产品推广是一项艰巨的系统工程，企业也需要付出庞大的资金成本和时间成本。成功品牌的品牌属性已经得到广泛认知与肯定，就可以为新产品推向市场的一系列过程提供信誉“担保”，从而在更低的成本前提下，更快地成为正常商品。

正如营销专家艾略特·艾登伯格（Elliott Ettenberg）预言的：“合作营销（Co-Marketing）将是后经济时代新的大趋势。”① 品牌之间的跨界联合，能让双方共享信息和客户资源，使各自的品牌优势得到最大限度的发挥，从而获取更多的利益和更大的市场，迸发出新的契机。

（二）互动营销

1. 互动营销的价值

互动营销活动能够通过利用移动终端设备作为媒介结合移动通信网络和传统互联网的优点，以消费者反馈信息为核心，促进产品或服务的推广。在“互联网 +”的时代中，企业必须重视与消费者互动和交流，以实现营销目标。为了达到消费者的期望，企业需要在消费者所需的时间和地点上，提供准确的信息。移动电子商务平台为企业营销人员提供了良好的机会与消费者进行真诚互动，从而建立良好的沟通关系，为消费者提供优异的消费体验，无论何时何地，达到更好的营销效果。

移动电商平台的互动营销活动与传统的移动营销活动相比，在应用场景、终端类型和网络特性方面具有明显的差异。具体而言，移动电子商务平台互动营销具有直接、及时、定向、个性化等特征，这些特征相较于传统互联网平台，有了很大的提升。

移动电子商务平台下进行互动营销活动的关键在于企业能否赢得消费者的认可和信任，这也是顺利实施营销活动的前提条件。若企业希望赢得顾客的信任，

① 艾登伯格.4R 营销 颠覆 4P 的营销新论 [M]. 文武，穆蕊，蒋洁，译. 北京：企业管理出版社，2003.

便需确保向顾客提供有益或实用的信息，并同时慎重看待顾客信息的管理，保护顾客隐私，以确保顾客在互动营销中获得更好的体验。

2．互动营销的特点

（1）互动性

互动营销着重于促进商家与客户之间的相互交流。一般而言，网络营销公司会先进行前期策划，随后利用幕后推手的手法来引导网友参与某一话题的互动。这一流程很常见。为了发展互动营销，企业在营销推广时需要结合更多与目标受众有关并且能引起受众兴趣的信息与内容，积极互动。认真地回复粉丝留言，并深入了解他们的想法，可以更好地建立情感联系，提高粉丝的认同感。就像朋友之间的互动一样，在彼此共处的时光中，我们会逐渐建立起一种微妙的情感联系，而不是单纯基于利益的相互联系。可以说，使用官方网站、公司微博、微信公众平台等媒体开展的市场推广可以被归为广义自媒体营销。这种推广模式是优拓互动基于广义自媒体理念研发的，是指利用个人账号来传递信息，以便吸引外界的关注和认可，拥有专业性和权威性，旨在实现有效营销策略。

（2）舆论性

互动营销的核心在于利用网民之间的互动行为，引发对某个产品或服务的积极或消极评价。这种评价可以是直接的，也可以是通过回帖、转发等方式间接产生的。这表明了公众意见领袖在社会中的巨大影响力，名人效应对消费者的影响也相当明显。随着市场竞争日益激烈，企业的品牌声誉将受到未来舆论领袖的影响，因此必须高度重视。

（3）眼球性

互动营销的核心是吸引网民的兴趣和关注。若一场互动营销活动未能引起网民的关注和兴趣，那么这场活动无疑是失败的。在网络上，关注度是一种经济价值，如果没有人关注，交互则无法实现。

想要获得大量互动，不仅需要吸引注意力，更需要进行精准定位。广告行业应当以潜在消费群体所关注的相关信息为基础，发布能够引起他们关注的信息，以此达到产品目标客户的广告效应。这样可以有效提高目标顾客的关注度。如果企业的“粉丝”质量更高，那么将会更容易把他们转化为商业价值。

（4）热点性

在互动营销中，有两种策略可供选择：一种是借助热门事件进行宣传和推广，另一种则是主动创造事件以吸引关注。网络营销公司必须抓住网民的内在需求，即网民在上网时最喜欢做什么或最感兴趣的事情，才能成功炒作事件并引起关注。

（三）大数据营销

1．大数据营销的价值

随着互联网以及社交媒体的发展，人们上网的次数越来越多，在网上留下的痕迹也越来越多。因此，人们会在网络上留下海量的数据。这些数据中包含着很多价值，值得经营者仔细分析，进而帮助企业发展。所以，大数据将带来全新的营销策略和过程。

在互联网上，用户会不断打开各种网页。在这些网页上，用户随时都能看到各种各样的广告。有的广告用户很感兴趣，但对其呈现方式表示反感；有的广告干脆就是垃圾广告。在这种情况下，一种既满足用户需求，又用最适宜的方式呈现在用户面前的广告，才是最具价值的广告。而这类广告，离不开大数据的支持。

面对这些海量数据，越来越多的企业希望通过多维度的信息重组以谋求各平台间内容、用户、广告投放的全面打通，并通过用户关系链的融合、网络媒体的社会化重构，在大数据时代下取得更好的社会化营销效果。

大数据可以帮助企业找到最适合自己的营销方式；企业可以根据大数据的反馈，为客户提供最符合市场需要的产品，改进自己的技术，创新企业的管理方式。

2．大数据的精确营销

传统的广告投放模式属于无目标投放：投放很多广告，但不一定能抓住真正的消费者，而且还会浪费大量广告费。随着大数据的发展，广告的投放更具有针对性。依托各种IT技术及相关工具，众多广告主可以得到访客访问互联网网页、移动应用行为的精确的数据分析报告，通过该报告，企业就能轻松把握广告投入的精准度。

当前很多公司都从事了数据分析业务，最著名的就是谷歌、Yahoo等互联网巨头公司，还有很多初创或者新兴公司在使用大数据技术抢占市场份额，充当大数据运用中的重要角色。

为了给客户创造价值并与之建立良好的客户关系，营销人员首先必须及时并深入地了解客户的需求和需要。公司可以使用根据这些客户洞察获取的信息去发展竞争优势。在充满竞争的世界里，竞争优势的比赛实际上是一场获取客户和市场洞察的比赛。良好的营销信息是获取这种洞察的来源。

尽管客户和市场洞察对创造客户价值和建立客户关系非常重要，但是获取这些洞察信息却非常困难。通常，顾客的需求和购买动机不是很明显——消费者通常不能准确地告知他们需要什么以及为什么购买这些产品，营销人员必须从大量的资源中有效地管理市场信息，从而获取更好的客户洞察。

今天的营销者能够轻而易举地获得大量的市场信息。同时，由于信息技术的快速发展，公司现在可以生成大量的信息。事实上，大多数的营销管理者经常会由于数据过多而感到非常困扰。

基于用户上网次数、流量、时间段等属性，营销者可以给用户兴趣点贴上明确、合理的标签。针对较少上网的用户，营销者可以通过已经标记标签用户的基础数据特征（如年龄、性别、流量、终端等基础资料），使用数据挖掘工具和方法，利用历史数据生成用户基础数据特征与偏好的对应关系的模型，来预测近似其偏好标签。针对用户上网的不同风格，营销者可把用户的偏好分为多种类别，以应对即时营销等不同的营销需要。

虽然营销管理者能够获取大量的信息，但他们还是经常抱怨说自己所需要的信息不够充分，因为他们需要的不是“更多”的信息，而是“更好”的信息，并且还能充分利用已有信息。对于数字时代的营销人员而言，最大的挑战是如何将今天大量的、不断增加的消费者信息转化成可行的营销洞察力。

因此，营销研究和信息真正的价值在于如何使用客户洞察。那些致力于搜集并能有效地使用客户洞察的公司可以为它们的品牌赢得强势、盈利且持续的竞争优势。基于这一考虑，现在许多公司正在对其营销研究和信息的功能进行重新调整和命名。

大数据是大量、高速、多变的信息，它需要新型的处理方式去促成更强的决策能力、洞察力与最佳化处理。大数据为企业获得更为深刻、全面的洞察能力提供了前所未有的空间与潜力，同时为企业实现精确营销提供了可能。

虽然大数据展示了非凡的前景和巨大作用，不过大数据营销仍面临不少问题与挑战。首先面临的就是技术难题。毕竟大数据技术尚处于活跃前期，各方面技术不太扎实，各项工具需要进一步完善。但实际情况是，真正启动大数据营销来挖掘那座数据金矿的企业面临的不仅仅是技术和工具问题，更重要的是要转变经营思维和组织架构的问题。

（四）跨屏传播

随着移动互联网的广泛覆盖以及高科技水平的不断提高，智能手机、平板电脑、智能电视以及移动可穿戴设备等多屏模式迎来了一个蓬勃发展期，同时也引发了众多市场营销从业人士对多屏的探讨。在几年前，人们谈论的焦点还在“多屏整合”营销上，而近两年随着大数据的广泛应用以及深入发展，“跨屏”开始成为一个备受瞩目的概念，营销人员也正在积极寻求打通技术壁垒，推动跨屏的实现。对于市场营销人员而言，通过数据挖掘打通各个屏幕，将多个屏幕连接起来，才是他们的目标。

站在营销者的立场上，消费者与品牌之间的互动方式也发生了深刻的变化。消费者希望能在不同的设备中获得相同的体验，并且将 App、品牌零售店网站以及广告视为一体，如果不同设备间的体验差异较大，就会影响他们对品牌的选择。因此营销人员应该找到一种比较高效的跨屏营销策略，确保消费者能够获得相同的品牌体验，从而提高广告投放的投资回报率（ROI）。而之前热烈探讨的“多屏整合”就是一种过渡策略，对各个不同屏幕的用户使用习惯进行总结以及深入分析，从而对各个屏幕的体验效果进行评估，根据评估情况对各种不同屏幕进行有效整合。

跨屏营销策略不仅整合了多个屏幕的营销，充分发挥了各个屏幕的优势，而且也为消费者提供了一种更极致的用户体验。然而，开展跨屏广告却并非易事。从最基础的层面上来说，许多营销人员仍然不能熟练掌握各个平台的操作，这也就使得各个屏幕的营销活动呈现出了各自独立的状态，而不能对用户数据进行追踪和分析更是加剧了这一问题。对广告主而言，如果广告以及受众群体能实现完美匹配的话，这就等于跨屏营销已经实现了一半。然而眼下的问题是广告主仍然无法对用户进行精确的识别：今天使用智能手机看到广告的用户无法与明天在计算机上购买产品的用户对上号，而这也是阻碍跨屏营销走向成功的一大拦路虎。

当前，开展跨屏营销的核心是跨屏追踪。所谓跨屏追踪，就是指广告平台、媒体发行方或者是广告技术公司希望能在智能手机、平板电脑、个人计算机之间精确识别每一个独立的互联网用户，从而提高广告主广告投放的精准性。在移动端，如果没有跨屏追踪技术，也就无法对用户进行准确定向，也就无法实现精准营销。定向功能的实现可以让广告主识别网站上的消费者，从而根据消费者的需求向其推送产品信息，而且不管消费者浏览哪一个网站，广告主都能追踪用户实现持续的广告投放。

可见，跨屏营销最关键的地方在于数据的打通。互联网巨头的布局体现出，在新趋势下，数据的重要性越发凸显。想要实现跨屏最先要解决的是跨屏识别。要认清每一次浏览行为背后的操作者是谁，跨屏数据才算真正的激活。目前，行业中主流的跨屏识别方式主要有以下几种。

最精确的方法是账号绑定，这种方式常见于 BAT（百度、阿里巴巴、腾讯）或拥有海量数据的平台。使用相同的用户账号登录平台实现跨屏单个用户的识别，账号背后即独立用户。该方法的好处是用户注册门槛低，而且可顺便借助 BAT 等第三方的传播渠道作为分享入口。

目前第三方 DSP（数字信号处理器）最常见的方法是 UserID（用户名）匹配：DSP 和第三方数据源（例如 BAT、360 等）在将各自数据信息加密后，通过匹配的方式，得出跨屏用户数据，并标注匿名的 UserID，在投放时使用 UserID 进行用户识别，以判断用户的跨屏行为。这样的方法可以保证相当程度的精确度，而难点在于 BAT 等对于数据合作伙伴的要求极高，想要和它们匹配数据并非容易的事情。

除此之外，依靠物理数据如 WiFi、IP 地址也可实现跨屏识别，通过 WiFi 地址或 IP 地址以判断同一 IP 地址下的多个设备是否为同一用户。此类方法的缺陷是适用场景偏少、要求过高、匹配出的数据量较少。

最后是访问行为类比的方法，通过比较一段时间内用户的浏览行为，如点击习惯、浏览习惯、浏览时间等，推测多个访问行为是否为同一用户，标注后形成跨屏 ID。这一方法可用的数据很多，但精确性较低，推测出的结果较难获得很高的匹配成功率。

第二节　“互联网 +”时代品牌营销面临的挑战

“互联网 +”时代，由于企业品牌营销的环境和手段发生了根本改变，因此企业在进行互联网品牌营销时，不得不从观念、战略、策略等方面进行相应的调整。然而机遇与挑战并存，有了机遇，一定也会遇到很多的挑战，本节主要介绍“互联网 +”时代品牌营销面临的挑战。

一、消费者对品牌营销提出更高的要求

“互联网 +”时代，消费者的消费观念和消费习惯随着时代的改变而发生了改变。相较于传统的只重视产品质量和价格的消费理念，新时代的消费者在另一方面也开始有了更高的要求，那就是“网络客服质量”。

企业在塑造品牌形象的过程中，不能只热衷于价格的竞争，通过促销大战来

赢得消费者的青睐只能成功一时，想要更好地服务消费者，赢得消费者的信赖，就必须将客户服务重视起来。

售前服务的主要作用是帮助客户做好前期规划，让产品尽可能地满足用户的需求，取得用户的肯定，最大程度上提高综合经济效益。

售中服务是很关键的一环，它具有两方面的作用：一是满足客户购买欲望；二是满足客户心理需求。

售中服务是一把“双刃剑”，优质的售中服务能够帮助客户和企业建立起信任的桥梁，而失败的售中服务不仅不会增加客户的购买欲望、满足客户的心理需求，还会为企业在品牌营销过程中带来负面的影响，因此提高售中服务的质量是每个企业都需要重视的问题。

和售中服务相比，售后服务同样发挥着重要的作用。在互联网品牌营销中，售后服务已成为企业增加市场份额的重要一环。售后服务有如下几点作用：

第一，提高顾客满意度。优质的售后服务是企业生产和发展的重要前提条件，它不仅能提升顾客的满意度，还能提升顾客对企业的忠诚度。

第二，摆脱价格战的利器。传统销售大都依靠价格战来获得顾客，互联网时代的今天，产品同质化日益严重，售后服务已经成为企业争夺消费者、摆脱价格战的利器。

第三，塑造品牌形象的途径。售后服务是站在消费者角度考虑，以维护消费者权益为前提的行为举措，因此优质的售后服务能够为企业塑造良好的品牌形象。

二、对产品创新的迫切需求

“互联网+”时代，市场竞争越来越激烈，技术发展的速度也越来越快，企业想要在品牌大战中获得领先的地位，就必须考虑产品创新。好的产品对于塑造企业品牌起着至关重要的作用，可以说产品创新已经成为品牌打造过程中的重要一环。

然而，现阶段我国品牌企业的产品开发能力和创新能力依然较弱，导致这个结果的原因主要包括对产品开发的困难预估不足、企业自身技术薄弱、创新成本太高、可行性分析能力弱、不敢随意开发。

虽然遇到重重阻碍，但是产品创新依然是互联网品牌打造的重要途径，在当今社会，越来越多的网络营销手段被应用到品牌营销中，产品和服务的创新一直是企业品牌营销的核心，企业想要通过互联网进行品牌营销，就不能忽视产品创新的重要性。

三、线上线下活动布局缓慢

近年来，凭借独特的互联网营销策略，许多新兴品牌在激烈的市场竞争中期望通过O2O（“线上到线下”的商业模式）实现品牌的迅速提升。就目前来说，除了以阿里巴巴为代表的电子商务行业在O2O布局迅速之外，很多企业的线上线下业务依然遭遇布局缓慢的障碍。

通过微信、QQ、微博等媒体发布信息都可以称为线上活动，而在实体店，面对面进行的销售行为均可被称为线下活动。线上线下推广营销的事例有很多，如点外卖、用App打车等，消费者都是在线上下单，外卖员或出租车司机则是在线下进行服务；还有美甲行业、按摩行业，也渐渐在这个领域崭露头角。

线上线下的消费模式为用户的生活带来了诸多便利，然而在进行互联网品牌营销时，大多数企业都赶不上人们需求的变化速度。当别人已经在如火如荼地开展线上线下O2O闭环模式时，很多企业还在营销道路上艰难地摸索。因此，企业必须加快线上线下的布局速度，否则就只能看着别的企业抢占领先地位。

四、负面信息的影响

“互联网+”背景下，网络具备三大特点：多元性、广泛传播性和永久保存性。

基于这三大特点，一旦网络上出现了不利于企业的负面信息，将会给企业品牌乃至企业信誉造成恶劣影响。企业在互联网品牌营销过程中，一旦出现负面新闻，就会对企业口碑产生非常不好的影响，企业在品牌营销中就会陷入被动的状态。声誉是消费者购买产品或消费服务的关键驱动力，如果企业的声誉被损害，负面的口碑传播就会影响消费者对企业的信任，哪怕企业提供的产品或服务是最高档的、最能给人们带来精神享受、最能给人激励启发的，消费者可能都不会再去消费。声誉威胁比较分散，但是危险性较大。社会化媒体消息传播速度之快、范围之广，令人难以想象。企业负面消息经社会化媒体传播后，企业品牌价值将受到严重的打击而下降。

互联网的兴起及应用，让人们对互联网品牌营销投以越来越多关注的目光。不论是什么行业，利用网络营销工具进行网络宣传都已成为企业公关部门重要的对外营销手段，因此，减少负面新闻，塑造良好的品牌形象是企业在互联网品牌营销中需要考虑的重要事项。为了降低负面信息的影响，尤其是对“诋毁”类话题，企业必须及时采取措施，消除这些“诋毁”类话题带来的不良影响，维护品牌形象。

五、没有高效的网络营销链

“互联网 +”时代，抓住消费者就是抓住了市场。而企业想要抓住消费者，提升市场份额，就必须建立高效的网络营销链。然而，目前很多企业的网络营销链都没有真正地被建立起来：生产设备落后，没有创新，不能满足市场不断变化的需求；不注重消费者群体的划分，不能精准投放广告；不注重对消费者的需求分析；不结合实际情况改变销售方式，大量采用促销手段，期望通过价格战占领市场；服务单一，不能满足消费者的多样化的需求。企业网络营销链的各个环节衔接不顺，造成营销效率低下，不能及时反馈信息，使得企业的营销完全落后于企业生产。

第三节 品牌营销的互联网思维研究

在互联网、移动互联网、大数据、云计算等技术广泛应用于营销领域的情况下，企业不得不开始重新审视市场、产品、用户、企业品牌塑造以及整个商业生态的现状和发展，互联网思维慢慢得到延伸。本节主要探讨品牌营销中的互联网思维和互联网创新方法。

一、品牌营销的互联网新思维

互联网思维给企业带来了越来越多的便利。互联网不仅仅是一种技术，更是一种思维方式，它将从多个方面对传统行业价值链做一个系统的重构，如图 2–3–1 所示。

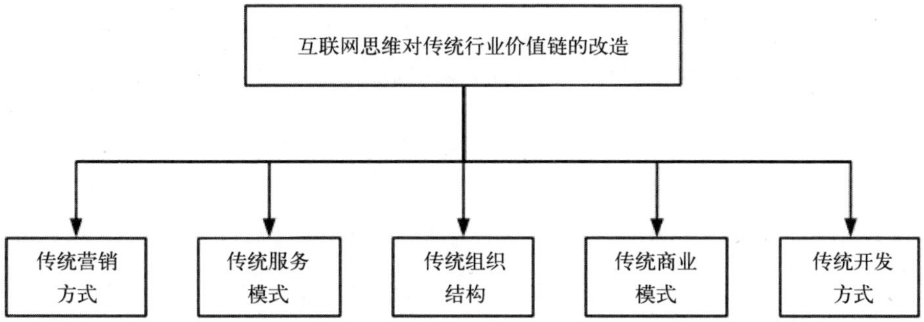

图 2-3-1 互联网思维对传统行业价值链的改造

互联网思维如此火爆的原因有如下三点：

第一，“互联网 +”已经渗透进各个行业，互联网、移动互联网的到来，改变了人们的生活方式。为适应人们日益更新的产品需求、服务需求和创新需求，传统行业不得不向“互联网 + 行业”转型；

第二，以 BAT 为代表的商业巨头，让企业看到了互联网思维的重要性；

第三，互联网给企业带来巨大便利的同时，还带来了利益的滚动。

企业要想利用好互联网思维，就必须了解互联网思维的主要特征。互联网思维的主要特征如图 2-3-2 所示。

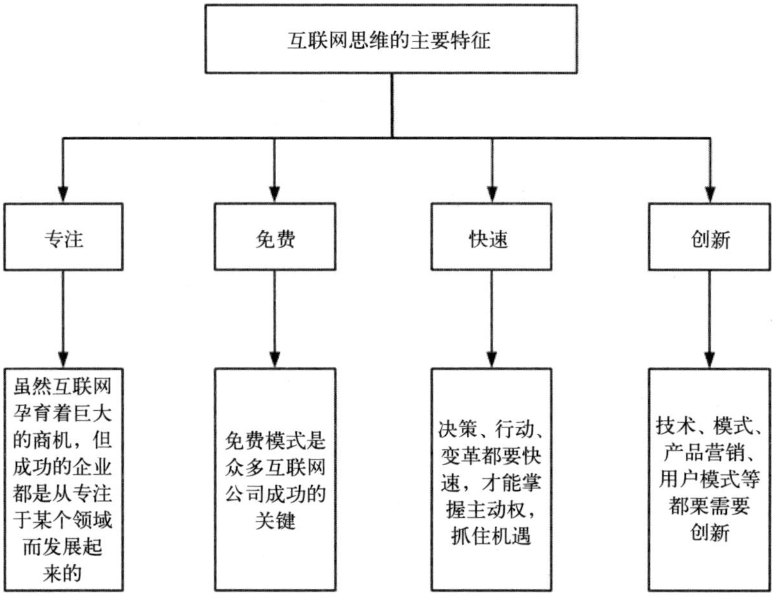

图 2-3-2 互联网思维的主要特征

在互联网品牌营销中，企业必须注重互联网品牌营销思维，互联网品牌营销思维包含以下几个方面。

（一）用户思维

用户心态是互联网品牌营销中极其重要的因素，不可忽视。由于互联网具有高效传播的特点，每个上网用户都有机会成为网络红人。在网络营销领域，他们已不再是被动的观察者，而是积极的见证者、参与者和体验者。品牌营销是企业必须谨慎对待的一项职责，因为它需要不断以用户为中心，并且始终秉持以用户体验为优先的原则来适应市场的快速变化。这已经成为互联网企业必须面临的挑战。

（二）大数据思维

大数据分析技术在品牌营销中发挥着重要作用。通过收集、整理和分析大量的数据，企业可以获取消费者的行为数据、偏好和需求等信息。通过对这些数据的深入挖掘和分析，企业可以更好地了解消费者的需求，以精确地制定品牌营销战略。充分利用大数据分析技术有助于提高品牌营销效果，品牌方应该积极采用。[①] 随着互联网和其他相关技术的不断发展，大数据思维逐渐形成，成为一种新型互联网思维。随着互联网的普及，数据获取变得更加简便企业可以借助大数据技术精准分析用户的消费行为、消费习惯以及心理特征等信息。因此，树立大数据思维已成为必然要求。

（三）互动思维

传统定义下，互动是指一组人在一起，通过沟通来解决问题。在“互联网 +”时代，互动思维包括信息在网络上的双向传播和相互连接的概念。网络的特殊性质使得信息交互功能更强大。企业能够了解并洞悉用户内心的真实意愿，而所有人都有机会参与互动并表达自己的观点。这种多样化的观点和意见的交流与融合能够为企业带来全新的发展机遇。

（四）产品思维

在互联网品牌营销中，产品思维是一种重要的思维方式。在“互联网 +”时代，产品必须注重以下三个核心，如图 2-3-3 所示。

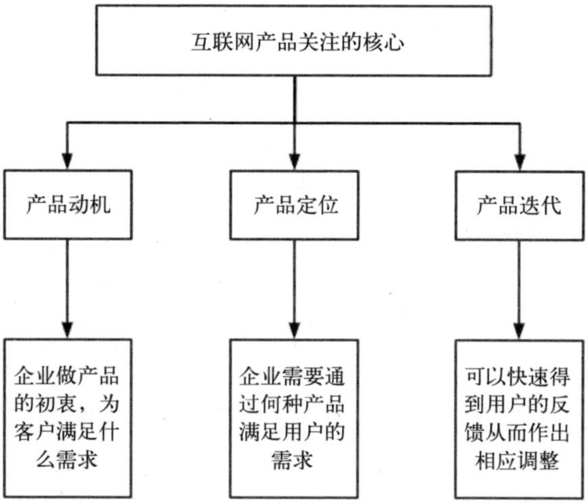

图 2-3-3 互联网产品关注的核心

① 朱春兰．大数据分析在品牌营销管理中的应用与实践[J]. 现代营销（下旬刊），2020（8）：144—145.

（五）品牌思维

所有企业都非常关注品牌推广。在新媒体时代，传统品牌推广通过塞给顾客大量的信息来传达品牌形象这一形式已经不再适用，这种推广形式注定会被淘汰。

在新媒体时代，品牌营销更加强调分享，因为现在的消费者不再只是信息的接收者，而成为信息的创造者和传播者。随着“互联网 +”时代的到来，微信、微博等媒体平台被广泛使用，消费者可以轻松分享信息，这种趋势变得更加明显。

二、“互联网 +”时代的品牌营销观念

在“互联网 +”时代，微博、微信、QQ 等社交媒体平台的规模不断扩大。随着智能手机的日益发展和广泛应用，我们的生活方式已经发生了翻天覆地的变革，人们之前浪费的零散时间现在可以有效利用。同时，智能手机的广泛使用也使得用户和信息的数量急剧增加，这成为这个时代最显著的特征之一。

随着社交媒体的快速发展，网络传播速度已经超出了传统营销人员的预期。企业需要创造性地更新品牌营销观念，以在激烈的品牌竞争中脱颖而出。在“互联网 +”时代，品牌营销观念有以下三种。

（一）情感营销观念

情感营销观念是指将企业品牌营销的重点放在满足消费者的情感需求上的观念，如图 2–3–4 所示。

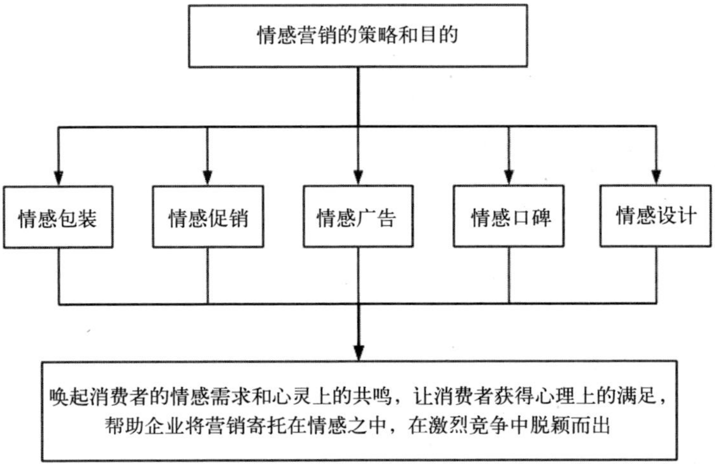

图 2-3-4　情感营销的策略和目的

随着市场经济的不断发展，消费者的生活品质需求不断提高，因此品牌营销也由传统的理性营销转变为情感营销。情感营销在品牌营销中扮演着越来越重要的角色，消费者对情感营销的关注程度也在不断增加。

（二）全球营销观念

随着全球经济的变化和发展，大型企业为了在国际市场上提高品牌的竞争力，开始逐渐将业务范围扩展到全球，并逐步形成了全球化营销理念。全球营销是指企业在全球范围内制定营销策略，以获得全球市场竞争优势的行为。全球营销的主要内容如图 2–3–5 所示。

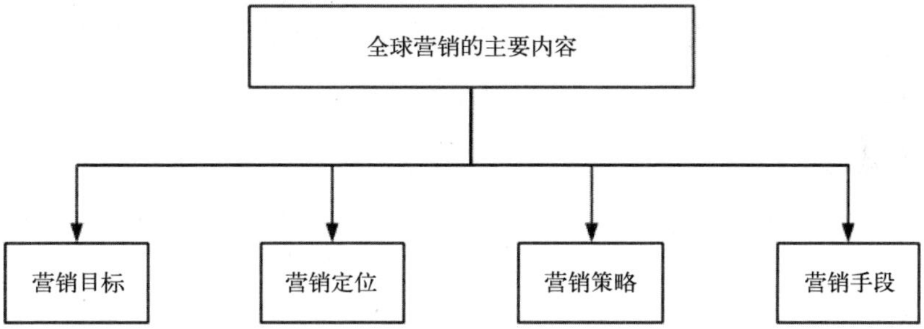

图 2-3-5 全球营销的主要内容

全球营销的主要特征如图 2–3–6 所示。

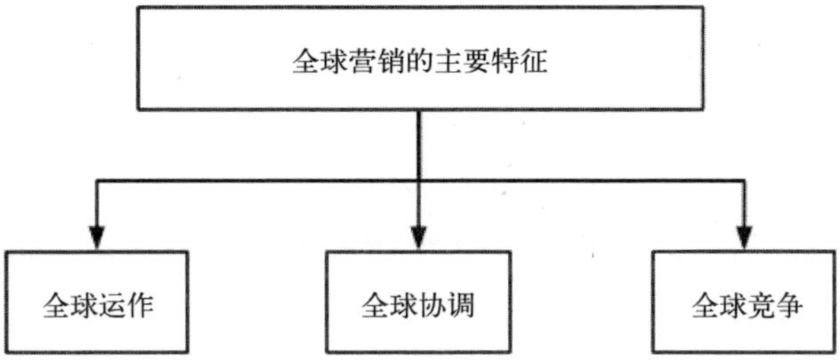

图 2-3-6 全球营销的主要特征

企业应该超越国界，利用全球视野，制定全球营销策略和评估全球经济市场。

（三）知识营销观念

知识营销是一种推广手段，其核心思想在于通过提供有用的知识和信息来吸引潜在用户，以此来增强他们对企业品牌和产品的认知和信任。

三、“互联网 +”时代的品牌营销策略创新

在“互联网 +”时代，企业需要利用互联网技术来分享和传播信息，以吸引用户并提高品牌知名度。随着信息传播和交互的效率不断提高，用户可以轻松地获取大量信息并选择适合自己的产品。因此，企业必须采用创新的品牌营销策略来脱颖而出，以在激烈的市场竞争中占据优势地位。

（一）娱乐化策略

随着“互联网 +”时代的到来，消费者越来越青睐那些充满娱乐性质的产品和服务。因此，在利用互联网进行品牌营销的过程中，企业要紧抓这一特点，研究创新的娱乐化品牌营销战略。通过借助互联网传播渠道，娱乐化营销策略可以提高品牌曝光度。其产品可以采用多种富有趣味性的元素来吸引消费者的眼球，以此来促进品牌的传播。

（二）场景化策略

在“互联网 +”时代，最好的方法是为用户创造一个生活场景，让用户可以轻松地融入其中，无意中接收企业的营销信息，这样才能真正赢得用户的喜爱。

场景化品牌营销策略的核心理念是，通过营造不同的场景来潜移默化地引导消费者完成购买行为，同时保证整个过程简单明了。

（三）人性化策略

传统营销策略在人性化方面存在不足，这是它的一大短板。随着互联网和移动互联网等技术的发展，企业渐渐领悟到互联网思维的重要性，开始注重采用更符合人性化理念的营销策略。

随着消费市场的发展和互联网的普及，人性化品牌营销在新时代成为一种新的营销思路。人性化营销强调企业需以人为本，关注消费者的需求并以此为基础进行市场营销活动。为实现人性化营销，商家需与顾客建立良好的关系，对顾客满怀耐心和关注，让顾客感受到深厚的情感体验。

第三章 “互联网+”背景下品牌营销的顶层设计

本章为“互联网+”背景下品牌营销的顶层设计，分为“互联网+”背景下品牌营销的原则、“互联网+”背景下消费者角色的变化、“互联网+”背景下的品牌营销的战略规划三节内容。

第一节 “互联网+”背景下品牌营销的原则

企业为社会创造了价值，为用户创造了价值。“互联网+”时代和移动互联时代的到来，似乎让传统企业一夜之间陷入了困局。但回归本源看品牌营销，“互联网+”时代的品牌塑造，离不开以下三个原则。

一、发现社会价值

从价值的层面来看，品牌营销就是发现价值、塑造价值和传递价值的过程。随着“互联网+”时代的到来，信息碎片化、信息爆炸、信息流动和传递加速，商家与消费者的互动更加充分，消费者与企业和商家的沟通更加扁平化，信息不对称的情况已经大为改观。这也预示着，企业做品牌、做营销需要更加关注消费者而非竞争对手。

（一）价值的来源

企业价值的来源：一是满足需求，二是达成企业目标，三是承担社会责任。满足需求而不是需要，同时达到企业的营销目标，最终为消费者和社会作出贡献。

企业必须认真挖掘消费者的“核心需求”，这不仅仅是物质上的需求，还包括消费者精神和文化层面的需求，它们一起构成了一种理想的生活方式、体验、精神信仰和归属感。在企业的品牌和营销中，这种需求是至关重要的。因此，无论品牌属于高端或普通大众，它们呈现和提供的价值必须与目标市场息息相关。为了实现最大程度的适应性，品牌必须在情感层面上与目标市场契合并引起共鸣。

（二）价值的呈现方式

品牌形象的呈现方式有多种，包括包装、产品、企业文化、服务和行为等，这些方面共同体现了品牌的价值。假使将品牌比喻成一个人，那价值的展现就相当于这个人的性格、气质、态度和行为方式等特征。除了产品的外观和包装外，向外界展示价值也需要沿袭品牌的传承故事、历史、文化和精神内涵。这需要长时间的运营和积淀，无法一蹴而就。

（三）价值的传递和扩大

传递价值是整个价值营销的最后一环，将通过发现、计划和展示获得的价值推向目标消费者，以便让他们去感受、传播，形成口碑和消费忠诚。

一些观点认为，就算高端品牌的产品只针对部分人群，也应该进行广泛的宣传。这些观点以法拉利赛车为例，列举了法拉利持续参与 F1 比赛的活动，并在多个地区开设了各种令人兴奋的体验活动的例子。事实上，跑车和赛车无法被归类为高端行业的品类。参加 F1 比赛是法拉利品牌属性的重要体现，目的是突显其引领运动潮流和勇于探索的特质，与高端商业领域中的大胆创新有相通之处。但这与高端品牌一般的大规模推广不相关，只能被视为软广告和交互式广告。

若想传达企业品牌的核心价值以及吸引目标消费者，应根据目标消费者的喜好及媒体习惯选择合适的传播渠道，以确保与目标消费者的心理和兴趣契合。不宜过分倾向于小众品牌，而应注意到大众传播对于宣传效果的重要性。否则即使表面传播效果很好，实际上也无法达到企业品牌目标，反而与消费者利益背道而驰。

二、精准把握客户痛点

客户“需求”是一个很抽象的概念，而客户“痛点”就是硬需求。做营销只有把握客户的“痛点”才能找到快速崛起的突破口。在以前传统营销的时代，大企业看到小企业的某款产品销售不错，可以马上跟进，模仿一款类似的产品，加大营销的力度，最后取代小企业的产品。但在“互联网 +”时代，这样的模仿就不太容易实现了。也就是说，无论大企业还是小企业，都需要把握客户的“痛点”，洞察消费市场的趋势和先机，特别是大企业，不能单靠等待机会，而是要创造新的市场机会。例如腾讯，如果继续基于 QQ 的应用、游戏进行升级，只会故步自封，甚至会被其他互联网公司超越。为了创造新的市场机会，腾讯推出了由张小龙主导开发的微信。腾讯敢于革命，从模仿走向了颠覆和创新，因此在移动互联的战场上领先了一步。

三、界定品牌的边界

（一）聚焦企业业务

企业业务聚焦战略重点，力求创造长期价值。娃哈哈历年的收益增长，靠的不是童装、地产、煤矿、超市，也不是白酒，而是饮料。聚焦企业业务，做大单品，是企业收益保持稳定增长的主要路径。

（二）创造核心产品

企业在品牌建设中必须进一步加强自身产品研发，强化产品品质提升，依靠产品质量来赢得消费者重复购买的意愿和口碑宣传效应。为此，企业应强化创新意识，将新兴科技嵌入产品制造，生产高附加值产品，实现产品智能化更新升级。[①]无论是“互联网”时代还是传统营销时代，拳头产品（大单品）是企业获得高利润、不断壮大的根本。人人都想要去做平台，但平台的形成却没有那么容易，特别是对实体企业而言，首先要有核心的产品。企业只有掌握有竞争力的拳头产品，才能有机会做成平台和生态链。

（三）差异化的商业模式

成功的商业模式包括有发展趋势的产品、有凝聚力的团队、有差异化的商业模式。成功的商业模式可通过具备优势的产品和卓越团队的支持，加速企业的发展速度和延续力。通过专注于企业核心业务、扩展深度和广度，以及实施差异化商业模式，企业可以实现持续增长。

① 张淑英，吕宏芬．数字经济背景下企业品牌营销策略创新[J]. 时代经贸，2022，19（9）：102—104.

第二节 “互联网 +”背景下消费者角色的变化

我们都知道品牌是跟“消费者”进行沟通的，而我们所说的“消费者”其实分为四种角色，并不是一开始就是“消费者”。“互联网 +”时代，消费者可能一开始就是传播者，也可能一开始只是用户，这取决于企业发展过程中品牌对“消费者”的影响过程及影响程度。

需要说明的是，四种角色没有高低之分，也没有先后之分，这是互联网的特色和特质。从传统的营销思维方式来看，消费者一开始是受众。而按照互联网的思维方式，最好消费者一开始就是企业产品的传播者，通过口碑传播，推动产品做大。

一、受众

看到、听到、接触到产品或者品牌信息的人被称为受众。如果说知名度已经很高，则不需要在这个层面继续进行传播，那么可口可乐就不用继续做广告了，因为其知名度已经很高，几乎没人不知道这个品牌。但为什么可口可乐还是大规模进行受众的传播？为什么小米手机做出了规模，还是要在央视投入广告？因为对于品牌来说，知名度是第一位的，而且需要维持，大规模传播可以提醒受众进行消费。

二、用户

使用企业产品或者服务的个人或者组织称为用户。用户可能是付费的，也可能是没有付费的。对于做品牌而言，“用户”这个词的出现可以算作是互联网发展的一个里程碑。一切以用户为中心，这也是互联网思维的第一要素。

360 用免费模式打败了瑞星杀毒和卡巴斯基杀毒软件，QQ 游戏用免费模式打败了联众游戏，这些都是免费的力量。免费只是一个商业模式的手段，并不是目的，因为有了用户，聚集了用户，就不怕没有盈利的机会。这其实跟线下的百货和卖场的道理是一样的，有了人流量就可能有盈利的机会。

淘宝用免费开店聚集了几百万家店铺，通过支付宝盈利了，也通过从集市店进行筛选升级做了天猫平台，实现了用户的收费转化。

三、消费者

什么是消费者？不但消费而且还付了款的用户，就是本书说的消费者。我们要把消费者作为朋友或衣食父母，时刻想到怎么做好消费者的服务，让消费者满意，甚至超出消费者的期望。

时刻想到消费者有什么需求没有满足，用好的产品、包装、品牌打动消费者，让消费者不但买，而且成为品牌的忠实顾客。

四、传播者

最后，消费者不但自己购买，还会推荐身边的亲朋好友也来购买，实际上消费者已经成为品牌的口碑宣传员。大家都有这样的体会，看一个广告上说某款产品好，一开始还不一定相信，但如果身边的好朋友说这个产品好，我们对该产品的信任度会大幅提升。如果能让消费者觉得好，再向身边的朋友说好，企业的品牌和产品就会迅速实现销售目的，占领市场。

让消费者“自动自发”进行传播的方式：

一是有利，跟他的利益相关。信息过度和信息爆炸的时代，跟自己无关的东西，消费者基本会直接忽略，不会去评论和传播。特别是在移动互联时代，一段时间的热度是按照分钟计算的，过了这个时间，就没有价值了。

二是有趣，有趣味性，好玩。在这方面，杜蕾斯的新浪微博社会化营销就相当成功。

三是有记忆点，使消费者能够快速地记住，如一句流行的广告语，一个卡通形象等。

第三节 “互联网＋”背景下品牌营销的战略规划

一、确定品牌战略

一般来说，品牌战略策划的内容主要是品牌化决策、品牌模式选择、品牌识别界定、品牌延伸规划、品牌管理规划与品牌愿景设立这六个方面。

（一）品牌化决策

品牌化决策是指公司是否要给产品加注品牌名称的决策。品牌化决策解决的是品牌的属性问题（要思考企业的资源禀赋）。

（二）品牌模式选择

品牌模式的选择是企业在确定企业品牌战略中一个非常重要的问题。品牌模式的选择涉及企业品牌的结构问题，即企业应该选择综合性的单一品牌模式还是多元化的多品牌模式，联合品牌模式还是主副品牌模式，背书品牌模式还是担保品牌模式等。

在单一品牌模式中，企业采用一个品牌来涵盖其所有的产品线和服务。这种模式的优点在于企业可以借助一个品牌的力量来推广其所有的产品和服务，提高了品牌的知名度和认可度。然而，这种模式也有其局限性，由于所有的产品线和服务都使用一个品牌，如果其中一个产品出现问题，可能会对整个品牌的形象造成影响。

相比之下，多元化的多品牌模式则可以让企业在不同的市场领域中以不同的品牌进行推广。这种模式的优点在于企业可以使用不同的品牌来定位不同的市场领域，从而使每个品牌都有一个相对独立的形象。然而，这种模式也有其局限性，由于需要建立多个品牌，企业的推广成本可能会增加，并且需要面对每个品牌之间如何协调的问题。

联合品牌模式是指企业使用两个或多个品牌联合推广其产品和服务。这种模式的优点在于可以借助两个或多个品牌的力量来提高产品的知名度和认可度。例如，在酒店行业中，万豪酒店和喜达屋酒店就曾经使用联合品牌的方式来推广其服务。然而，这种模式也有其局限性，由于需要协调两个或多个品牌之间的关系，这种模式的实施需要双方合作愉快并且目标一致。

主副品牌模式是指企业在同一产品线上使用主副两个品牌。主品牌通常是企业的主要品牌，具有一定的知名度和影响力，而副品牌则是为了更好地满足细分市场的需求而设立的。这种模式的优点在于可以借助主品牌的影响力来推广副品牌的产品，同时也可以更好地满足细分市场的需求。然而，这种模式也有其局限性，由于需要同时推广两个品牌，企业的推广成本可能会增加，并且需要处理好主副品牌之间的关系。

背书品牌模式是指企业使用一个或多个具有公信力和信誉的品牌来为其产品

提供担保。这种模式的优点在于可以让消费者对企业的产品产生信任感，从而提高产品的销售量。例如，在电子产品行业中，一些企业就曾经使用背书品牌的方式来推广其产品，由知名品牌对其产品质量进行担保。然而，这种模式也有其局限性，由于需要得到其他品牌的认可和信任，这种模式的实施需要企业具有良好的信誉和口碑。

担保品牌是指企业使用自己的企业总品牌为其产品提供担保。这种模式的优点在于企业总品牌能为产品提供品质、技术、信誉上的支持，从而较快地获得消费者的认可。然而，这种模式也有其局限性，由于需要对自己的品牌进行维护和提升，企业需要承担更大的责任和风险。

企业在进行品牌模式的选择时需要根据自身情况和市场环境进行全面的考虑和分析。企业可以根据自身的战略目标、市场需求、竞争情况和企业规模等多个方面来选择最适合自己的品牌模式。同时，企业也需要在实践中不断探索和调整自己的品牌战略，以适应市场的变化和消费者的需求。

（三）品牌识别界定

品牌识别是品牌营销人员希望创造和维护的概念，它是一种联想，能够在消费者心中产生积极的印象和品牌之间的紧密联系。这些联想预示着企业已经向消费者作出了承诺。为了构建和推广品牌，企业进行品牌识别必须有全面深入的了解。在企业实施品牌营销时，必须明确定位，并展示出独特的特色，以突显差异化优势。确定企业的定位至关重要，只有明确自身所处的位置，才能准确地锁定目标受众，并增强品牌的影响力，最终提高品牌营销的效益。①

品牌识别是一种通过建立区别于与竞争者的产品、企业、人物或符号相关的品牌联想，以引起消费者共鸣的方法。这些品牌将其品牌核心价值与品牌联想结合在一起，从而创造出富有内涵且独特的品牌形象。品牌识别也可指消费者对某一品牌所形成的认知和联想，其中涵盖了品牌想要在消费者心中留下的印象。一个品牌要想强大，其中的关键是必须有一个显著、充满内涵的品牌标志。如果能够正确地建立品牌识别体系，那么我们就能够成功地实现品牌核心价值，并将其与日常的营销传播活动融合起来，形成一套清晰的标准和指导方针，以便更有针对性地开展企业的营销传播活动。

① 朱青．新媒体环境下企业品牌营销存在的问题及解决对策探析[J]．商展经济，2022（15）：51—53．

（四）品牌延伸规划

在企业品牌战略中，品牌延伸规划是非常重要的，它能够明确企业未来能够涵盖的事业领域范围。此举有助于企业的长期发展。为了确保品牌价值最大化，我们需明确哪些领域和行业适合品牌未来的发展和扩展，从而减少风险并避免品牌贬值。品牌延伸规划的制定需要深入分析市场需求、行业竞争环境以及企业自身的资源和能力。

在当今竞争激烈的市场环境中，品牌延伸已成为企业获取市场份额、提升品牌影响力的有效手段之一。品牌延伸规划的制定不仅能够帮助企业充分利用现有品牌的影响力，降低新产品或服务的市场推广成本，还能够在一定程度上降低企业的经营风险。

企业需要明确自身品牌的定位和核心价值。品牌的定位和核心价值是品牌延伸规划的基础，只有明确了这些，才能更好地确定企业未来发展的领域和方向。例如，如果企业的品牌定位是高品质、创新科技，那么在延伸规划中应注重将这些特点和优势贯穿到不同领域的产品和服务中。

企业需要对目标市场进行深入的分析和研究。在品牌延伸规划的制定过程中，企业需要对目标市场进行全面的调查和分析，了解消费者的需求和偏好及市场竞争的情况。只有了解了市场的需求和竞争环境，才能更好地确定企业未来发展的方向和策略。

企业还需要考虑自身的资源和能力。企业的资源和能力是品牌延伸规划的重要支撑，只有具备了足够的资源和能力，才能更好地实现品牌的延伸和发展。因此，企业需要全面评估自身的研发能力、生产能力、渠道资源等，以明确是否能够满足品牌延伸的需求。

企业需要制定相应的品牌策略来推动品牌延伸规划的实施。企业需要明确品牌的定位和核心价值，并将这些贯穿到产品和服务的设计、宣传和销售中。同时，企业还需要注重品牌形象的维护和提升，通过不断加强品牌形象的塑造和传播，来提高品牌的知名度和美誉度。

（五）品牌管理规划

在确定企业品牌战略的过程中，品牌管理规划也是至关重要的一环。这种规划涉及对品牌资产的全面理解和设定明确的目标，以及制定有效的策略来提升品牌资产。

首先，对于品牌资产的全面理解是所有品牌管理的基础。品牌资产是由多个维度构成的，其中包括知名度、品质认可度、品牌联想、溢价能力以及品牌忠诚度。这些指标是品牌健康发展的基石，同时也是品牌提升的驱动力。

其次，在全面理解了品牌资产后，企业需要设定明确的目标。这些目标应该围绕企业的长期战略以及市场环境来制定，并且要具体、可衡量。例如，企业可能希望在未来一年内将知名度提高 20%，品质认可度提高 15%，品牌忠诚度提高 10% 等。这些目标为企业的品牌创建工作提供了明确的方向，使企业能够有针对性地进行资源投入。

再次，制定有效的营销传播策略是提升品牌资产的关键步骤。在确定策略时，企业需要充分考虑自身的产品特点、目标市场、竞争环境以及目标受众。同时，还需要充分利用多元化的营销渠道，如广告、公关、内容营销、社交媒体等，以最大限度地提高品牌知名度和影响力。

最后，企业需要持续地监测和评估品牌资产的提升情况。这不仅可以帮助企业了解营销策略的有效性，还可以及时调整营销策略以适应市场变化。通过定期的调查研究和数据分析，企业可以更加精准地了解消费者的需求和偏好，从而调整品牌战略和营销传播策略，以更加贴近目标市场。

（六）品牌愿景设立

品牌愿景贯穿了品牌的始终。在品牌规划之初，品牌愿景最先为品牌提出一种假设愿景，这种愿景是一种理想的顾客价值假设。提出品牌愿景之后，我们要求证这一愿景的现实性、合理性、可行性。

一个品牌愿景通常由多个品牌使命构成。这里讨论的品牌使命主要指的是品牌在公司内部或品牌组合中的定位以及所扮演的角色。换句话说就是这个品牌在其所属的组织内负责履行哪些任务。例如，有些品牌的使命是提供充足的现金支持，以支撑其他品牌，如战略品牌、核心品牌等在品牌组合中的角色；有些品牌的使命是维护其战略品牌的形象。实际上，品牌使命为该品牌提供了存在的原因，并为组织的决策提供了基础。在品牌营销过程中，品牌使命还指引了公司内部成员如何分配资源和专注力。

在品牌战略规划中，我们求证这一假设的愿景便形成了品牌化决策、品牌模式、品牌识别界定、品牌延伸、品牌管理的初步规划。因此，要制定一个全面的品牌战略规划，首先需要确立一个可行的愿景，并明确在品牌发展的不同阶段中的目标和衡量标准。这个规划的建立需要在前期策划的基础上展开。

二、品牌战略的实施

（一）修正商标品牌意识

我国企业目前关于商标品牌建设的意识还有待修正及提高，在国际上，中国制造比中国创造有名，中国产品比中国品牌常见。提到知名品牌，如汽车品牌——英国劳斯莱斯，服装品牌——法国路易威登，化妆品牌——法国迪奥，以及手机品牌——美国苹果。而在中国，许多企业还停留在“驰名商标”这一误解荣誉上。

“驰名商标”是国际通用的法律概念，目的是对相关公众熟知的商标进行法律保护，并不是一种荣誉，且在《商标法》中也规定了不得将“驰名商标”字样用于广告宣传。因此，企业应该加大力度打造知名品牌，而不是局限于被误解的“驰名商标”。

（二）构建外贸品牌核心价值

在当今的商业环境中，品牌形象和品牌个性对于企业的成功至关重要。品牌定位是品牌战略的关键部分，它是一个品牌在市场中的独特形象和身份，是品牌与消费者建立情感联系的基础。尤其是对于外贸企业，面对全球市场的多元性和不断变化的市场需求，构建一个清晰、有个性的品牌定位是非常重要的。为了实现这一目标，企业需要从多个角度入手，充分考虑各种因素，以实现有效的品牌定位。

企业应从消费者的心理和情感入手进行深入分析。在“互联网 +”的时代，消费者需求日益多元化和个性化，他们不再只是关注产品的基本功能，而是更加注重品牌所代表的价值观和个性特点。因此，企业需要通过市场研究和分析互联网大数据，深入了解目标市场的文化背景、消费习惯、价值观念等信息，挖掘出消费者的自我概念和自我形象，明确他们对于品牌个性的期望和需求。这样，企业才能找到与消费者内心世界相契合的品牌核心价值，使追求品牌成为消费者表达自我和展示个性的一种方式。

企业还需要充分考虑市场格局、目标市场、竞争对手等因素。在确定品牌定位时，企业需要了解整个市场的趋势和竞争格局，分析竞争对手的品牌形象、产品特点、市场占有率等信息，以避免与竞争对手的正面竞争。同时，企业还需要根据目标市场的特点来制定相应的品牌策略，如针对不同地区消费者的需求进行相应的调整。此外，企业还可以通过分析市场格局中的空白和不足之处，找到自己的品牌有机会发展和差异化的领域。

企业还需要充分考虑文化差异对品牌定位的影响。在全球市场中，不同地区、不同国家的文化背景和价值观念存在很大的差异，这些差异会对消费者的需求和行为产生深远的影响。因此，为了实现品牌的有效定位，企业需要根据目标市场的文化特点来制定相应的品牌策略。例如，在一些文化中，消费者更加注重品牌的高端和奢华感；而在另一些文化中，消费者更加注重品牌的实用性和性价比。企业需要根据这些不同的需求来制定相应的品牌定位策略。

企业还需要从自身品牌特性入手来确定品牌定位。一个品牌的特性和优势是品牌定位的基础，它包括品牌的历史、创始人、产品或服务的特点等多个方面。通过深入分析自身品牌的优势和特性，企业可以找到自己品牌的独特性和与消费者之间的联系，进而确定一个清晰、有个性的品牌定位。

当上述因素出现变化时，企业需要及时对品牌进行再定位和调整。随着市场的变化和消费者需求的不断变化，一个品牌的核心价值和定位也需要不断地进行调整和完善。因此，企业需要不断地进行市场研究和分析互联网大数据，以发现新的消费者需求和市场趋势，进而及时对品牌进行再定位和调整。这样才能保持品牌的竞争优势和与消费者的紧密联系。

（三）转变品牌推广方式

实施品牌战略计划就必须做好品牌产品设计开发和品牌产品曝光推广这两方面。

当企业打造出自有品牌，设计出独具特色的产品，要怎样才能瞬间席卷网络，被大众所熟知呢？答案是广告。广告是最直接的宣传方式，能够在短时间内增加曝光量并提高知名度。然而，传统的电视、广播、户外、报纸、杂志广告等已经不能满足人们对某一品牌的信任需求，消费者在了解或者购买之前，还习惯于“咨询”。知乎问答，百度搜索……他们会尽自己所能寻找该品牌的相关报道和反馈，再次确认该品牌是否为“大牌”。若是某品牌的广告到处都是，但是网络上关于该品牌的信息却寥寥无几，那么，消费者也不会相信这个品牌。

这就启示着，企业不仅要做硬广，更需要有充分的软广进行配合，尤其是当下火热的软文营销。与硬广的简单直接、雷霆万钧相比，软文营销就像春风细雨，润物无声，在悄然无声间渗透到每一个消费者心里。网络的发展使得宣传不再是企业一个人摇旗呐喊的独角戏，而是企业与市场、企业与消费者之间的实时互动。软文营销便是他们互动留下的印记。

软文营销作为品牌曝光的一种有效手段，虽然相较于传统的营销模式，成本极低而效果极大，但同样有着自己的门槛。其中，优质内容的生产和渠道的建设就是许多企业面临的难以解决的问题。

（四）扩展销售维度

1. 拓宽产品直销范围

随着互联网的普及和科技的不断发展，线上营销已经成为企业不可或缺的一部分。它提供了一个前所未有的机会，使企业能够以更低的成本、更高效的方式与全球的客户进行互动和交易。实施企业品牌战略中扩展销售维度下的拓宽产品直销范围这一举措，更是让企业能够以前所未有的方式进行销售和推广。

线上营销以其独特的优势打破了地理限制，将世界各地的消费者和企业紧密联系在一起。它提供了一个平台，让企业能够展示自己的产品、服务和品牌故事。通过互联网，企业可以轻松地接触到全球的目标市场，而无需在每个市场设立实体店或分支机构。这不仅节省了大量的时间和资金，而且还可以通过搜索引擎优化（SEO）和社交媒体营销等手段，提高企业的在线可见度和影响力。

通过技术创新，企业可以进一步带动信息传输的进步和管理模式的改革。例如，利用云计算和大数据技术，企业可以更好地理解消费者的购买行为和喜好，从而为他们提供更加个性化的产品和服务。此外，通过 O2O 营销平台的建设，企业可以将线上的便捷性和线下的体验感完美结合，为消费者提供更加全面的购物体验。

O2O 营销平台作为企业向国际客户展示的窗口，可以进一步提升企业在国际市场的影响力。通过这个平台，企业可以展示自己的产品、服务和企业文化，吸引更多的国际消费者和同业的关注。此外，通过与国际市场接轨，企业可以了解和学习国际市场的最新动态和趋势，进一步优化自己的产品和服务。

通过以上举措，企业可以实现从“产品制造”到“品牌塑造”的华丽转身，提高自身的国际竞争力。在这个过程中，线上营销不仅为企业提供了与全球消费者互动的机会，还帮助企业建立了强大的品牌形象和市场份额。

此外，通过线上营销策略的实施，企业可以更深入地了解消费者的需求和期望，从而为他们提供更加贴心的服务。例如，通过在线调查和客户反馈，企业可以及时了解消费者的需求和痛点，进而对产品进行改进和升级。同时，线上营销还可以为消费者提供 24 小时不间断的购物服务，使购物变得更加便捷和灵活。

在拓宽产品直销范围方面，企业可以通过多种方式来实现。例如，企业可以在不同的国家和地区设立线上商店，通过跨境电商平台将产品销售到全球市场。

此外，企业还可以通过与当地合作伙伴建立战略合作关系，共同开拓当地市场。这样做不仅可以降低企业的风险和成本，还可以提高企业在当地市场的竞争力。

2. 拉长企业直销战线

在当今市场的激烈竞争和快速变化中，实施企业品牌战略是确保企业长期稳定发展的关键。在扩展销售维度下，拉长企业直销战线是一种重要的战略举措，它能够极大地提升企业的市场覆盖能力和销售效果。

传统企业直销模式通常依赖于销售人员的面对面拜访或电话沟通等方式，这种模式下的销售能力受到人力资源的限制，市场拓展效果很难在短时间内显现。而随着互联网和移动互联网的普及，线上营销逐渐成了企业直销的重要补充，它打破了地理限制，使企业能够触及以前无法接触到的市场。

线上营销的优势在于其可以充分利用互联网的广泛覆盖和全天候的营销能力，有效弥补了传统人力营销的不足。通过建立企业官网、电商平台或社交媒体等线上渠道，企业可以打破传统销售的地域限制，在全国乃至全球范围内进行销售。同时，线上营销还可以实现精准营销和个性化服务，根据消费者的需求和购买行为，提供定制化的产品和服务，更好地满足消费者的需求。

拉长企业直销战线还可以通过建立线上社区、论坛等方式，增强与消费者的互动和沟通。通过这些线上平台，企业可以发布产品信息、分享品牌故事，同时与消费者进行实时互动，收集反馈和意见，及时调整产品和服务，提升消费者满意度。

此外，线上营销还可以实现低成本、高效率的营销推广。通过 SEO 优化、关键词广告等方式，企业可以在互联网上建立自己的品牌形象，提高品牌知名度和曝光度。同时，社交媒体营销还可以借助用户口碑和分享，实现病毒式传播，降低营销成本。

拉长企业直销战线可以通过利用线上营销的方式，为企业带来更多的市场机会和业务增长点。同时，线上营销低成本、高效率的特点也为企业带来了更大的商业价值。

在实施拉长企业直销战线战略举措的过程中，还需要注意以下几点：

第一，保持线上线下的一致性。线上线下的营销策略应该保持一致性，确保消费者在接触线上信息后能够顺利地转化为线下的购买行为。

第二，维护好品牌形象。线上平台是展示企业形象的重要窗口，企业需要维护好自己的品牌形象，避免因负面信息而影响消费者的信任度和购买决策。

第三，建立完善的物流配送体系。虽然线上营销可以触及更广泛的市场，但如果物流配送体系不够完善，可能会影响到消费者的购买体验和使用体验。

第四，保持创新和敏锐的市场洞察能力。随着市场和消费者需求的不断变化，企业需要及时调整自己的营销策略和产品策略。保持创新和敏锐的市场洞察能力是拉长企业直销战线的重要保障。

3. 提升企业直销高度

传统企业直销模式多以企业销售人员主动向客户介绍产品和服务为主，客户在购买产品或服务时，一般会通过这种途径来了解产品的具体特点、品质、使用方法等详细信息。然而，这种单向营销模式存在一些限制：首先，它依赖于销售人员的个人能力，以及客户对他们的信任度。其次，由于销售人员的精力有限，他们可能无法覆盖所有的潜在客户。最后，这种模式无法有效地利用现代网络技术，实现精准营销和个性化服务。

线上营销的兴起改变了以上这些现状。它为客户直接融入销售环节构建了平台。在互联网上，客户可以方便地获取各种商品的信息和相关评价。同时，他们也可以与企业进行在线交流，提出自己的需求和问题，并得到及时的回应。这种双向营销模式更好地满足了客户的需求，提高了客户的满意度。

在直销模式下，企业可以通过网络与客户进行更紧密的互动。例如，企业可以在官方网站或社交媒体上发布产品信息、促销活动、用户评价等内容，客户可以随时浏览并发表评论或建议。这种互动不仅有助于提高客户的参与度和忠诚度，还有助于企业更好地了解客户的需求和反馈，从而不断完善自己的产品和服务。

通过客户的好评分享传播，企业可以树立良好的口碑。在互联网时代，口碑的影响力越来越大。客户的好评是对企业产品或服务的高度认可，这些正面评价可以被其他潜在客户看到，从而吸引更多的人来购买企业的产品或服务。同时，这些好评还可以提高企业在搜索引擎中的排名，进一步增加企业的曝光度和影响力。

线上营销的开展可以使直销模式由单向营销提升为双向营销，客户的好评在网络上的分享传播也将成为企业进行口碑营销的重要依据。这些举措不仅有助于提高客户的满意度和忠诚度，还可以帮助企业更好地了解客户的需求和反馈，从而不断完善自己的产品和服务。同时，这些举措还可以提高企业的曝光度和影响力，吸引更多潜在客户的关注和购买。最终，这些努力将有助于实现企业品牌战略中扩展销售维度下的提升企业直销高度的目标。

为了更好地实现这一目标，企业需要制定科学合理的线上营销策略。首先，企业需要明确自己的品牌定位和市场目标，确定线上营销的重点和方向。其次，企业需要根据目标客户的特点和需求，制定个性化的产品和服务方案，以满足客户的多样化需求。同时，企业需要充分利用现代网络技术，如人工智能、大数据分析等手段，实现精准营销和个性化服务。

另外，企业还需要注重客户体验和服务质量。在与客户互动的过程中，企业需要关注客户的反馈和需求，及时调整自己的服务策略。同时，企业需要不断提高自己的服务水平，如优化配送服务、提供更加便捷的售后服务等。这些举措将有助于提高客户的满意度和忠诚度，从而为企业带来更多的商业机会和口碑传播。

4. 延长企业直销时间

线上营销有“7 天 24 小时”全时运营的特点。相对于传统直销中市场营销部“5 天 8 小时”工作制而言，线上营销将每天的推广时间延长了三倍，更有助于为国内夜间客户和国外时差客户提供全天候的业务咨询。销售时间的延长在为客户提供服务便利的同时，也在为企业争取更多的市场商机。

综上，线上线下营销策略的开展与实施，可使企业现行直销工作中推广速度慢、效果不佳的问题得到解决。

第四章 “互联网 +”背景下的品牌文化塑造

在信息全球化、产品同质化的今天，消费者在选择某一品牌时，不仅考虑产品对物质需求的满足，更希望借此展现自己的品位和身份。当企业在产品价格和销售渠道方面越来越难以通过制造差异来获得竞争优势时，品牌文化正好提供了一种解决之道。只有消费者在消费品牌产品时能体验到品牌文化，产生愉悦之感，企业才能真正建立起消费者的品牌忠诚。品牌文化的内涵越深厚，品牌的个性形象就越鲜明，市场潜力和辐射力也就越大。品牌文化已经成为未来企业的核心竞争力。

第一节 品牌文化的概念

一、品牌文化的内涵

文化是在人类社会发展的过程中不断积累并创造出的能够影响人们的精神和物质的总和。狭义的文化是指在人们的意识形态下所创造出来的精神财富，包括人的思想价值、风俗习惯、宗教信仰、学术思想、文学艺术、科学技术等。文化是一个非常宽泛的概念，然而，无论对于文化的本质如何表述，构成文化内涵的要素都必须包括以下几个方面的内容。

第一，精神要素，即精神文化。精神文化是人类最具有活力的部分，主要是指哲学和其他具体的学科、宗教、艺术、伦理等的价值观念。价值观念是精神文化的核心，是最为重要的，也是人类创造活动的动力。

第二，语言和符号。语言是人类在生活交往中传达自己所表述的含意的重要方式；符号也是人们交往沟通的重要表达方式，两者都具有传播和沟通的作用。语言和符号是人与人交流的工具，更是文化的载体。人类只有通过语言和符号才能互动和沟通，才能创造文化。

第三，规范体系。规范是人们的行为准则，是由各种标准所组成的，用来要求人们的行为习惯。这些标准既有约定俗成，也有明文规定，如法律条文、组织之间的规章制度等。各种标准之间是相互关联、相互制约和相互渗透或互补的，需要共同发展来调整社会。

第四，社会关系和社会组织。社会关系是各种文化产生的基础，生产关系是各种社会关系的基础。在生产关系的基础上，又产生各种各样的社会关系和社会组织。这些社会关系和社会组织既是文化的一部分，又是创造文化的基础。

二、品牌文化的界定

（一）品牌文化的界定

随着消费社会的形成和日益繁荣，大众的消费行为本身已经具有越发显著的意识形态色彩。在消费社会里，品牌商品的抽象的文化象征意义正日益深刻地影响着消费者的具体消费行为。塑造品牌文化的过程就是将没有生命的商品转化为有生命和有思想的品牌的过程。据此，本书对品牌文化的界定是：企业在其所开展的长期的营销活动中，逐渐累积和形成的有别于竞争对手并为越来越多的目标消费者所认可的价值观念、利益认知和情感属性等意识形态的抽象概念，以及可识别的名称、标志、色彩和设计等具象符号的总和。

（二）品牌文化的核心

企业的品牌文化主要通过品牌向目标消费者所传输的思想、价值观和精神特征等方面来体现。这些方面包括生活态度、审美情趣、性格特征、时尚品位和情感诉求等。人们对某个品牌的偏爱和忠诚度不仅仅基于产品本身能带来的好处，更多的是源于品牌所代表的文化与精神内涵。人们与品牌之间的长期联系更多的是建立在品牌形象的独特性和情感因素上。

（三）品牌文化与企业文化

品牌文化的核心要素大都源自企业文化，因此，塑造品牌文化就必须首先建立和完善企业文化。如果一个商品的广告主没有建立和形成自身所独有的深厚的企业文化，也就不可能塑造出具有丰富内涵的品牌文化。

企业文化的建立和形成有利于提升商品的品牌形象，也有利于提高企业内部员工之间的凝聚力和向心力，还有利于增强企业员工自我实现的成就感，进而可以推动品牌文化的建立、形成、巩固和发展。品牌文化的内涵一方面源自企业文化，另一方面则要取决于消费文化，这就使品牌文化的内涵更多地体现为消费者的价值观。

三、品牌文化的特征

品牌是一个具有文化属性的概念。品牌的物质基础是产品，其精神力量是企业文化。品牌文化作为企业文化在品牌中的集中体现，既受到企业文化的制约，又能从企业文化中获得有力的支持。但是，两者的本质有着明显的区别：企业文化的内部凝聚作用更为明显，而品牌文化的外向沟通与扩张作用更为显著，它将企业的品牌理念有效地传递给消费者。因此，不能将品牌文化简单地等同于企业文化。品牌文化的独特性在于品牌本身所具有的强大营销动力和市场价值带来的文化共融。品牌文化具有以下特征：

（一）系统性

品牌文化是一种由多种元素整合而成的独特现象，它不仅代表了一个品牌的形象和价值观，也体现了消费者对品牌的认知和信任。品牌文化的系统性特征是指其构成要素之间相互作用、相互影响，形成了一个有机的整体。这些要素包括品牌的目标、理念、道德规范、行为方式等方面，它们在品牌文化的引领下，形成了一种强大的文化力量，推动品牌的发展和壮大。

品牌文化的系统性特征表现在以下几个方面：

首先，品牌文化拥有明确的目标。一个成功的品牌必须有明确的目标，这个目标可以是提高市场份额、增加销售额、提高消费者忠诚度等。品牌文化需要将这个目标贯穿于所有的品牌活动中，使员工、消费者和合作伙伴都能够清晰地认识到品牌的发展方向。

其次，品牌文化需要具有经营理念。经营理念是品牌文化的核心，它反映了品牌在市场中的定位和竞争优势。品牌文化需要通过经营理念来指导品牌的战略规划、市场推广和客户服务等方面的活动。

再次，品牌文化需要遵循道德规范。道德规范是品牌文化的重要组成部分，它反映了品牌的道德和社会责任。品牌文化需要遵循诚信、公正、合法等道德规范，以树立良好的企业形象和声誉，赢得消费者的信任和支持。

最后，品牌文化需要具有行为活动。行为活动是品牌文化的具体表现，它反映了品牌在市场中的竞争力和影响力。品牌文化需要将品牌的目标、经营理念和道德规范贯彻到所有的品牌活动中，包括市场调研、产品研发、生产管理、销售服务等环节。

这些要素按照一定的结构排列组合，体现出品牌文化严密有序的系统性。此外，品牌文化的系统性特征还表现在其具有可持续性和长期性。品牌文化的建设是一个长期的过程，需要不断地投入和积累，需要不断地更新和改进，以适应市场的变化和消费者的需求。同时，品牌文化也需要不断地传承和创新，以保持其活力和竞争力。只有通过长期的坚持和努力，才能够打造出具有鲜明个性和价值的品牌文化。在实践中，品牌文化需要不断调整和完善这些要素之间的关系和作用，来适应市场的变化和满足消费者的需求，以实现品牌的长期发展和成功。

（二）差异性

在当今的市场环境中，消费者的偏好已经从单纯的功能需求转向了更深层次的个性化和差异化需求。这种需求的转变，一方面推动了产品在造型设计和营销模式上的创新和差异，另一方面也促使我们深入思考文化价值理念上的差异和消费者心理诉求之间的更深层次的关系。品牌文化的差异性特征正是这个复杂现象的核心。

品牌文化的差异性特征首先体现在企业自身拥有的不同品牌之间的文化差异。在企业的多元化发展战略中，不同的品牌往往针对不同的市场和消费群体，这就导致了每个品牌在文化价值理念上的不同。例如，一些高端品牌往往代表着高品质、高格调的生活方式，而一些平价品牌则更注重实用性和性价比，强调的是大众化的消费体验。这种品牌间的文化差异，使得每个品牌都有其独特的个性和魅力，从而满足不同消费者的心理需求。

然而，品牌文化的差异性特征不仅仅体现于企业自身的不同品牌之间，不同企业之间的品牌文化差异也是显而易见的。每一家企业在创建和发展自己的品牌时，都会有意或无意地注入企业的价值观、使命和愿景等元素。例如，一些以科技创新为导向的企业，其品牌文化可能更加注重创新和效率；而一些以服务为导向的企业，其品牌文化可能更加注重客户体验和服务质量。这种企业间的品牌文化差异使得每个企业的品牌都有其独特的魅力和特色，从而在激烈的市场竞争中获得优势。

同时，品牌文化的差异性特征还受到社会文化背景的影响。不同的地域、民族、国家有着不同的历史、文化、社会背景和价值观念，这些都会影响到企业的品牌文化。这种地域、民族、国家间的品牌文化差异，使得每个地域、民族、国家的品牌都有其独特的风格和魅力，从而在广泛的市场中获得认可。

此外，品牌文化的差异性特征还体现在对新的社会环境和消费趋势的适应上。随着社会的不断发展和消费观念的不断更新，品牌文化也需要不断地进行自我更新和升级。例如，在当前的数字化和社交媒体时代，品牌文化就需要更加注重与消费者的互动和沟通，更加注重品牌的形象和口碑。这种对新的社会环境和消费趋势的适应，使得品牌文化能够始终保持活力和竞争力。

品牌文化的差异性特征是市场多样性和消费者需求多样化的必然结果。无论是企业自身拥有的不同品牌之间还是不同企业之间的品牌文化，都存在着显著的差异和多样性。这种差异和多样性不仅使得市场更加丰富多彩，也为企业和品牌的成长和发展提供了广阔的空间。在未来的市场竞争中，只有那些能够深入理解并灵活运用品牌文化的差异性特征的企业，才能够在激烈的市场竞争中获得优势，赢得消费者的认可和喜爱。

（三）层次性

在当今的市场环境中，品牌已经成为企业竞争的核心力量。品牌不仅代表着企业的形象和信誉，还承载着消费者的期望和信任。为了在激烈的市场竞争中获得优势，企业需要深入理解目标消费者群体的需求，并采取相应的策略来满足这些需求。而品牌文化的层次性特征就是企业在满足消费者需求过程中产生的结果。

品牌文化的层次性特征主要体现在品牌文化的价值主张方面。品牌文化的价值主张指的是品牌在市场中所倡导的理念、价值观和信仰。这些价值主张能够满足消费者不同层次的需求，从而提高消费者对品牌的认知度和忠诚度。品牌文化的价值主张具有多个层次，其中高层次的价值主张主要满足消费者的情感需求和自我实现需求，而低层次的价值主张则主要满足消费者对品牌产品质量、功能和服务等的基本需求。

高层次价值主张通过赋予品牌深刻的文化内涵和独特的品牌形象来实现。这种价值主张通常与消费者的价值观一致，更能激发消费者的共鸣和情感联系。例如，一些高端品牌倡导的“奢华、尊贵、不凡”的价值主张能够满足目标消费者群体对高端生活的向往和追求；一些品牌倡导的“独立、自由、创新”的价值主张也能够满足消费者的个性追求和创新精神。

低层次价值主张则通过提高产品的品质和性能，以及提供优质的服务来实现。例如，一些家居品牌倡导的“环保、安全、舒适”的价值主张能够满足消费者对家居环境的基本需求；一些电子产品品牌倡导的“高效、便捷、稳定”的价值主张也能够满足消费者对电子产品性能的基本要求。

品牌文化的层次性特征还体现在以下几个方面：

第一，功能性需求与情感性需求的平衡。品牌首先需要满足消费者的功能性需求，即产品或服务的基本用途和性能。与此同时，品牌也需要满足消费者的情感性需求，即消费者对于产品或服务所带来的心理感受和情感体验的需求。在品牌文化的构建中，企业需要在这两种需求之间找到平衡点，既要保证产品或服务的功能和质量，也要赋予品牌独特的文化内涵和价值观，以满足消费者的情感需求。

第二，普遍价值观与独特性的结合。品牌文化应该与普遍的社会价值观相符合，从而获得消费者的认同和接受。同时，品牌文化也需要具有一定的独特性，以便在激烈的市场竞争中脱颖而出。因此，在品牌文化的构建中，需要将普遍价值观与独特性相结合，既要符合社会的主流价值观，也要展现品牌的个性和独特魅力。

第三，符号消费与实用性的统一。品牌文化不仅仅是一种理念和价值观的体现，也是一种符号消费的象征。消费者通过购买某种品牌的产品或服务来表达自己的社会地位、审美观念和价值追求。与此同时，品牌也需要为消费者提供具有实用性的产品或服务，以满足消费者的基本需求。因此，在品牌文化的构建中，需要将符号消费与实用性统一起来，既要满足消费者的心理需求，也要为消费者提供实实在在的产品或服务。

总之，品牌文化的层次性特征是企业在满足消费者需求过程中所呈现出来的一种表现形式。通过深入了解品牌文化的价值主张和特征体现，企业可以更好地把握目标消费者群体的需求和心理，从而制定更加精准的品牌战略。

（四）民族性

不同民族拥有各自独特的文化特征，包括心理特点、传统习俗、道德准则、信仰体系、价值观念和行为方式。品牌文化与民族性有着密切的联系。每个文化品牌的基础都来自其所在国家的民族文化，所以这些品牌文化都深深地融合了民族文化的元素。品牌的创立和经营都必须考虑到具体的时代背景和社会环境，包括政治、经济等各方面的因素的影响。企业的品牌文化建立在特定的社会价值标准之上，与经济社会的总体文化趋势相一致，这体现了品牌文化发展的社会趋同性。当然，企业塑造的品牌文化在一定程度上也会促进新的社会文化的形成，影响社会文化的发展。

（五）相对稳定性

品牌文化是一种极具复杂性的企业现象，它既是企业身份的表征，也是企业文化的具体体现。作为一种独特的文化形态，品牌文化一旦形成，便往往会以一种相对稳定的形态长期存在，对企业的各项经营活动产生深远且潜移默化的指导作用。这种稳定性是相对的，而不是绝对的，它既受到企业内部因素的影响，也受到外部环境变化的制约。

品牌文化的相对稳定性表现在多个方面。首先，品牌文化是企业在长期经营活动中逐步形成的，代表了企业的核心价值观、行为规范和道德标准。这些要素一旦确立，往往不会轻易改变，这就使得品牌文化具有相对的稳定性。其次，品牌文化对于企业形象和品牌形象的塑造起着至关重要的作用。在消费者心中，品牌文化不仅仅是一种标识，更是一种信任和情感的寄托。因此，品牌文化的相对稳定性能够维护消费者对品牌的信任和忠诚度，从而为企业的长期发展提供稳定的支撑。

然而，品牌文化并不是一成不变的。品牌文化必须随着时代的变迁和市场的变化而不断调整和完善。当品牌文化无法适应新的市场环境、无法促进企业的发展时，就需要对它进行改革。这种改革是必然的，也是品牌文化持续发展的需要。例如，随着社会的进步和消费者需求的变化，一些传统的品牌可能需要更新其文化理念，以适应新的消费观念和消费模式。

此外，品牌文化在形成与发展的过程中，应当随着人们的消费理念、消费习惯和消费模式的变化而改变，以适应社会环境的需要。这不仅要求企业密切关注市场变化和消费者需求的变化，还要求企业不断创新，以完善品牌文化，使其始终保持活力和吸引力。

可见，品牌文化的相对稳定性特征为其长期发展提供了基础和保障，但同时也需要不断进行改革和完善以适应不断变化的市场和社会环境。因此，企业在维护品牌文化的稳定性时，也需要保持一定的灵活性和开放性，适时地调整和优化品牌文化，以确保其持续促进企业的发展。

在具体的实践中，企业可以通过多种方式来管理和完善品牌文化。例如，企业可以定期对品牌文化进行审查，以了解其是否仍然符合企业的战略目标和市场需求。此外，企业还可以通过市场调研和消费者反馈来了解消费者对于品牌文化的认知和态度，从而进行相应的调整。

四、品牌文化的作用

一个品牌的长期吸引力取决于其内在的品牌文化核心。这一点是知名品牌之所以独特的重要因素，因为它能够深刻地影响消费者的情感。那些具备深厚文化底蕴的品牌可以给人们带来精神上的抚慰和愉悦之感。品牌文化形成后，它的影响会深远地贯穿在品牌的经营管理中。品牌文化不仅可以增加品牌的附加值，还可以为品牌的竞争优势提供动力，有助于增强企业团队的凝聚力，塑造品牌独特的个性，并赢得消费者的忠诚信任。关注品牌文化的建设有助于推动企业发展和壮大。因此，品牌文化的作用具体体现在以下几个方面。

（一）提高品牌价值

企业品牌文化对于提高品牌价值具有极其重要的作用。强势品牌之所以能够享受价格溢价带来的丰富利润，其背后的原因正是品牌价值使得消费者愿意付出额外的代价。而这种品牌价值往往来源于品牌文化的塑造和传承。

品牌文化是品牌价值和情感的自然流露，代表了人们的生活方式和价值观念，是物质和精神的高度统一，是品牌最核心的部分。品牌文化不仅仅是一种口号或标识，它是品牌在长期发展过程中形成的独特气质和价值观念，是对消费者情感诉求的深刻理解和精准把握。

品牌价值取决于消费者的购买意向和购买行为。如果消费者不认同、不接受，甚至不知道该品牌的存在，那么这个品牌即使有完美的设计、构想和期望，也是没有价值的。只有在消费者对品牌产生认同和接受的情况下，品牌的价值才能得以体现。而这种认同和接受往往是通过品牌文化的熏陶和感染而来的。

在品牌文化的指导下，企业的营销活动能够对消费者的心理和行为产生一定的影响。这种影响可能是对消费者情感的触动，也可能是对消费者价值观的引导。品牌的文化内涵可以强化或改变消费者的消费态度，影响消费者的品牌选择，从而提高品牌价值。

因此，企业在培育品牌时，需要重视品牌文化的建设。这不仅仅是在设计、传播和营销过程中简单地提及品牌文化，更重要的是将品牌文化的精髓贯穿到企业的每一个环节，使其成为企业行为的常态。只有这样，才能真正地传播品牌文化的精髓，从而提高品牌的价值。

同时，企业还需要根据市场的变化和消费者需求的变化，不断地调整和创新品牌文化，以保持品牌的活力和竞争力。只有这样，企业才能在激烈的市场竞争中，通过独特的品牌文化吸引消费者，提高品牌的价值，实现自身的可持续发展。

通过塑造和传播独特的品牌文化，企业可以增强消费者的认同感和忠诚度，从而提高品牌的价值。这不仅仅是一种商业策略，更是一种对于消费者需求和社会文化的理解与把握。因此，企业需要在培育品牌的过程中，注重品牌文化的建设和完善，以实现品牌的长期发展。

（二）保持品牌竞争优势

品牌竞争力的核心组成包括产品定价、质量水平、客户服务和声誉等。随着市场竞争的愈加激烈，企业在这些关键方面之间已经越来越相似，这使得建立品牌忠诚和保持市场份额的稳定性变得更加困难。降低价格可以提升品牌知名度，但无法提高品牌声誉。虽然高质量产品能提升声誉，但不能保证客户的忠诚度。因为产品质量可以分为两类，即技术质量和认知质量。产品的设计需要满足相关技术规范，这就是所谓的技术质量。消费者对商品特性和使用价值的心理感受和评价常被称为认知质量或消费者认知质量。技术质量是一种可被科学衡量的标准，它具有客观性。认知质量是指消费者基于主观印象对产品技术品质的感知和评估。消费者能够感知到的质量才是品牌竞争力的唯一来源。然而，在推销产品的过程中，许多企业只注重技术质量，而忽略了认知质量，这会让产品流失市场竞争力。一旦消费者认同品牌文化所传达的关于产品的功能和好处，他们就会发现这与自己的核心价值相契合，从而建立了共鸣关系，无形之中提高了产品的认知质量。这样，品牌的无形文化价值便会转化为实实在在的品牌价值，为品牌赢得竞争优势，并保持强大的市场生命力。

而且，消费者如果认同某种品牌文化，往往不会轻易改变。这就意味着，品牌文化不仅能够带来价格溢价，还为品牌设置了较高的市场壁垒，提供了竞争品牌难以模仿的竞争优势。

（三）增强企业凝聚力

企业品牌文化对于企业的发展和壮大有着重要的作用，其中最核心的就是它可以增强企业的凝聚力。一个组织如果没有共同的价值观、使命和目标，很难形成强大的合力，也难以在竞争激烈的市场中立足。因此，优秀的品牌文化可以为企业的长远发展提供坚实的保障。

首先，品牌文化可以激发员工的归属感和荣誉感。在品牌文化的引领下，员工会感到自己的工作是有意义的，并且是为一个有着崇高追求的组织所认可的。

这种自我价值实现的满足感可以激发员工的积极性和主动性，从而为企业创造更大的价值。

其次，品牌文化可以促进员工之间的交流和互信。由于企业内部的员工具有不同的背景和经历，如果没有共同的价值观和目标，很难形成一致的方向和行动。而品牌文化可以把企业价值观和追求目标渗透到生产经营中，使员工有明确的价值观、理想追求和共同认知，从而加强员工之间的交流和互信，使企业内部各项活动更加协调，减少内耗。

最后，品牌文化还具有吸引外部优秀人才的作用。在品牌文化的引领下，企业可以吸引大量具有相同价值观和追求的人才加入企业团队中来。这些优秀的人才不仅有着过硬的专业技能，而且有着良好的综合素质和发展潜力，他们的加入将为企业注入新的活力和动力，推动企业品牌的发展和壮大。

因此，企业应该注重品牌文化的建设和发展，积极营造符合自身特点的品牌文化氛围，使其成为推动企业发展的重要支撑。

（四）实现品牌的个性差异化

在当今激烈的市场竞争中，企业需要寻求创新的策略，以使自己的产品和服务在同行中具有差异化优势，从而保证生存并取得成功。实现差异化是获取市场竞争优势的重要手段。品牌文化是品牌独特性的关键因素，同时也是提升企业竞争力的有效策略，这一点得到了麦肯锡公司的研究证实。品牌的强势与否不仅仅取决于产品本身，更取决于品牌文化的打造。知名品牌正是凭借着打造出独特的品牌文化而成为强势品牌。

品牌文化是一种无形的资产，它代表着一个品牌的核心价值观、个性和特点。这种文化因素赋予了品牌独特的个性和魅力，使品牌在消费者心中占据独特的地位。品牌文化的个性越鲜明，品牌的竞争力就越强，在消费者心中留下的印象就越深刻。例如，锐步的品牌文化展现的是“野性、户外、冒险”，这使它成为户外运动者的首选之一；百事可乐的品牌文化则强调“年轻、活泼、刺激”，这使它成为青春和活力的代表之一。

企业通过塑造独特的品牌文化，可以展示出与竞争对手之间的差异。这种文化因素可以渗透到产品的各个方面，如设计、包装、营销和服务等。通过这种方式，企业可以增加消费者对品牌的好感度，从而提高品牌的附加值。例如，耐克通过其品牌文化传达出一种积极向上的态度，这使它成为许多运动爱好者的首选；

可口可乐通过其品牌文化传达出一种温馨和幸福的感觉，这使它成为节日和聚会的必备饮品。

除了增加消费者对品牌的好感度之外，品牌文化还可以提高品牌的忠诚度和口碑。当消费者认同一个品牌的价值观和个性时，他们更有可能成为该品牌的忠实拥趸，并愿意向他人推荐该品牌的产品和服务。这种口碑营销对于企业来说是至关重要的，它可以迅速扩大品牌的知名度和影响力。例如，迪士尼通过其品牌文化传达出一种梦幻和童话般的感觉，这使它成为许多家庭出游的首选之地；奔驰通过其品牌文化传达出一种追求卓越和完美的精神，这使它成为许多成功人士的座驾之选。

除了以上两个方面的作用之外，品牌文化还可以帮助企业进行品牌延伸和扩展。当一个品牌在某个领域内已经拥有一定的知名度和影响力之后，企业可以通过扩展产品线和服务范围来进一步扩大品牌的覆盖面和市场份额。例如，迪士尼通过其成功的电影和主题公园业务已经建立了广泛的品牌影响力，现在它又通过迪士尼 + 流媒体服务和迪士尼商店等渠道进一步扩展其业务范围；奔驰除了豪华汽车业务之外，现在还扩展到了多用途汽车和电动汽车等领域。

通过塑造独特的品牌文化，企业可以增加消费者对品牌的好感度，提高品牌的忠诚度和口碑，并帮助企业进行品牌延伸和扩展。在竞争激烈的市场环境中，企业必须努力打造自己独特的品牌文化，以形成竞争优势并取得成功。

（五）建立品牌忠诚

企业品牌文化在当今竞争激烈的市场环境中扮演着至关重要的角色。它们不仅为消费者提供了一种识别和选择特定产品的依据，更是维系品牌与消费者关系的重要手段。品牌文化的本质在于建立有效的“消费者 - 品牌”关系，而这种关系的建立，对于企业的发展和成功至关重要。

品牌忠诚是这种“消费者 - 品牌”关系的核心。它是一种情感联系，使消费者对某一特定品牌产生持续的喜爱和信任。这种忠诚度不仅来自消费者对品牌产品或服务本身的认可和满意，更来自消费者对品牌文化的认同和信任。品牌文化不仅仅是企业对外宣传的标志和形象，更是消费者借以表达自我、实现自我价值的一种方式。

品牌在创建过程中所进行的巨大投资，可以使消费者相信：越是强势的品牌，其产品质量与服务的承诺就越可靠。这种信任来源于品牌的实力和声誉，而这种实力和声誉的建立，离不开企业长期的品牌建设投入和市场积累。这种投资不仅包括产品的研发、品质的提升，也包括市场推广、消费者教育和售后服务等各个方面。

同时，卓越的品牌文化能够使消费者借助品牌表达自己的社会角色并得到心理满足。每个品牌都有其独特的品牌定位和文化内涵，这种定位和内涵往往与消费者的价值观和追求相契合。消费者通过选择某一品牌，来表达自己的身份、地位和价值观，并从中得到心理满足。

使用这些品牌的用户不仅会感受到品牌所带来的实际价值，还能深入体会品牌所表达的文化和情感，从而建立起对该品牌的信任。这种信任可以让消费者更加确信和放心地选购某品牌的产品或服务，从而减少购物过程中的不便和风险。倘若消费者认同某品牌的文化，那么他们的购买偏好会更偏向于该品牌的产品或服务。若企业建立并坚持推广品牌文化，将会激发消费者形成购买该品牌产品或服务的惯性，从而成为忠实的顾客。这些忠实顾客的购买行为也会产生示范效应，吸引更多的潜在消费者加入消费群体，进而促进企业的发展。

此外，品牌文化还能够激发消费者的情感共鸣。情感共鸣是维系消费者与品牌关系的重要纽带，也是影响消费者决策的重要因素。品牌文化通过赋予品牌独特的情感价值，使消费者在使用过程中可以感受到品牌的关怀与温暖。这种情感共鸣不仅能够提高消费者的忠诚度，还能够为品牌带来良好的形象和口碑，进一步推动企业的发展。

通过持续的投资、创新的品牌定位、文化建设以及与消费者的情感互动，企业能够使消费者成功地建立起对品牌的信任和忠诚度。这种忠诚度的建立不仅能为企业带来稳定的消费群体和市场份额，还能为企业的长期发展提供强大的动力和支持。因此，对于现代企业而言，加强品牌文化建设、提升品牌形象和价值已成为实现自身可持续发展的重要战略之一。

第二节　品牌文化的构成

随着品牌的发展和孕育，品牌文化在不断地发展和累积。品牌文化融合了各种文化要素，具有重要的社会、文化和经济地位。除了物质形式上的名称、标识、包装和广告，该概念还涉及企业、消费者、竞争对手和社会公众等多方面。[①] 品

① 任慧娟．企业品牌文化塑造探析[J]. 现代商业，2020（16）：3-4.

牌文化系统涵盖了品牌的精神文化、行为文化和物质文化三个层面。精神文化由价值观和文化心理构成，它是品牌文化的核心和重要组成部分。行为文化是一种在各种行为和活动中产生的文化。物质文化是一种最为具体实在的文化，属于表层文化。精神文化是决定行为文化和物质文化发展方向的核心。行为文化是一种动态的响应，由物质文化和精神文化相互影响、相互作用而形成。精神文化和行为文化是建立在物质文化基础之上的要素，也是物质文化的表现和实践形式。因此，品牌文化呈现出一种层次分明的有序结构，不同层次之间相互影响、相互贯通。

一、品牌精神文化

就像每种文化都是基于其独特哲学信念而发展起来的一样，品牌文化也是建立在该品牌独特的哲学信念基础上的。品牌精神文化是在品牌运营过程中积累的，包含了经济、社会和文化等方面的影响，具有一定的文化价值观和精神内涵，因此成为企业管理品牌的理论基础和操作指南。品牌精神文化是品牌最基本、最本质的构成部分，涵盖了品牌形象、态度、营销策略和信仰价值等方面，是品牌发展和引领行业的重要支撑。品牌精神文化可以对品牌的内部进行调整和引导，从而优化资源分配，推动品牌健康发展；还有助于提升品牌形象、激发消费者购买欲望，并引起消费者许多有意义的品牌联想。如果品牌缺乏精神文化，它就很难被认为是一个真正的品牌，并且它的市场前景也会受到限制。在当前市场竞争激烈的环境下，如果想要让品牌变得更具有竞争力，就必须赋予各种组织、系统或产品一种独特的精神内核，以实现品牌的区别化和个性化。品牌精神文化主要包括以下几个方面。

（一）品牌价值观

品牌价值观体现了品牌坚持的基本信仰和目标，是对品牌意义的共同认可和阐述。企业的价值观在品牌价值观中得到了更为深入的体现和落实。品牌价值观是企业价值观在市场中的具体体现，它代表了品牌的信仰和承诺。构建品牌价值观有助于塑造外界对品牌个性的认知，促进品牌关系的进一步发展，并提高消费者对品牌的认可度和忠诚度。可口可乐“欢乐自由”，戴比尔斯钻石“钻石恒久远，一颗永留传”等，都展示了品牌的基本性格和经营宗旨，构成品牌的根本信念和发展导向，影响员工的共同愿景和行为规范。

（二）品牌伦理道德

品牌营销是现代商业活动中至关重要的一环，而在这样的活动中，品牌伦理道德无疑应当成为其核心元素。这不仅是因为品牌伦理道德能够赋予品牌独特的道德资本，更是因为品牌伦理道德作为一种强大的内在力量，能够教育消费者、激励员工、协调各方利益、监督品牌行为以及评价品牌表现。

品牌伦理道德首先体现在诚信经营上。诚信是品牌的基础，它要求企业以真实、公正、透明的态度面对消费者，尊重消费者的知情权和选择权。不夸张宣传，不误导消费者，不隐瞒产品或服务的信息，这些是诚信经营的基本要求。同时，诚信也体现在企业的内部管理上，即要求企业尊重员工，公正对待员工，保障员工的合法权益。

其次，公平竞争也是品牌伦理道德的重要组成部分。品牌在市场竞争中应当遵循公平、公正、公开的原则，不通过不正当手段获取竞争优势。例如，不进行恶性价格竞争，不以次充好，不侵犯他人的知识产权等。公平竞争不仅是市场经济的基石，也是维护消费者权益和社会公共利益的重要保障。

再次，品牌伦理道德还要求企业符合社会期望。这意味着企业应当超越自身的经济利益，关注和回应社会的期待和需求。例如，在环保问题日益严重的今天，企业应当积极采取环保措施，减少对环境的负面影响。

同时，履行社会责任也是品牌伦理道德的重要内容。作为社会的一部分，品牌应当承担起相应的社会责任。例如，企业应当关注并参与社会公益事业，帮助弱势群体，推动社会公正。此外，企业还应当关注员工福利，提供安全、健康的工作环境，保障员工的合法权益。

最后，服务消费者是品牌伦理道德的核心。企业的最终目标是服务消费者，为消费者提供优质的产品和服务。因此，品牌应当以消费者的需求为导向，不断提升产品和服务的质量和水平。同时，品牌还应当关注消费者的权益，为消费者提供全面、准确的信息和服务。

当前我国品牌伦理道德的建设尚处于初级阶段。尽管我们有着悠久的商业历史和文化传统，但在品牌伦理道德的建设方面仍有许多工作需要去做。因此，我们需要引导并强化品牌伦理道德观念的普及和实践。这不仅需要在政策层面加强法制建设，还需要在商业环境中加强自律和监督机制的建设。同时，我们也需要加强品牌伦理道德教育，提高公众对品牌伦理道德的认知和理解，培养他们健康的消费观念和行为习惯。

（三）品牌情感

品牌情感是一种消费者对品牌建立起的情感联系，是通过展示品牌形象、价值观和承诺等方面来维系的。它是维持消费者忠诚度的关键因素。品牌情感不仅仅包含品牌与消费者之间的情感纽带，还涉及建立品牌理念和责任感，这是基于情感认同和共鸣而形成的。

品牌情感的重要体现是品牌在消费者心中的信誉和义务，即品牌承诺。品牌承诺承载了品牌对消费者的忠诚和责任心。并且品牌承诺应体现在行动和态度上，而非空口说白话。如果一个品牌做出的承诺能够让消费者感动和信任，那么消费者就会坚信这个品牌的承诺是真实可靠的。

品牌情感对于品牌形象和认知度也有着至关重要的影响。一个具有情感的品牌可以更容易深入人心，更容易增强消费者对品牌的认知和信任感。这种情感化的认知不仅可以提高品牌忠诚度，还可以为品牌带来更多的口碑传播和粉丝效应。

除此之外，品牌情感还可以丰富消费者的体验。一个有着积极情感联系的品牌可以为消费者带来更多的满足感和愉悦感，这种体验不仅限于产品或服务本身，更包括消费者与品牌之间的互动和联系。

而广告是让品牌情感发挥最大作用的一个重要手段。在广告中加入情感诉求可以更容易打动消费者，从而在消费者心中产生更强的记忆和印象。例如，三九胃泰广告中加入了一个感人的故事情节，让消费者感受到品牌对于消费者的关心和关爱，从而增强了消费者对品牌的信任感和忠诚度。

（四）品牌个性

品牌个性源于品牌所具有的多种个性特点，这些特点共同构成了品牌的个性特质。一个产品的品牌形象取决于制造商和消费者之间的相互作用，而不是仅仅由产品本身的内在特征所决定。通过塑造人物、物品、背景或产品角色的形象，品牌个性能够诱发消费者大量的心理联想。一个品牌在市场上的地位主要取决于其整体性格，而不仅仅是产品之间微小的差异。美国整合营销传播专家唐·舒尔茨（Don Schultz）认为：“品牌个性是品牌的生命与灵魂，能让消费者轻易地将品牌与竞争品牌区分开来，能给消费者一种既熟悉又亲密的朋友般的感觉。”[①] 例

① 舒尔茨，坦纳鲍姆，劳特伯恩．整合营销沟通[M]. 孙斌艺，张丽君，译．上海：上海人民出版社，2006.

如，雀巢塑造了消费者心目中富有“慈爱、温馨、舒适和信任”特质的品牌形象；舒肤佳打造了品牌独特的特色，注重对家庭和人们关心的表达。品牌个性可以深刻地影响消费者，这种影响逐渐加深，可以形成强大的品牌影响力，让消费者变成该品牌的忠实拥趸。

（五）品牌制度

在品牌精神文化的引领下，企业逐渐形成了品牌制度。品牌制度指的是在品牌营销活动中形成的、与品牌精神和品牌价值相适应的企业制度和组织结构。品牌制度是品牌文化中最为关键的组成部分之一，也是品牌与企业相互结合的部分。因此，要想了解一个企业的品牌文化和价值观，就必须深入研究其品牌制度。

品牌制度是企业为了实现品牌战略目标而制定的行为规范和操作指南。它是企业制度的一部分，同时也是企业文化的重要组成部分。品牌制度不仅包括了企业领导体制、组织结构、营销体制等与品牌管理密切相关的方面，还涵盖了企业日常生产经营中的一系列管理制度。这些制度的制定和执行，反映了企业的性质和管理水平，同时也是企业员工对品牌价值和精神的认同和体现。

品牌制度的重要性在于它能够将品牌的精神和文化转化为实际可操作的企业制度和组织结构。品牌的精神和文化往往是一种比较抽象的概念，要想真正落地并指导企业的日常经营和管理，就需要将其转化为具体的制度和规范。只有这样，才能够使员工在执行工作时，真正体现出品牌的价值和理念。

品牌制度的制定需要从品牌战略目标出发，以市场需求为导向，结合企业的实际情况来进行制定。在制定过程中，企业需要考虑到品牌的目标、市场需求、企业资源和管理水平等多方面因素，以确保制度具有可操作性和有效性。同时，制度的执行也需要相应的监督和反馈机制，以确保制度的落实和执行效果。

二、品牌行为文化

每一种价值观都会产生一套明确的行为含义。品牌行为文化是品牌精神的落实，是品牌与消费者关系建立的核心过程，是企业经营作风、精神风貌和人际关系的动态表现，也是品牌精神和品牌价值观的折射。品牌行为文化主要包括以下几个方面。

（一）营销行为

营销行为是从文化层次研究营销活动和从文化高度确定市场营销的战略和策

略，可以增加品牌的竞争力，发挥文化在品牌营销过程中的软资源作用。品牌的营销行为文化既包含产品构思设计和包装广告，又包括对营销活动的价值评价、审美评价和道德评价。

（二）传播行为

从品牌文化的角度看，品牌的营销行为既是在推广产品，又是在传播文化。品牌传播行为包括企业通过广告、公共关系、新闻和促销活动等传播品牌资讯。合理有效的传播行为有助于品牌知名度的提升和品牌形象的塑造。

（三）个人行为

品牌是多种身份角色的市场代言人。品牌个人行为不仅包括品牌形象代言人和企业家的个人行为，还包括员工和股东等相关人员的个人行为。他们的行为构成了品牌的个人行为，品牌个人行为又代表着这些人的行为。

三、品牌物质文化

品牌文化的最外层是品牌物质文化，是包括品牌产品在内的物质文化要素。尽管它处于品牌文化的最外层，却是消费者对品牌认知的主要的、直接的来源。品牌物质文化主要包括以下几个方面。

（一）产品文化

产品文化可以反映企业的价值观和理念，折射出一个国家和民族的文化传统。产品文化包括企业在长期生产经营中自然形成的价值取向、思维方式、道德水平、行为准则、规范意识和法律观念等，是品牌文化的一个重要组成部分。

（二）包装文化

包装是产品的一面旗帜，是产品价值的象征。产品包装蕴含着品牌个性，体现着品牌形象，规定着品牌定位。包装只有综合利用颜色、造型、材料等元素，突出产品与消费者的利益共同点，对消费者形成较为直观的冲击，表现出品牌和企业的内涵，才能有效吸引消费者的注意力，并塑造他们的品牌认知。

（三）名称和标志文化

品牌名称作为品牌之魂，体现了品牌的个性。品牌名称是品牌中能够用语言称呼的部分，是品牌的核心要素，是形成品牌文化概念的基础。品牌名称不同于产品名称，它具有社会属性和人文属性，可以反映品牌的道德修养、文化水准和愿景，是经济领域的一种文化现象，是一笔宝贵的文化财富。品牌标志是品牌中可以被识别但不能用语言称呼的部分，它通过一定的图案造型和色彩组合来展现品牌的个性形象和文化内涵。

第三节 “互联网 +”背景下品牌文化的培育

品牌文化的培育是一个循序渐进的过程，它需要企业集合人力、物力和财力资源，以品牌的核心价值为主线，不断注入与品牌相符的文化元素，进行合理的整合、演绎和传播。

一、品牌文化培育的误区

我国企业进行品牌管理和品牌文化建设的时间较短，在理解和运用品牌文化相关知识方面尚不成熟，在品牌文化的塑造过程中难免存在一些误区。

（一）品牌文化建设表面化

企业品牌文化培育一直是企业发展的重要课题。然而，在当前的商业环境中，许多企业在品牌文化建设方面存在一些误区。其中最为常见的是品牌文化建设表面化，即过于注重品牌的经济价值而忽略了品牌文化的深度开发。

品牌的经济价值是指品牌在市场中的知名度和影响力，以及它所产生的经济利益。这是品牌建设的直观体现，也是许多企业最初关注的重点。然而，品牌文化的建设不应只停留在这一层面。品牌文化是指企业在长期经营中形成的一种独特价值观、品牌理念、企业精神和行为规范。它是企业内在的、隐性的含义，是品牌建设的核心和灵魂。

许多企业在品牌文化建设中，只是简单地设计了企业的标志物、标准色和标准字体，但这些都只是品牌文化的外在表现。如果没有内在的品牌理念和文化内涵的支持，这些外在的符号只会导致品牌文化建设流于形式，有形而无神，成为无本之木。

品牌文化建设应该从一点一滴做起，从每一个细微之处着手。这包括企业的经营理念、产品和服务的质量、企业的社会责任等等。品牌文化的建设需要长期的积累和坚持，不是一蹴而就的。只有通过细致入微的工作，才能在消费者心中形成品牌的独特形象和价值观念，从而形成强大的品牌忠诚度和信任感。

因此，企业应该注重品牌文化的深度开发，从品牌理念、企业文化、产品设计等多个方面入手，全面提升品牌文化的内涵和质量。同时，企业还应该注重与消费者之间的互动和沟通，通过有效的传播手段向消费者传递品牌文化，从而形成强大的品牌影响力。

（二）品牌文化建设的手段单一

企业品牌文化培育一直以来都是企业发展的重要组成部分。然而，很多企业在品牌文化建设方面却常常陷入误区。其中最突出的一个误区就是片面地通过广告来提高品牌知名度，将广告作为品牌塑造的单一工具。这种做法虽然在短期内可能会带来一定的效果，但在长期发展中却会阻碍品牌文化的建设，甚至对企业的声誉和形象造成负面影响。

首先，广告宣传虽然能够提高品牌知名度，但过度的广告投放却可能让消费者感到厌烦，从而对品牌产生负面印象。在市场竞争日益激烈的情况下，消费者对于广告的免疫力越来越强，他们不再轻易相信广告的夸张宣传，而是更加注重品牌的实际口碑和用户体验。如果企业只是一味地通过广告进行品牌推广，而忽略了产品或服务的质量和用户体验，那么很可能会导致消费者的不满和流失。

其次，只注重广告宣传的品牌文化建设是短视的。品牌文化的建设是一个长期的过程，需要不断地积累和沉淀。一个具有强大品牌文化的企业，不仅需要有知名度高的品牌，更需要得到消费者的认可和信任。如果企业只是通过广告来提高品牌知名度，而不注重品牌的价值观、文化内涵等方面的建设，那么这个品牌很难在消费者心中树立鲜明、持久的形象。

最后，广告宣传也难以覆盖到所有的目标受众。不同的消费者群体对于品牌的认知和需求也不同，企业需要通过多种手段针对不同的受众群体进行品牌传播。其中包括在社交媒体上与消费者进行互动、开展线下活动、提供定制化的产品或服务等等。如果企业只是通过单一的广告手段来进行品牌推广，那么很可能会错失一部分目标受众，导致市场份额下降。

企业品牌文化建设不是一蹴而就的过程，需要采用多种手段和策略来不断提高品牌知名度和美誉度。除了广告宣传之外，企业还需要采取多种方式来不断推进品牌文化的建设和发展。只有这样才能够真正地在消费者心中树立鲜明、持久的品牌文化形象，提高企业的竞争力和可持续发展能力。

（三）品牌文化缺乏个性

品牌文化缺乏个性的表现主要有两种形式。首先，一些企业过于追求短期利益，忽视品牌文化的建设。这些企业往往只关注产品的功能和价格，而忽视了品牌文化的塑造和传播。这样的企业即使在短期内能够取得一定的市场份额，但从长远来看，也很难在激烈的市场竞争中脱颖而出。

其次，一些企业在塑造品牌文化时缺乏创新思维。这些企业往往只注重产品的属性差异，而忽视了品牌文化的差异化。这样的企业在产品属性差异较小的情况下，很难形成独特的品牌形象，从而难以吸引消费者的关注。

造成这些问题的原因有很多，可能是企业过于追求短期利益，或是企业缺乏创新思维，只注重产品的属性差异。此外，还有一种原因是有的企业可能缺乏有效的品牌管理机制和团队，无法有效地进行品牌文化的培育和维护。

对于企业来说，要避免品牌文化缺乏个性的误区，需要关注品牌定位和目标消费群体，注重创新思维和情感联系等方面的问题。

（四）品牌文化脱离本土传统文化

在当今全球化的市场中，企业品牌的文化底蕴和个性特征对于其成功至关重要。然而，很多企业在追求国际化的同时，往往忽视了本土传统文化的重要性，导致品牌文化与本土传统文化脱离，大大降低了品牌的生命力和市场竞争力。

本土传统文化是企业品牌文化的重要基础。每个地区、民族都有其独特的文化传统和价值观，这些因素深深影响着人们的生活方式和消费行为。优秀的传统文化中蕴含着深厚的人文精神和文化积淀，将它们融入品牌文化中，不仅能使品牌更具特色和辨识度，还能拉近品牌与消费者之间的情感距离，增加消费者的认同感和忠诚度。例如，中国传统文化中的“诚信、尊重、创新”等价值观，为企业品牌塑造提供了丰富素材和文化支持。

然而，在市场实践中，很多企业忽视了本土传统文化在品牌培育中的重要性。它们过于追求国际化，盲目跟随时尚潮流，忽视了本土文化的独特性。这种做法导致品牌文化与本土传统文化之间的断裂，使品牌缺乏持久生命力。例如，某些国内企业在品牌推广中，以西方文化元素作为主导，忽视了本土文化的特色和价值，结果造成品牌的同质化现象严重，难以与消费者产生情感共鸣。

企业品牌文化的培育不能脱离本土传统文化。只有将本土传统文化融入品牌文化中，才能赋予品牌独特的个性和魅力，增强品牌的持久生命力和市场竞争力。

同时，企业在传承和发扬本土传统文化的过程中，也能够更好地了解和贴近消费者需求，为品牌的未来发展奠定坚实的基础。

（五）品牌文化内涵老化

品牌老化有两层含义：一是指品牌缓慢地退化，二是指品牌所反映的消费者形象和其文化内涵在逐渐衰退。据相关资料显示，目前我国市场上共有 2000 多个“中华老字号”品牌，然而如今仍能正常营业的不到 30%。品牌如果固守旧形象、缺乏创新，不能主动地适应市场变动和消费者需求变化，那么将不可避免地发生老化，最终被市场淘汰。品牌文化的维护如逆水行舟，不进则退。企业应随时补充、及时调整其文化内涵，避免在竞争中被淘汰。

二、品牌文化培育的步骤

根据品牌文化的形成机制及成功品牌的经验，企业可以通过以下环节培育品牌文化。

（一）品牌文化的设计

企业应根据品牌定位筛选与品牌定位相关的文化因素，包括企业名称、企业形象识别系统、商品名称、企业家及员工代表等。在收集和整合企业的各种文化资源之后，根据品牌战略定位对各种文化因素进行提炼，确定品牌的价值体系。例如，通用电气的“进步是我们最重要的产品”，杜邦的“创造科学奇迹”，海尔的“敬业报国，追求卓越”等品牌价值。当然，品牌也可以随着企业的壮大不断完善品牌文化的表述。例如，惠普公司最初的价值观是“企业发展资金以自筹为主，提倡改革与创新，强调集体协作精神”，该价值观在多年的市场经营中进行了多次演变，最后凝练为著名的“惠普之道”，这样一来，惠普公司品牌文化的表述就更加丰富饱满了。

企业应该在明确品牌核心价值观的基础上，延伸形成完整的价值体系。品牌价值体系的建立可以围绕以下几个方面展开。

第一，企业的核心竞争力。这种品牌价值体系常见于技术型等知识含量高的品牌中，这些品牌由于技术的领先与成熟而具有较明显的、持续的、相对的或绝对的竞争优势，其价值体系以体现并保持这种优势为主要内容。例如，海信的“创新科技，立信百年”等。

第二，企业的社会责任。在消费品品牌中，企业往往可以通过强调自身的社会责任来表现品牌价值。例如，TCL的“为顾客创造价值，为员工创造机会，为社会创造效益”，立邦的“立邦漆，处处放光彩”等。

第三，消费者的满意度。企业的价值体系还可以围绕消费者的满意度来建立，划分主要消费群体，明确消费者需求，评估并提升消费者关系。例如，家乐福以“开心购物”赢得全球29个国家的顾客喜爱，沃尔沃以“安全驾驶”的品牌价值观开拓了全球市场。我国也有大量品牌持有类似价值观，例如，海尔以“真诚到永远”成为家电业名副其实的龙头老大，娃哈哈以“健康下一代”为价值主张引领儿童饮料市场。

（二）品牌文化的传播

企业要塑造一种独具个性的品牌文化，就需要通过多元传播渠道向消费者表达个性诉求，在他们心中植入有分量的、有亲和力的品牌文化。品牌文化的传播包括内部传播和外部传播。

1. 品牌文化的内部传播

品牌文化的内部传播十分重要，它既具有辅助品牌文化形成和确立的功能，又兼有使品牌文化得以继承和发扬的功能。事实上，品牌文化的形成、发展和积累，都与品牌文化的内部传播有着密切的关系。品牌文化的内部传播可以通过高层管理者身体力行起示范作用、树立典范发挥模范带头作用、健全组织机制等途径来实现。品牌文化的内部传播实际上就是企业品牌文化培育的过程。

2. 品牌文化的外部传播

品牌文化的外部传播主要通过各种媒体，围绕品牌文化核心进行传播。在品牌文化的传播过程中，广告是最直接、最有效也是运用最广泛的手段。广告本质上是一种文化现象，它像一只无形的手，深深地影响着消费者的消费意识和审美心理。通过广告，品牌文化得以具体化、外在化、形象化、延伸化地表达与呈现。消费者认同了广告中体现的文化价值，也就会迅速地与品牌文化产生共鸣。许多强势品牌都十分注重强化广告的文化内涵，会通过具有创意的设计，使广告富有高雅情趣和无穷魅力。广为传颂的广告语，可以表达出一个品牌的主张、理想与文化内涵，甚至可以成为一个时期的精神标志和文化象征。

企业作为社会组织，为了树立良好的组织形象和改善与社会公众的关系而实施的传播与沟通活动，在社会生活中发挥着日益重要的作用。企业在准确把握目标消费者文化心理诉求的基础上，借助具有品牌精神的公关活动，演绎品牌的文化内涵，这种泛文化型公关方式在品牌文化的塑造方面往往能达到事半功倍的效果。

（三）品牌文化的评价

品牌文化的塑造不是一蹴而就的，这个过程不仅需要很长的时间，还需要不断地强化。在这一过程中，企业的品牌负责人要对品牌文化的实施进行全面的监控，在各种载体上对品牌文化做全方位的检验和评价。评价品牌文化可以从以下几个方面进行：

第一，品牌价值观。品牌价值观是品牌文化的核心。值得倡导的价值观包括重视管理者和员工的能力、团队合作精神和革新意识，尊重消费者的利益，关注技术更新等。对品牌价值观的评价需要综合考虑以上因素。

第二，品牌行为规范。除了规章制度等成文规定，品牌行为规范更多地表现为传统、习惯和禁忌等不成文的行为规范。它具有法律所不具备的积极示范效应及强烈的感染力和约束力，并体现出品牌价值观。对品牌行为规范的评价需要综合考虑规章制度、职业道德、工作态度和工作作风等。

第三，品牌文化网络。品牌文化网络包括品牌文化传播的各种渠道，既包括“硬件”媒体，如广播、电视、报刊和社交媒体等，又包括“软性”传播，如文体活动和演讲比赛等。

第四，环境的适应。品牌文化对环境的适应性取决于品牌对竞争环境变化的敏锐性。品牌文化所面临的外部环境包括经济环境、政治环境、科技环境和社会文化环境等；内部环境包括物质条件、经营管理水平和员工素质等。企业应当评价品牌文化应对环境变化的能力。

第五，品牌形象。品牌形象是社会公众对品牌的综合印象。企业可以从产品质量、服务质量、领导形象、员工精神及品牌的知名度、信誉度和美誉度等方面对品牌形象作出评价。

（四）品牌文化的优化管理

优化品牌文化的关键在于企业在塑造品牌文化的过程中能否关注并满足消费者的物质与精神的现实需求和潜在需求。在市场竞争激烈的环境下，品牌文化不仅仅是一个标签，更是一种吸引力，一种消费者对产品或服务认知的保证。为了使品牌文化在消费者心中形成独特的地位，企业在塑造品牌文化时需要审视和检验品牌文化培育体系的目标定位和市场渗透率。

企业应不断强化品牌个性，即在品牌营销中寻求准确的品牌个性并将其贯穿于品牌文化塑造的各个方面。这需要企业进行深入的市场调研，了解消费者对产品或服务的需求和期望，并在品牌传播中准确地传达出这些特点。同时，企业还应注重在品牌文化中注入独特的价值观念，使品牌个性与品牌文化形成良好的互动，为消费者提供独特的消费体验。

企业应不断提升品牌形象。企业可以通过强化品牌的文化内涵和社会价值，缩短品牌与消费者之间的距离；还可以通过提升品牌的美誉度和亲和力，使消费者对品牌产生情感共鸣。此外，企业还应关注品牌形象在市场中的动态变化，及时调整和更新品牌形象，以满足消费者不断变化的需求。

在品牌文化的塑造过程中，企业还要注意保持品牌的一致性。所有品牌要素在视觉传达和传播上应保持一致，营销行为与品牌形象应保持一致，这样才能在消费者心中形成统一形象，建立消费者的品牌忠诚。此外，企业在跨文化、跨地域的扩张过程中，更应注重品牌文化的传承与发扬，避免因文化差异而导致的品牌形象模糊。

同时，企业还应注重品牌文化的创新。随着市场的不断变化和消费者需求的不断升级，企业需要不断地对品牌文化进行创新和优化。这包括对品牌传播方式、营销策略和企业文化等方面的创新。只有在不断创新中，品牌文化才能保持活力和竞争力，赢得消费者的持续青睐。

另外，企业在进行品牌文化的优化管理时，应注重建立良好的企业社会责任形象。企业应关注社会热点问题，积极参与社会公益活动，提升企业的社会责任感和公信力。这不仅可以提升企业的社会形象，还能增强消费者对品牌的信任和好感度，进一步巩固品牌在市场中的地位。

此外，企业还应注重对员工的品牌文化培育。员工是企业的宝贵财富，也是品牌文化的重要传播者。企业应通过培训和教育，使员工深入理解和认同企业的品牌文化，提升员工的归属感和忠诚度。同时，员工在与消费者的互动中，也能将品牌文化传递给消费者，增强品牌的影响力。

第五章 “互联网 +”背景下的品牌营销创新

本章为“互联网 +”背景下的品牌营销创新，分为社会化媒体营销、搜索引擎营销和跨界营销三节内容，详细介绍了微博、微信、QQ、问答和百科营销在社会化媒体营销中的运用以及搜索引擎营销、跨界营销的影响因素及营销策略等内容。

第一节 社会化媒体营销

一、社会化媒体的概念及其营销特征

（一）社会化媒体的概念

社会化媒体也被称为社会媒体、社会性媒体，最初主要指的是由具有社会性的网络服务（Social Network Service，SNS）带来的全新的网络信息交流平台，它涵盖了博客、论坛、社交网站、播客和内容社区等。社会化媒体是一种全新的在线媒体，它十分注重用户的参与。用户可以使用这种工具和平台分享他们的信息、意见、经验和观点，是一种社会化的交流方式。在这种情况下，信息的创造者、传播者和接收者三个角色之间的区别和界限被模糊化了，用户可以自由转换自己的角色。

社会化媒体是软件工具的集合，它可以促进个体之间共享信息、协作和创建在线社区，并推动社区的发展。这是一种利用社交网络实现在线、复杂、有机的人际对话的方式。

社会化媒体是一种完全依赖于互联网的数字化传媒形式，其基础构建在各类社会性软件之上。社会化媒体包括两种群体，一种是提供数字信息的生产、发布、存储、传播和交流平台的平台运营者；另外一种则是社会化媒体中的核心人群——普通大众，他们不仅创造、分享内容，还是内容最终的受众。从内容特征

这一角度来看，社会化媒体的主要内容包括个人观点、专业见解和工作经验等主观认知，而不像传统媒体信息主要以客观事实报道和新闻为主，两者有明显差别。

社会化媒体是社会和媒体的组合。社会是由人们之间的互动和交流构成的，而媒体则是一个传递信息的平台。社会化媒体是以 Web2.0 技术为基础和根据的平台，它通过用户之间的社交关系来产生和交换内容。它的用户群规模庞大，能为用户创造极强的互动和社交氛围。在社会化媒体平台上，用户具备创造、分享和传播信息的能力。消费者可以通过社会化媒体进行一系列行动，例如查找商品、审视商品评价、购买商品以及购买之后分享等。

（二）社会化媒体营销的基本特征

1. 多平台多媒体的传播方式

互联网时代，社交媒体平台彻底改变了很多传统的信息传播方式，我们可以借助各种社交媒体平台进行线上的社交互动。过去有一些学者和业界人士认为，自媒体的普及和当时博客流行的现象类似，仅仅是随着时代发展而兴起的一种短暂潮流，可能很快就会被淘汰，或被企业的公众号所替代。在社交媒体平台，如微博、微信和短视频，以及专业垂直信息平台上，个人和企业都可以成为自媒体的一部分。这种现象表明自媒体已经成为一种趋势，而不仅仅是一时兴起的潮流，许多人也已经将他们的个人账号转化为自媒体。通过自媒体平台，每个人都有机会创建独特的信息体，以展现出个性化的风格和内容。因而，品牌宣传可以运用不同的社交媒体平台传递文本、图像、音乐或视频，并进行线上及线下互动，从而极大地增强传播效应。

随着时间的推移，个人网站、博客和播客等平台的影响力正在逐渐减弱，而微博、微信和短视频等平台则在日益崛起。相对于传统媒体，微博和微信的最显著特点是它们可以带动信息的再次传播，这进一步拓展了信息的接收人群范围。信息的传播可以形成一个跑步接力赛的模式，传播者可以使用新媒体发布信息，目标受众则通过自媒体平台接收并转发信息给周围的人，这样信息就可以不断延续和循环传播。每次传递，信息的传播规模都会呈指数级增长，传播者和接收者数量也会随之成倍增加。最终，传播者会惊奇地发现信息的受众规模比他最初预期的要大得多。受众数量的扩大并非由最初传播信息的人决定，是因为接收信息并将其传递的人的数量增加了。虽然传统媒体也会出现二次传播，但因为新媒体具有天生的媒介优势，所以二次传播更容易发生。例如，微博的一键转发和微信的朋友圈分享功能都让二次传播变得更加简便。

2 注重受众体验

网络品牌传播会通过多种手段与受众建立联系，注重提升受众的品牌体验和感受。在互联网时代，品牌传播者能够更轻松地与受众进行接触并获得他们的反馈，例如客户对产品的使用体验、情感反馈和建议。占据着“天时、地利、人和”的优势，品牌必然会充分利用现有的资源，将品牌价值最大化。但如果消费者经历了糟糕的品牌体验，相关的负面信息就很容易在网络上广泛传播，而解决这些问题需要品牌花费大量的精力，而且对品牌的负面影响不是一夜之间可以消失的。因此，为了让消费者对品牌留下良好印象，企业需要在预防问题和解决问题两个方面做好准备：一方面应该把用户的需求和反馈放在最重要的位置，全心致力于提供卓越的品牌体验，这种体验应该是全方位的，包括外观设计以及产品的实际使用；另一方面要让用户感受到最优质的服务和关怀。

在“互联网＋”时代，品牌更容易与消费者接触和联系，同时也可以用更低的成本实现对消费者的关怀和体贴。为避免消费者由于体验较差而产生负面评价，企业需及时收集相关反馈并对产品进行优化和改进。当负面评价和信息已经产生时，企业除了实施危机公关以消除品牌在社会和公众中的负面影响，还应全力安抚品牌的主要目标消费者。目标消费者是品牌最亲密、地位最重要的群体，因此品牌在遇到危机的时刻更要安抚这些群体。消费者对品牌的忠诚度会因为卓越的用户体验而提高，这有助于品牌维护自身形象。

二、社会化媒体营销的策略、渠道与安全问题

（一）社会化媒体营销的策略

社会化媒体营销并不能完全取代传统营销，它是对传统营销的扩展和延伸。企业要想长期发展，就要整合社会化媒体营销策略和传统媒体营销策略。

1. 精准营销

精准营销是社会化媒体营销的最大优势。社会化媒体营销可以让企业精准定位目标市场和目标受众，并进行精确的衡量。企业充分利用社会化媒体，将营销信息推送到目标受众群体中，既节省营销成本，又能收到最大化的营销效果。在Web2.0时代，互联网上的信息将被高度聚合，受众也被深度细分和聚合。企业可精准锁定自己的目标受众，完全按照受众的需求和关注点进行个性化定制，所以低效的强制性硬广告将淡出市场。企业还可以通过了解每个受众的网络行为轨

迹，归纳不同的细分群体，利用置入式的网络精准营销来传递信息。

在互联网时代，QQ是标配的沟通工具；在移动互联网时代，微信是标配的沟通工具。微信因其可以发送语音的创新加上私密互动的特点，成为人们日常生活中不可或缺的沟通工具，进而成为企业竞相加入的营销新平台。

微信可以实现包括用户分组、地域控制在内的精准消息推送，根据不同的分组和人群发送个性化的内容，让主动添加公众号或企业号的用户都接受属于自己想要的内容，这与被强制推送短信、邮箱广告形成鲜明的心理对比。依托腾讯这一强大平台，微信可以通过QQ来分析用户的性别、年龄、职业、偏好等，这些大数据分析有助于微信更精准地进行用户分类，实现信息精准推送。精准的信息推送加上100%的信息到达率使得微信成为社会化媒体营销界的新宠。

2. 关系营销

关系营销是社会化媒体营销的最大保证。在社会化媒体时代，营销是“强关系”确立的过程，它建立在人际关系的基础之上，是一种人与人互动的能力。与他人互动的目的不在于发展客户，而在于建立关系，社会化媒体营销就是深化与客户关系的过程。营销以满足客户需求为核心，要满足客户的需求就应该与客户建立长久的互信的关系。信任是社会化媒体营销的前提，没有信任就没有关系。同时，信任还是客户消费的主要驱动力，只有当客户信任企业能给他们带来个性化满足的时候，社会化媒体营销才可能有效。信任关系是需要互动维护的，社会化媒体提供了一个渠道，使得企业有机会和客户进行沟通和交流，只有不断地互动才能了解客户日新月异的消费需求。建立信任需要时间，而维护关系更需要时间，这也正说明了社会化媒体营销不是立竿见影、一蹴而就的，而是需要长期坚持、不懈努力的。和关系营销相对应的一个概念是交易营销。交易营销是指以完成与产品消费者的交换为目的的营销活动，实现与目标市场的交易被认为是传统市场营销理论的核心所在。交易营销专注的是交易，而不是顾客服务。

关系营销是一个循序渐进的过程，在实际操作过程中可以总结为三个重要的阶段，即积累牵引力阶段、推进阶段以及扩张阶段。社会化媒体要积累牵引力就得靠企业不断地与用户进行真诚的互动，只有当具有足够的牵引力的时候，企业才可以把重点从寻找新的网络关系转移到加强现有的网络关系上来。当然，企业维护与用户之间的关系不能依靠单一的社会化媒体平台，而应以立体化的方式扩张自己的关系网。关系营销是以时间成本为基础的，企业要建立并维护一段关系就不能吝啬自己的时间成本。关系营销给企业带来的不一定是直观的营业额的增长，但企业一定会得到一批忠实的品牌口碑维护者。

企业为消费者提供附加价值有利于消费者参与互动，持续地使用消费者喜欢的方式进行互动和经常性地提供附加价值有利于互信机制的建立。当消费者将企业看作一个可靠的信息来源或信任代理时，企业与消费者之间的“强关系”也就确立了。企业可以通过强化自身与消费者之间的关系，来获得塑造未来的优势。因此，在关系营销的大环境下，社会化媒体营销不只是达到目的的手段，其本身就是目的。

3. 口碑营销

口碑营销是社会化媒体营销的最大特点。很多人认为社会化媒体营销只是多了一个公关渠道去发布企业或机构的产品和服务信息，而事实是，社会化媒体就像一个虚拟的营销部门，可以完成品牌塑造、产品促销、公关发布、活动直播、客户服务、电子商贸等任务。社会化媒体的关键是实时跟粉丝互动；它的真正功能是要通过社会化媒体建立一个鲜活的品牌；它的真正目标是让企业或机构能够通过跟粉丝拉近关系，从而让粉丝成为企业的口碑传播者。

与传统口碑营销相比，社会化媒体平台的口碑营销传播速度更快、传播范围更广、传播效果更佳。企业利用社会化媒体进行口碑营销，具有宣传费用低、可信度高、针对性强、发掘潜在消费者成功率高、更能影响消费者决策和缔结品牌忠诚度、更具亲和力和避开对手锋芒等优势。

口碑最重要的一个特征就是可信度高，因为在一般情况下，口碑都传播在朋友、亲戚、同事、同学等关系较为亲密的群体之间。在口碑传播之前，他们已经建立了一种长期稳定的关系，而这个亲密关系群体在社会化媒体平台得到扩展，很多现实生活中的陌生人成了社会化媒体平台中“最熟悉的陌生人”，口碑传播的范围得到极大拓展。现在，信息已经做到了全球实时传递，只是现在的信息与意见传播相较过去而言，最大区别在于接收者更加关注将信息与意见发给自己的人。中间商、权威人士和发言人已经无法像过去那样垄断品牌或企业信息发布与传播的权力，普通用户和消费者掌握了越来越多的话语权，可以随时随地自由发表自己的意见或评论，这也促进了口碑传播的发生。

同时，社会化媒体给企业提供了一个良好的平台去发掘那些潜在的口碑传播者，他们可能是主流消费者，对产品热情洋溢，且为产品和服务能改善他们的生活而兴奋；他们还可能是新闻搜寻者，对产品信任且宽容，且会重复为产品消费。企业可以找到这些潜在口碑传播者，与他们进行一对一沟通，从而促进这些潜在口碑传播者转变为现实口碑传播者，这与危机公关一样重要。

社会化媒体营销分为基础营销和高级营销两种形式。基础营销即基本的社会化媒体营销维护。如某文化传播公司在新浪微博上注册了一个账号进行微博营销，在这个账号开始运营以后，精心编辑的每一条微博、每一条回复与互动都是为了让这个微博账号给公司带来效益，以达到营销目的。而高级营销则是指大规模的营销策划推广活动，将线上与线下相结合，并将各类媒体相互打通。如某出版社即将推出一本畅销书的续集，出版社可以在报纸的读书板块宣传，可以通过微博认证账号进行线上宣传和有奖转发活动，可以在豆瓣读书发起讨论，还可以线下开展签名售书活动。

选择基础营销还是高级营销，企业在进行营销决策前需要慎重考虑这个问题。对于小企业来说，由于人力精力的限制，或是目标受众群体的媒体使用情况非常单一，可以采用基础营销方式。而对于大中型企业，其产品的丰富性和潜在客户的广泛分布性决定了其更好的道路是高级营销。社会化媒体营销必须走向深度融合，不仅是社会化媒体之间的相互融合，更是社会化媒体与传统媒体的融合。因为社会化媒体不是传统媒体的替代品，而是对传统媒体的有力补充。通过高级营销，企业能够将自己的产品和服务在更大范围内宣传，在更大程度上提高企业知名度，与消费者以及潜在消费者之间形成更好的沟通互动，拉进与消费者之间的距离，有利于收集到更多真实的反馈，让自己的产品或服务更契合消费者的精神需求。

当决定要进行社会化媒体营销的时候，企业面临的第二个重要问题即是公司自己做还是外包。自己做可能缺乏社会化媒体营销的相关经验与技能，外包则会导致因为对企业文化不了解而与产品的文化精神相去甚远。对于文化市场的社会化媒体营销，更好的选择应该是自己组建一个社会化媒体营销团队，如果没有相关的经验和技能，可以请专家进行专门的培训。因为营销技巧不是最重要的，最重要的是文化内涵，一个了解公司文化的普通员工应该比一个营销公司的专家更加值得被重用。

有些公司选择公司内部做社会化媒体营销，但是会要求实习生去制定或启动社会化媒体营销策略，因为它们认为实习生是公司里最新生代最时髦的一批人，他们的生活和社会化媒体早已融合在一起。但是这些实习生熟悉社会化媒体并不意味着他们熟悉社会化媒体营销。再加上短期的实习生大多不了解公司的品牌，不了解公司的道德标准和经营理念。况且，文化产品和服务具有复杂的精神含义，带给消费者更多的是精神层次的享受，需要了解消费者的精神需求和产品服务的精神内涵，实习生还远远做不到。更何况，实习生在公司工作的时间很短，也许营销活动还没结束就已离开。因此，这是文化企业在进行社会化媒体营销时需要避开的一个误区。

（二）社会化媒体营销渠道

唐兴通参照罗斯·邓恩（Ross Dunn）的细分方法，将社会化媒体分为八类：社会关系网络、视频分享网络、照片分享网络、合作词条网络、新闻共享网络、内容推选媒体、商务关系网络、社会化书签网络。①

1. 社会关系网络

社会关系网络即人们通常说的社交网络，主要有豆瓣、微博等。社交网络营销可以有效降低企业的营销成本，实现目标用户的精准营销，更有利于口碑传播。社交网络营销的核心是关系营销，重点在于建立新关系和巩固老关系。而关系的建立需要一定的时间，不能一蹴而就，因此，利用社交网络进行营销不能急功近利。

2. 视频分享网络

视频分享网络即视频网站，是指在完善的技术平台支持下，让互联网用户可以在线发布、浏览和分享视频作品的网络媒体。国内主要的视频网站有优酷、爱奇艺、哔哩哔哩、抖音、快手等，国外主要的视频网站有 YouTube 等。利用视频网站进行营销具有感染力强、形式内容多样、传播速度快、成本低廉等优点。时下非常流行的微电影营销也是视频营销的一种形式。

3. 照片分享网络

照片分享网络是指用户可以在线上传、浏览、存放与分享图片和照片的网络媒体，比较知名的照片分享网站主要有照片桶（Photobucket）等。将主题照片分享到网络进行营销的方式最适合旅游业，很多照片分享网站就有专门的旅游版块。

4. 合作词条网络

国外主要的合作词条网络有维基百科等，国内主要的合作词条网络有百度百科、互动百科等。若百度百科上没有企业的相关词条，企业可以按照百度百科的

① 唐兴通．社会化媒体营销大趋势：策略与方法 [M]. 北京：清华大学出版社，2011.

编辑规则来编写自己的百科；若百度百科上对企业的介绍并不完善，企业也可以进行编辑修改。

5. 新闻共享网络

新闻共享网络一般是指通过 RSS（简易信息聚合，也叫聚合内容）在线订阅，用户可以借此方便地阅读、收藏、分享自己关注的博客与新闻的网络媒体。读者可以通过 RSS 阅读器订阅博客的文章，把所有感兴趣的内容从不同的网站上抓取下来放在同一个界面下统一管理。其实这也是一种“定制营销”的体现，但是与传统的“定制营销”不同的是，这里的定制不再是营销人员为消费者定制，而是消费者自己为自己定制。

6. 内容推选媒体

内容推选媒体类似于社交网站，用户可以在博客、新闻等文章下进行评论、回复和互动，而它的独特之处在于它没有职业网站编辑，内容编辑全部取决于用户。用户可以随意发表文章，然后由读者来判断该文章是否有用，若认为有用的读者越多，则该文章出现在首页的可能性越大。国外著名的内容推选类网站有红迪网（Reddit）等。

例如，当某知名歌星即将举行个人演唱会时，其经纪公司可以在内容推选类网站上撰写一篇文章来预告这场演出。大批的粉丝会被该文章吸引并点赞，这也会使得该篇宣传文章可能登至首页，吸引更多人去关注。

7. 商务关系网络

通过商务关系网络，企业可以结交和维护一些与公司相关的商务上的关系，保持和招聘者、合作的商务人员联系；个人也可以利用其来找工作或拓展自己的人脉。

比较知名的商务关系平台有领英等。例如，演艺经纪公司可以在领英上注册成为企业用户，并贴出自己可以提供的演艺类型，或演员阵容等，若有公司或个人需要邀请演艺表演，则会有目的地到领英寻找相关的演出服务机构。

8. 社会化书签网络

社会化书签可以将网站随时加入自己的网络书签中，用多个关键词标示和整理，并可以与他人共享。国内的社会化书签网络有百度搜索、QQ 书签等。

企业、机构或个人都可以把企业的网站、公司的新闻报道页面等用相关的关键词来进行标注，并利用社会化书签进行推广，可以收到意料之外的效果。

（三）社会化媒体营销的威胁与解决方案

社会化媒体在带来便利的同时，也不可避免地带来威胁。企业在选择社会化媒体进行营销之前，必须要做的一点就是评估社会化媒体安全，这是实施战略性的社会化媒体安全措施的第一步。评估社会化媒体安全，即明确目前已经确定的社会化媒体战略和工具以及使用情况，并确定所使用的社会化媒体安全措施，评估整个环境并确定漏洞所在。社会化媒体平台中遇到的威胁和传统IT遇到的威胁大为不同，传统IT可能遭遇的威胁包括黑客、病毒、恶意软件、商业间谍活动等，而社会化媒体平台遭遇的威胁更多的则是来自心怀不满的员工、客户和竞争者。

1. 社会化媒体营销面临的威胁

（1）人力资源威胁

人力资源威胁分为三个方面：违反政策、解雇和个人使用。

违反政策：员工可能违反社会化媒体或者社会化媒体安全策略，但这是建立在公司实际上已经拥有相关策略与限制手段的基础之上。违反政策是一种内部威胁。

解雇：人力资源必须开发和传达解雇政策，以应对心怀不满的前雇员造成的潜在威胁，用来作为公司对违反社会化媒体安全策略的特殊响应。

个人使用：员工个人使用社会化媒体，在张贴不恰当照片或者发布有关公司的机密信息时，有可能会影响公司的信誉。

（2）资源利用威胁

资源利用的威胁主要集中在可能因为社会化媒体而处于危险之中的资产上，包括技术、知识产权和版权三个方面。

技术：技术威胁很容易识别，包括恶意软件、木马、仿冒网站和网络骗局等所有攻击技术。

知识产权：对知识产权的威胁可能来自员工、供应商或者竞争者。员工可能试图明确地分发知识产权，也可能只是无意地通过社会化媒体渠道泄露了知识产权。供应商可能通过企业协作应用访问知识产权。竞争者可能在社会化媒体渠道中收集不应该泄露的知识产权，或者可能使用社会化媒体渠道分发有关企业的知识产权，甚至植入虚假的知识产权破坏企业的名誉。

版权：版权的威胁更加广泛，大部分攻击是无意的，破坏力很小。例如，人们可能在未经允许的情况下使用他人的标志和其他公开可用信息，还可能为了自己的目的对这些标志或信息进行“重新混色”或修改。大多数情况下，这些非法使用很难发现，并且有的会通过社交媒体快速传播和广泛分享。大部分版权攻击都发生在公司外部。

（3）财务威胁

财务威胁主要集中在财务损失、资源成本、恢复时间和机会损失这四个方面。这些威胁会通过恶意盗窃、安全补救措施的资源成本、资源低效使用或者分散企业注意力导致的机会损失等形式，造成财务上的损失。

财务损失：社会化媒体可能被攻击者利用，通过冒用和访问员工账户获得直接的经济利益。这种财务损失大多是因为员工的疏忽导致的。

资源成本：为了应对社会化媒体攻击，企业可能需要购买新的系统、监控工具和其他实用工具，增加了企业的资源成本。

恢复时间：花费在恢复数据泄露带来的损失上的时间可能极其昂贵。

机会损失：响应社会化媒体威胁很容易分散公司 IT 或者 HR 部门的注意力，使其无法从事生产率更高的活动。

（4）运营威胁

运营威胁通常直接影响 IT 部门的运作、市场沟通以及 HR 部门的工作，企业的日常活动可能受到干扰，例如停工和数据丢失。

停工：若文化企业依靠许多社会化媒体出口，则任何可能使市场活动下线的威胁都会影响企业的运作。

数据丢失：入侵社会化网络的账户非常容易，被攻击者接管的企业账户可能包含有关客户的机密数据和销售清单。

（5）声誉威胁

声誉是消费者购买产品或消费服务的关键驱动力。企业的负面消息经社会化媒体快速、广泛传播后，企业品牌形象和品牌价值将受到前所未有的冲击。声誉威胁可能来自不利竞争、心存不满的客户和员工、虚假信息和管理危机。

不利竞争：攻击者非常容易对品牌发起匿名攻击。他们可以隐藏在某处散布诽谤式评论，发送有关公司的虚假信息。社会化媒体出现之前，这种攻击很可能是竞争对手发起的，但是在社会化媒体平台，这些不太可能是竞争者所为，因为社会化媒体是个透明的平台，一旦被人发现是竞争对手所为，那这个竞争对手将名誉扫地。

心存不满的客户和员工：心存不满的客户和员工可能会撰写和发布关于产品和服务体验的负面评论和帖子。

虚假信息：客户和客户提倡组织可能张贴有关产品或服务、来源和用途的错误信息，这种误传会导致错误的认知，可能严重地影响产品或服务在市场上的竞争力。

管理危机：企业如果没有结构化的管理方法，社会化媒体很容易失去控制。

2. 社会化媒体营销威胁的解决方案

要想有效地解决以上涉及的社会化媒体安全问题和可能面临的威胁，企业或机构必须制定有效的社会化媒体安全策略，它包括以下几个关键组成部分。

第一，避免社会化媒体营销违反规章和法律要求。在当今的新型社会化媒体环境下，许多法律风险推动了企业对安全策略的需求，包括歧视投诉、诽谤投诉、泄露机密、违反规章等。

第二，加强对内部和外部托管应用的管理，包括监控和报告工具以及测试和审计技术。

第三，加强对企业范围内的协调，即该策略必须在全公司范围内计划和实行。

第四，制定行为准则。对于任何策略，都有员工必须遵守的基本要求。

第五，强化社区管理员的角色和职责。无论社会化媒体营销在企业或机构是由哪个部门负责，或是起到什么样的作用，社区管理员都必须负责指导与社会化媒体营销相关的战略、战术和运营活动，并且实施日常规范、计划、临时活动，并监督围绕多平台社区组建的资源和流程。

第六，加强教育与培训。对员工的教育和培训能够减少因员工疏忽而导致的威胁，从而减少风险。

第七，不断更新策略管理、报告和监控。社会化媒体与众不同的地方在于它无论是网站、技术、功能还是过程，其改变的速度非常快，因此社会化媒体安全策略一旦就位，必须持续更新。

加强社会化媒体的安全性应该从密切关注员工对这些新的媒体工具的使用和技术交流与协作的人力资源战略开始。人力资源部门管理着企业或机构的整体战略，并在 IT 部门的辅助下驱动和执行社会化媒体安全策略。

社会化媒体安全策略面对两类员工：社区管理员和其他员工。社区管理员，即在日常工作中通过聆听客户或潜在客户的意见并与之交谈的员工；其他员工，即对社会化媒体的使用是基于个人目的或者特定专业目标的员工，当然也包括在工作中不允许使用社会化媒体的情况下仍然参与社会化媒体的员工。因此，人力资源部门必须对这两类员工进行社会化媒体安全策略的专业培训，以期他们在日常的社会化媒体使用中避免出现任何安全问题和威胁。

加强资源利用方面的战略与协作，首先，需要确定通过社会化媒体引导业务的最佳合作方式，包括共享在线工作空间，如内部百科页面或者讨论项目所用的共享论坛。因为传统的通信方式对IT部门来说非常熟悉，而社会化媒体在必要的安全工具方面尚未成熟。必须利用现有IT安全工具加密所有内部社会化媒体平台的通信。其次，利用技术的清点、分类能力和策略映射三方面来支持最佳实践的需求。再次，通过监控、培训、拦截和报告来预防数据丢失和泄露，尤其是知识产权。最后，对员工进行有关社会化媒体版权限制的教育，可以有效避免发生侵权诉讼。

加强财务方面的社会化媒体安全战略和协作，要对实施控制的成本进行监控，该成本包括安装社会化媒体工具的成本、员工培训的成本、社会化媒体监控和报告工具的成本、工具使用培训的成本、持续维护的成本、工时成本、内容制作成本和法律成本。一旦确定了实施控制的成本，接下来就要根据社会化媒体活动估计所面临的威胁可能造成的损失，并找出应对威胁的对策。对于威胁造成的损失，可以根据处于风险中的资产、可能发生的事故、可能性、严重性、估计风险、每年发生率、每次事故的直接损失和年度总损失列出表格进行分析；对于对策成本，可以根据每个对策的预付成本、每个对策的维护成本、采用的可能性、采用的后果性和年度成本来进行分析。

运营管理战略提供了关联人们在社会化媒体圈中的日常活动信息的一种途径。通过集中化工具编辑来自所有部门的信息，来管理来自社会化媒体渠道的威胁并做出反应，限制这些威胁对公司的破坏，并减少风险。同时，还需要关注负责各种操作的人，明确他们的角色和职责；关注需要管理的资产，定期备份，加强内部和外部应用程序的安全性，并联合IT部门、市场及法律部门一起检查对知识产权的潜在侵犯；关注管理运营和通信所必需的培训，通过Web研讨会、PPT演示、策略、现场培训等方式对员工和第三方开展信息安全培训；关注网络管理，严格控制对信息和社会化媒体网站及工具的访问，最好记录下对这些网站和工具的访问痕迹；关注访问控制，对应用系统的访问权限必须根据个人的角色和职责以及底层业务应用需求开启；关注符合性管理，IT部门无法独自负责确保系统符合所有认证标准，因此法律部门和人力资源部门必须和IT部门一起确保合适的控制措施就绪，以符合所有影响公司的法律法规；最后还要关注安全测试过程，对于大多数企业来说，开发用于社会化媒体的内部应用不是首选方案，因为使用免费应用容易得多，在这种情况下，则要聚焦于确保托管该应用的系统能够免受攻击。

一旦实施社会化媒体安全策略并部署了控制措施，就必须有一致的审核标准来审核员工社会化媒体使用的工具、实际业务流程的工具以及社会化媒体的业务流程。

社会化媒体营销与传统营销方式的一个显著区别在于传统营销方式所依靠的无形资产是企业形象，而社会化媒体营销所依靠的无形资产是企业声誉。因此，声誉管理对于社会化媒体安全维护非常重要。成功的在线声誉管理需要不断监控公司的有关活动，以及理解和掌握以正确方式参与并对机遇和察觉到的威胁做出反应所需要的技巧。

声誉风险的源头一般都是消费者对有缺陷的产品、糟糕的体验或者恶劣的客户服务产生不满，而这些问题完全可以得到控制或避免，即在危机发生之前便将其解决，这是事故管理的第一阶段。事故管理的第二阶段即危机发生之时，当场确认和解决问题，这需要培训、授权和监控员工，立即解决问题能够将负面的体验转化为正面体验。事故管理的第三阶段即危机发生之后，这部分危机的解决需要企业或机构实施在线监控。

当社会化媒体上出现有关企业或机构的负面消息时，首先要判断这个消息是否属实。若属实，则不能删帖，不能回避，要立即对问题做出反应，承认公司确实遇到了这种情况，诚恳致歉并承诺会尽快提供更多信息。同时，要保持有关情形的沟通，回应正在调查危机并解释调查的方法，在得到更多可用信息时立刻传达。对于希望私下与公司交流其忧虑、意见、问题和建议的人，应该建立新的沟通渠道，让个人消费者合理的担心得到公司的注意、承认和问题的解决方案。在处理这些问题的同时还可以利用搜索引擎优化和社会化媒体优化将负面影响降到最低。若该负面消息不属实，则可以通过联络帖子的作者要求删帖或诉诸法律手段来解决。

三、微博在社会化媒体营销中的运用

（一）制定微博营销方案

同传统的营销方式一样微博营销必须在开展之前制定方案与计划。微博营销是企业营销的一部分，依赖于企业的整体营销战略而存在。因此，微博营销方案的制定应该保持这种一致性，以企业的整体营销目标为依据，满足微博营销需要的同时，也能促进企业整体目标的实现。

制订计划之前，企业首先需要进行大量的准备工作，其中最重要的是对开展营销活动的目标人群有所认识并进行主动选择，这是营销的基本常识。通过微博对目标客户和潜在消费者进行认定是一门学问，微博与传统媒体相比最大的好处是企业能通过它直接、清楚地看到消费者的所思所想，看到消费者更自然的活动状态。这是因为在传统市场调研中，消费者可能表现得与日常行为不一致，心理学认为这是人们在复杂情景当中的一种自然趋向性反应，消费者面对目的性较强的传统调研在心理上会出现一种“为了完成调查问卷而填写调查问卷”的情况，因此，相比普通问卷调研的数据，微博更能真实反映消费者的相关状况。事实上，微博用户也都有体会，如果长期观察一个人的微博发言，很容易确定他的知识范围、喜好甚至个性、社会地位等信息，这对营销者来说，都是研究消费者行为、获取潜在消费者信息的机会。

当然，这只是潜在的机会，并且有待进一步地深入讨论。因为可能会有这样的情况：也许整天在微博上讨论奢侈品牌、车展、国外旅游景点等的人，生活里是一个喜欢购买平价产品的朴素学生。微博功能化的趋势有放大某个人某方面爱好或者倾向的嫌疑，这一点尤其值得注意。

每个用户的发言千差万别，使用微博的习惯也各不相同。企业进行微博营销如果想要做到精准的定位和信息投放，仅仅对微博用户进行年龄范围的定位和划分是远远不够的，微博提供给企业的直观、可参考的信息也远远不止这些。如何从几百万上千万的用户中去定位企业的目标客户，关注数、粉丝数和发博数这三个指标需要着重考虑。

（二）微博营销的内容策略

新浪的草根微博中，排在前 10 名的微博中有超过一半是靠内容取胜的，这在一定程度上体现出微博运营中关于内容的一些原则。

1. 运用内容策略的原则

（1）趣味性

为什么草根名博中排在前 3 位的都是搞笑的内容？因为用户喜欢看有趣的内容来放松自己。企业在进行微博营销时，要把内容做得有趣，这是最基本的原则。当然，这里所讲的趣味性，并不单单指发一些笑话之类的内容，而是要为用户创造一些有价值、有意思、有创意的内容。一旦企业微博中的内容趣味性强，自然能受到用户的喜爱和追捧。

趣味性强的微博，更容易吸引广大用户的关注。趣味性并不单单指好玩儿，而是能够让用户在阅读的过程中学到知识并感受到快乐。用户如果能通过企业的微博感受到快乐，他们就会长期关注这一微博。

增加微博的趣味性能够在很大程度上让更多的用户参与进来，这一点对企业品牌的推广和宣传有重要作用，也是微博营销中最为基础的环节。

（2）实用性

很多人在获取信息时会首先考虑其是否具有实用性。因此，在进行微博营销的时候，所写的内容要对用户有一定的帮助。对普通用户来说，他们对于对自己有帮助的信息会更加关注。比如，关于育儿或健康的微博内容，用户一般会转发或评论。

这些实用的微博之所以能得到用户的关注，是因为它们为用户提供了一些切实可用的知识，这些知识和技巧能够运用到他们的生活中。比如，在夏天的时候发一条夏日美白的 10 个技巧，用户会感到很实用；在冬天的时候发一条防止冻伤的 8 个注意事项，用户同样会觉得有用。只有用户感觉有价值的微博内容，才会集中进行转发或评论。

（3）相关性

发布微博可以看成是与用户的交谈，但并不是毫无目的的交谈。微博的内容要考虑到与自己的品牌、产品、行业属性等各方面内容的相关性。例如，企业转载几个冷笑话、贴几篇星座运势，确实能吸引一批用户。可是，这些对品牌的推广有多大帮助？如果忽略了品牌的相关性，单纯追求粉丝数量，就背离了微博营销的初衷。

在发布微博的时候，要注意考虑用户的需求，找到自己要传达的信息与用户兴趣点的交集，保证发布内容的相关性，这样才能达到营销效果。在这个信息爆炸的时代，只要打开网络，铺天盖地的信息就会扑面而来，用户会感觉像在大海中游泳一般，面对泛滥的信息，他们在选择上更加困难。

因此，企业在进行微博营销的时候，要注重微博内容与自身企业的相关性，每一条微博都要和自己的品牌、产品等有关系，不能泛泛而谈。

（4）多元化

我们随便点开一个热门话题，发现那些评论和转发最多的大多是图文并茂甚至是有视频的微博。因为每个用户都有自己的爱好，有的用户喜欢看视频，有的喜欢看文字，有的则喜欢看图片。所以，企业在做微博内容的时候要从多个角度考虑，尽可能地为用户提供多样化的内容格式。对于要发布的微博，能拍成视频的就拍成视频，能做成图片的就做成图片。这样，当用户看到企业的微博上既有图片又有视频，还有实用的文字时，他们自然会愿意成为这个微博的粉丝。

如果不同的用户能够在企业的微博上各取所需，那他们就会频频光临企业的微博。对一些企业来说，如果在某一方面有天然的优势，就完全可以通过图片来吸引用户。比如，旅游类企业可以在微博上发布景点的照片，服装类企业可以在微博上发布漂亮衣服的图片，汽车类企业可以在微博上发布汽车的图片。要知道，好看的图片比普通的文字更能打动用户，更能吸引他们的目光。

（5）有序性

想让微博变得有序，就要从细节做起。很多容易被人忽略的地方如果做好了，就能为企业带来巨大的方便和关注度。例如，有些人对微博的标签并不是很满意。可是，在很多情况下，一条微博往往不能全面地说清一件事情，如果不用标签把微博内容串接起来，用户得到的信息就不完整。而且，用户在搜索相关微博的时候，可能会因为标签而发现企业的微博。

另外，在微博的内容上也要注意有序性，让企业的内容变得有序，能够在很大程度上吸引更多的用户。

以上五点是企业进行微博营销时关于内容的五个原则，是判断和评估微博内容的依据。当企业在发布微博的时候，要注意遵守上述五个原则，这样才能得到更多用户的关注，发掘更多的潜在客户。

对微博营销而言，方式固然重要，内容却是基础。如果一心想着靠形式吸引用户转发和评论，就很难把营销活动做出效果。因此，任何形式和手段，都必须有优质内容作为依托。

2. 发布内容

根据具体发布内容的不同，可以将企业微博发布的信息总结为以下几种：

（1）企业的产品信息

用户在购买某项产品之前，自然希望对该产品能有更详尽的了解。现在人们逐渐习惯了通过网络了解更多的产品信息，相对于其他渠道，用户也更倾向于可信任的官方信息——企业微博就提供了这样一个良好的平台。当然，单纯的产品信息介绍较为生硬，因此企业在发布的时候要注意言辞和时机，可以适当结合其他类型的信息。当需要表达有关产品或商业的元素时，发布的微博内容要融合趣味性、知识性或者启发性。

（2）企业相关新闻

企业通常会有一些重要信息需要传递给大众，这些消息包括企业的日常经营事务、涉及大众利益的公共事务，甚至企业内部领导层的变动等。大型企业一般有自己的新闻发言人，通过权威媒体发布企业的消息。然而小企业难以做到这一点。及时发布那些并非机密的企业内部信息，有助于用户加深对企业的认识，从而使企业更容易得到用户的信任。各政府机构也纷纷开通了政务微博，将微博作为信息公开和交流的平台——企业微博此方面内容发布的作用和效果与之相似。

在重要信息的发布上，良好的运作可以给企业带来一种可信和权威的形象。这也是培养用户对企业微博建立信任的重要组成部分。

企业在发布微博时应当谨慎措辞。在传递重要信息时，需要确保语言严谨、正式、权威，以避免出现任何歧义。但是在日常的沟通和交流中，应尽量采取友善和真诚的态度。在遇到紧急危机或出现大量负面新闻时，企业发布的信息应避免“高高在上”或者只顾辩解，而应强调企业的责任感和对用户利益的关注，用温和的措辞适当地委托第三方信用机构来解释和稳定情况。

（3）企业行业有关信息

在进行微博营销时，企业需要注意避免让自己的微博变成企业的广告推销平台，而是要提供与企业行业相关的有价值的信息。唯有发布多元化的信息，企业的微博才能够吸引更广泛的受众。在微博上发布与企业有关的产业资讯，可以扩大用户对企业信息渠道的认可。例如，IT 企业可在微博上分享最新的科技成果，房地产企业可发布最新的房产政策，而服装企业则可介绍当下最流行的时尚资讯。同时，企业在发布这类信息时，需要把控好发布的比例，发布得太多会使企业微博的重心失衡，反而会干扰微博的营销定位。

（4）企业相关娱乐信息

在“泛娱乐化”的时代，微博也不免成为这种势头进一步发展的推手。无论是从传播度还是关注度来说，与娱乐明星相关的微博及发布“冷笑话”和各种趣闻的草根微博，占据了大部分用户的关注点。此时，恰当地利用娱乐信息，可以使企业微博知名度得到跨越式提升，也会对企业微博营销有极大的帮助。

（三）微博营销的互动策略

在明确了开通微博的目的，知道了内容如何规划之后，接下来就是进行具体的营销执行了。微博营销的核心点就是最大限度地互动。

要知道，微博不同于企业的官方网站，不是建立后就一劳永逸的。一家企业的官方网站就像企业自己的小花园一样，通过精心设计来吸引用户的访问。微博却不是这样，它更像一个没有围墙的花园，用户可以“足不出户”就感受到花园里的美景。在这个过程中，内容的设计是基础，达成沟通的核心是互动。

1．开展活动

很多情况下，企业单向传递信息很难吸引用户的兴趣。如今，企业在进行微博营销时经常使用一种方法，即开展有奖趣味活动，以吸引更多用户的关注。活动的核心在于利用奖品和知名人物的影响力激发用户的积极性，进而达成企业的宣传目标。

通常情况下，企业会在微博上公布活动参与方式和抽奖规则。比如，用户评论并转发某条微博给至少三位好友，就有机会参与抽奖活动。企业会设定一个最终期限和一种抽奖方式，并按计划执行。

这种互动方式在国内微博平台上非常普遍，多数人对此抱有一种“试试看”的心态，认为加入互动不需要付出太多的精力和金钱，也不会有什么风险。但抽奖诈骗以及大量抽奖信息的过度推送引起的信息疲劳，使人们更加理智地对待抽奖活动。此外，如果用户过于频繁地转发企业的抽奖信息，可能会让其关注者感到不悦，从而导致关注者人数减少。为避免这种情况发生，对于这类信息的转发，用户可能会更加谨慎。所以即便这种抽奖活动可以迅速见效、反应也比较强烈，并且可以快速增加大量的粉丝、吸引高数量的评论和转发，但它也有持续性较差和信息传递不准确的问题。抽奖活动往往使人们过于聚焦奖品，而忽略了企业真正想要传达的信息。一旦抽奖活动结束，人们就会不再会关注这些企业，导致活动无法达到预期的效果。

企业和知名人物合作在微博平台上开展活动也是微博营销常见的方式。知名人物的高关注度可以使企业的营销信息得到广泛的传播和关注，而且从我国微博现在的发展情况来看，整个微博关注度排行榜上，知名人物占据了排名靠前的“半壁江山”，时尚类产品的推广和知名人物合作获得不错效果的例子也较多。

2．关注他人

在规划微博定位和设计内容的时候，微博的运营者要明白自己想要吸引哪种类型的用户，接下来就要通过互动来找到这些用户并找到与他们进行沟通的方式。

如果只是单纯地在微博上发布内容，就相当于在自己家的花园中孤芳自赏，自然吸引不了别人的关注。

3. 及时回复

微博的碎片化特征决定了信息的时效性，对这些时效性较强的信息需要高度关注，以便及时和用户进行互动。

试想，对于一家承诺着服务客户品牌的微博，如果用户发出信息后，这家公司十几天才做出回复，这个时候用户早已经因为得不到回复而选择了竞争对手的产品。

最好的方式就是用户反映了问题之后，在第一时间就对它们做出回复。这需要微博运营者随时坐在电脑前，关注并解决客户提出的问题，反应速度要快，回复问题要及时。当企业能做到及时回复用户的每个问题时，自然能得到用户的信赖。

这样，用户不但会增加对企业的忠诚度，还会推荐更多的用户关注这家企业，这等于为企业打了一次免费广告，企业也会得到更多的用户。这样良性循环下去，企业积累的优质用户会越来越多，从中获得的价值也会越来越大。

4. 注重发布时机

在使用微博进行营销的时候，发布微博的时机也特别重要。在这里需要特别强调一点，就是要善于利用非工作时间，因为很多用户工作繁忙，工作时间无暇登录微博账号，只会在工作之外的时间登录微博账号。对于大多数用户来说，登录微博的时间通常是在上下班的路上、吃饭时的空闲时间、周末在家休息的时候等。

在这个时候，微博运营者就要抓住用户的兴趣点，想办法吸引用户的目光，并让他们参与到互动中来。这样既帮用户打发了时间，又能增进彼此的感情，最重要的是还能收获用户对品牌的好感。

微博的发布时间在微博营销中占有十分重要的地位。当然，这一切的前提是拥有完整的营销内容。设计好了内容，并且这些内容足以吸引用户的目光，接下来就是选择发布时间的问题了。如果能选择好发布时间，会受到用户井喷式的访问。这对推广和宣传公司的品牌大有裨益。

5. 调查与反馈

互动不仅指企业利用奖品和知名人物吸引消费者关注并提升其评论、转发的积极性，也指企业利用品牌的影响力来激励忠实支持者积极参与某个话题的讨论，从而引发更广泛的讨论；可以是企业与用户针对某一个话题进行深入交流和探讨；同样可以是企业在微博平台上征求广大用户的意见和建议来解决某个问题。

一般情况下，著名企业在注册微博后，都会获得其忠实爱好者的关注。这些爱好者不仅是企业开展微博营销的强有力支撑，还是增强企业与粉丝之间的紧密联系的纽带。企业可以利用这一优势，开展与品牌相关的开发、设计、销售等活动，以吸引粉丝积极参与企业的微博营销，进而促进他们生发对品牌的认同感。

企业进行的调查并非始终出于获取信息的目的，相反，它更多的是作为与用户沟通的一种方式和一个机会。通常情况下，这样的机会很难出现，因此企业需要积极主动地在微博上创造机会，从而与更多潜在的消费者建立联系。

企业进行微博营销时，并不一定要宣传自己的产品。企业应该调整自身对普通微博用户的认知和定位，将他们视为朋友而非仅仅是顾客或潜在顾客。朋友之间可以自由畅谈，内容没有限制，只要有助于加强与顾客的关系就可以。当然，话题选择也要合适恰当，避免没话找话或牵强附会。

“投票”是微博一个很有用的功能。由于用户基数庞大，通过投票，用户可以获得各个领域的广泛信息。但是投票有几个注意事项：第一，要有话题性，投票的内容要贴近用户的生活，让用户有主动抒发意见的基础；第二，要有一定的趣味性，过于死板和专业的话题通常很少会有人关注，获得的信息反馈效果也就较差。投票可以就企业想了解的某个问题设置，也可以就企业或者行业自身存在的问题向用户征询意见。

微博营销并不是进行一次投票和提问就能一劳永逸的事情。企业要始终将微博作为一个持续交流的平台，形成互动的良性循环机制。对从调查和投票中获得的信息做出正确和恰当的回应是互动策略中十分重要的。例如，对于用户提出的关于企业不足之处的批评，谦虚地表示接受并表示企业正在对此进行研究和改进，能让用户有受到重视和尊重的感觉，这是培养用户黏性的重要因素，而这些因素通过其他途径是很难建立的。

四、微信在社会化媒体营销中的运用

（一）微信的属性与特征

微信的内容多样化、传播精准、成本低等特点，使得它具备了传统营销不具备的优势。同时，它还有使用更便捷、可随时随地传送和查看朋友圈消息的优点。微信不仅是一种“社会化的即时沟通工具”，更有社会化“自媒体”的属性。说它具有社会性，一方面是因为它的内容可以由任何社会化的个人自由编辑发送，另一方面是因为它的传播是基于“关注”和“被关注”的信任链，依赖人和人之间的朋友圈社交关系完成，而且传播精准，到达率几乎100%。说它是自媒体，因为它具备了媒体由信息源向一定数量受众传送信息的特性。

再小的个体，都有自己的品牌，在微信这个目前最活跃、最精准、最具有私密性的传播平台，每个人都是主角，主要体现在以下几点：

第一，因为微信的方便易用，每个人都可以成为信息发布者；

第二，因为微信极高的转发率，每个人都可以成为自媒体传播者、发布者，可以经营自己的品牌；

第三，微信上的每个人都最接近生活中最真实的自我；

第四，因为信息转发率高、传播精准、受众人群大，微信上的信息传播具有“病毒式”营销的特点；

第五，从本质上说，微信满足了每个人生活、交往、沟通等最基本的需求。

（二）微信营销的概念

微信营销指的是企业利用微信与用户建立联系，通过持续的信息互动及服务，提高品牌知名度并增加销售业绩的一种营销策略。传统的营销方式通常需要在各种平台上投入大量成本来对客户进行推广，而且需要反复多次才能取得显著的效果。基于微信公众号系统的营销，不仅仅是一个CRM（客户关系管理）系统，还是一个移动服务平台。

许多企业为了在微信营销方面取得成功，通常采用模仿其他企业的方式，但从未实现突破。这是因为这些企业只关注了工具本身，而忽略了工具两端的关键角色——企业以及用户。当企业打算进行微信营销时，需要认真思考许多问题。如果能够厘清这些问题，无论企业接下来的决定是进一步推进还是暂缓，都能获得一定程度的成功，否则，企业不会有任何实际的进展。

（三）微信营销的关注点

在微信营销中，商家们关注的是微信庞大的用户基数，目前微信与WeChat（国际版微信）的合并月活跃账户数已经超过13亿。这使微信成为一个备受商家们追捧的营销平台。这个平台能够帮助企业和商家找到与自己相匹配的客户。不过，对于每位微信运营者来说，首先要思考的核心问题是如何寻找目标用户并进行微信营销。

1. 关注用户与目标用户

尽管微信用户数量庞大，但其中有多少用户是与企业目标相关的还是个问题。

因此，关注并识别这些用户群体，对企业发展至关重要。中小企业没有大企业那样充足的资金，所以不适合用大海捞针般的方式搜寻潜在客户。这样做会耗费很多资源，同时效果也无法达到预期。中小企业必须采用更精准的方法寻找自己的目标客户和粉丝。

2. 企业微信的价值

假如企业非常适合开展微信营销，但是怎样才能让微信中的目标用户关注这个企业呢？用户不会因为无聊而去关注一个企业的商业性的微信号，唯一的可能性就是这个企业能给他们提供所需的信息或服务。

例如，一家计算机维修公司，可以通过微信公众号给用户提供计算机维修免费咨询以及计算机自检方面的知识信息，还可以给客户提供专门的一对一的专家服务和有针对性的计算机自我维修知识咨询。用户为了可以更方便地获取这些信息和服务就会关注该公司的微信公众号。

3. 判定是否适合微信营销

很多企业并不是不适合微信营销，而是采取的推广方法有问题。我们通常会发现一些公司在自己的官方网站的某个角落挂了自己的微信二维码，就认为自己做了微信推广。

要知道微信推广是个系统化的过程，需要线上线下多种媒介手段来配合。没有推广，企业的目标客户不知道企业的微信；没有官方网站，企业的客户进入的可能是毫无重点且风险极高的假冒网站，怎么可能信任企业并为企业带来利润呢？

一个企业要发现微信营销的长处，厘清自己的营销思路是最基本、最关键的所在。微信营销是一个新事物、新方式，需要好好利用，别人成功了并不代表这个企业也必然成功，一定不要忘记先“磨刀”，有了确定的方向再前行，否则有可能越努力离目标越远。但是，实际情况是很多中小企业甚至个人都没有去认真地思考过以上问题和因素，就盲目地做微信营销，导致没有多大的效果。因此，对于很多还不了解微信营销的企业来说，它们必须更好地运用微信，打造企业自身的微信营销平台。

（四）企业微信营销的关键

1. 有策略感

企业要想做微信营销，需要提前调查、规划企业微信可以为用户提供什么内容和服务。

2. 有推送服务

通过微信公众号时常更新推送关于企业或产品的信息，让用户可以时时获取相关信息，增加用户黏性。

3. 具有账户特征

普通公共账户不具备太多的功能，建议使用微信第三方工具来构建企业公共账户，如建立一个微页、微站或微信小程序，让用户可以通过这些渠道来了解业务、了解企业进而成为忠实的业务用户和粉丝。

4. 有内容进行互动

微信公众号主要的职能是提供内容、提供服务，以获取流量、提升转化达成营销推广效果。因此，除了定时更新一些推送信息，微信运营者更应该思考如何通过内容来与用户达成互动。例如，关键词回复、文章评论抽奖、连续签到奖励等。微信运营者还可以通过推送优质内容激发用户的分享欲，吸引用户互动评论；也可以制定个性化内容，让用户可以收到自己感兴趣、喜爱的内容，提高用户的参与感和忠诚度。

（五）微信营销推广的原则

微信推广是一种全新的在线推广方式。换句话说，要将微信推广做好，除了依靠其庞大的用户基础，还需要具备技术过硬的网络营销团队。要想实践微信推广，必须遵循以下几条原则才能确保“一步一个脚印”实现目标。

1. 实用性

实用性是指微信用户所需的内容，不是琐碎无关或无穷无尽的行业信息。对于尚未购买商品的潜在客户来说，购买商品仍然是一件大事。尽管信息获取的途径日益增多，但消费者仍希望得到来自商家的确切、客观的购买建议。基于此，在考虑品牌定位的前提下，微信推送内容应该根据顾客需求提供购买指南和相应的季节商品，以让潜在顾客感受到品牌的真诚态度。这样一来，便成功地实现了售前的最佳引导。

对那些已经购买了产品的老客户，比如说高档皮具，老客户更加关注的是如何正确使用和保养，因此，提供各种皮具保养知识和及时提醒会员定期到店保养是确保产品品质的有效方法。

2. 趣味性

为了使发布的信息能够吸引人，我们需要深入了解目标受众群体，以便提供更有趣、有价值的信息。

3. 便利性

微信用户关注企业，除了想要获得企业的产品信息，还期望能享受到便捷的服务和其他信息资源。因此，在技术方面有效地实现微信导航是至关重要的，这有助于新增关注者更加便捷地回顾和浏览以往的优质内容，能够更快地找到他们最感兴趣的信息，并从企业的微信公众号中获得更好的阅读体验。

（六）企业微信运营的步骤

随着移动互联网的发展，微信作为新一代通讯工具，已经成为许多企业进行营销的热门平台之一。然而，仅仅拥有企业微信并不足以实现高效的沟通和运营，因此，企业需要制定完善的企业微信运营步骤。

具体来说，企业微信运营步骤应包含以下内容：

1. 设定明确的目标

企业应该明确运营企业微信的目标和所要达到的效果，如与客户建立更为紧密的联系，提升客户的满意度等。

2. 制定有效的内容策略

根据企业的需求制定企业微信的内容策略，包括发布信息的频率、类别、形式等，保证内容的质量和可读性，让客户能够获得有价值的信息。

3. 加强内部培训

企业要积极组织相关培训，让相关员工充分了解企业微信的作用和价值。

4. 建立完善的管理体系

建立企业微信的管理体系，包括设定权限、监控运营情况、定期检查和评估等，确保企业微信的正常运行，并根据运营情况进行相应的优化和改进。

5. 引入适当的功能和工具

根据企业的需求，引入适当的功能和工具来丰富企业微信的功能，如客户管理等，提高企业微信的使用价值。常见的客户管理功能和工具包括客户信息同步和客户关系管理集成。

客户信息同步：通过企业微信的程序接口，可以开发一个客户信息同步功能。

将来自不同渠道的客户信息同步到企业微信中，方便销售团队进行后续的跟进和管理。

客户关系管理集成：引入一个成熟的客户关系管理系统，与企业微信进行集成。这样可以在企业微信内直接管理客户信息、销售机会和业务线索等。

通过引入上述功能和工具来丰富企业微信的功能和使用价值，可以帮助企业提高效率、降低成本、优化业务流程并提升客户满意度。同时，这些功能和工具也可以根据企业的需求进行定制化开发，以满足企业的个性化需求。

6．数据分析和优化

通过对企业微信的运营数据进行深入分析，我们可以为企业提供有针对性的优化策略，以提高其运营效果和投资回报率。首先，确定目标客户群体：利用企业微信的数据分析功能，了解目标客户群体的特征和行为习惯，以便精准地推送消息、活动和产品信息。其次，优化消息推送策略：分析消息推送的效果，包括打开率、阅读时长、转发率等，根据数据反馈调整推送内容、时间和频率，以提高消息曝光率和客户参与度。最后，提升客户互动效果：通过数据分析，了解客户的提问和反馈，针对性地改进客户服务策略，提高客户满意度和忠诚度。

（七）微信营销的技巧

1．明确用户需求

一个好的微信营销最重要的是突出品牌，强调服务、技术和意识。只有了解微信用户的需求，才能确定用什么样的视觉和语言、什么样的服务和技术与用户沟通。为此，在微信营销过程中，运营者应该站在用户的角度，注意用户需求，制定吸引人的微信内容主题，以打动用户，增加访问率。

2．提升用户交互体验

好的想法可以创造高访问率，特别是优秀的用户体验可以驱动用户和用户信息传输，所以微信创意对于增加与用户的交互是至关重要的。个性化交互可以提高用户体验，大大缩小品牌与用户之间的距离。用户的回复代表了用户感兴趣的方向，这也是宝贵的资源。

3．提升品牌的亲和力

企业微信不仅仅是用来向用户介绍产品和提供服务的，还可以用来使用户与企业达成情感交流，使用户体验到情绪支持，产生心理情绪共鸣，从而激发用户对商品和服务的兴趣，实现“四两拨千斤”的效果。将情感融入微信创意，使微信充满关怀，既新鲜又容易被接受，同时也增强了企业在用户眼中的好印象。

4. 设计品牌活动

企业可以不时设计并推出一些品牌活动，并在微信上发布一些品牌商业信息，强调活动对用户的好处，吸引用户参与活动。例如，天猫商城微信为了抓住这一点，把红包作为网购用户参与活动的礼物，并根据用户的兴趣创造出一些新概念。用户有强烈的兴趣参与回答，赢得红包，关注力度大大增强。

5. 利用微电影提升企业品牌形象

使用微电影进行企业形象塑造是一个常见的方式，直白地表达企业的推广目的往往容易导致观众产生心理抵触。但微电影丰富的表现形式可以使企业的行为更具吸引力、亲和力和沟通力，将企业品牌形象融入微电影的情节内容，再通过企业微信推送至用户，使企业品牌形象可以更好地触达用户。小米手机微信推出了“1699 毕业季”微电影，电影主题“为纪念青春、为理想燃烧”，同时举办抽奖活动，并与用户进行沟通交流，增强企业品牌形象。

五、QQ 在社会化媒体营销中的运用

（一）QQ 营销的优势

不管是个人 QQ、营销 QQ 还是企业 QQ，QQ 里面的好友都是由朋友或者有同类需求的人组成的，于是这些人就组成了 QQ 营销的“鱼塘”。然后通过 QQ 日志、QQ 相册、QQ 说说——QQ 营销的“三板斧”，来宣传产品或者我们个人，可以形成互动，建立信任，最后达成目标。

QQ 营销模式的优势是与其他营销模式完全不一样的，尤其在 QQ 营销上，我们可以通过各种推广方式来收集客户的信息，然后把客户的 QQ 加到我们营销的 QQ 上，让他们成为我们的 QQ 好友，也就形成了我们 QQ 营销的“鱼塘”。之后再利用 QQ 日志、QQ 相册、QQ 说说宣传产品或者我们自己，让客户每天都能看到我们或产品的动态、成功案例等，最后达到营销的目的。意向客户购买我们的产品或者服务后，如果得到了不错的体验，他们就会影响他们周围的朋友来购买，从而提高产品或服务收益。

（二）QQ 营销的特点

1. 成本低廉

QQ 在聊天的同时就起到了销售平台的作用，在销售的同时又起到了为客户

服务的作用，QQ 营销的每一个环节不需要再单独建立一个平台，从而节省了人力成本、固定资产投入、销售费用的投入等方面的费用。

2. 地域限制小

不论客户在哪里，QQ 营销都可以在任何地方建设终端。虽然 QQ 营销在消费者所处的位置没有实营销点，但是营销者可以通过 QQ 联系到客户，利用物流产生交易。

3. 忠诚度高

QQ 营销和客户直接保持着良好的互动关系，为用户提供一对一的营销服务，这种营销方式在很大程度上提高了客户的忠诚度，当企业在面对突发事件时，QQ 就可以起到积极有效的作用。

4. 针对性强

QQ 营销是典型的按用户习性特点自然分群的，所以 QQ 营销可以用于精确定位。凭借自身的互动性强的特点，企业可以随时了解到客户的需求信息，进而建设客户需求数据库，为公司的营销决策提供科学的依据，并为客户在自由选择自己所喜欢的产品时，第一时间为其提供量身定做的精准服务。

5. 效率高

QQ 营销具有精准性和持续性的特点，促使它的转发率高，从而节省营销的时间和精力，提高工作效率，实现“小投入大营销”的最佳营销效果。

6. 操作性强

操作 QQ 实现营销不需要扎实的专业化技能，只要会简单的操作就有可能成为 QQ 营销高手。

7. 互动性强

QQ 营销还依赖于群聊，所以信息发布后，要紧接着与用户在群里互动，收集用户对产品的建议，或者一步步引导用户了解产品。这种方式互动性强，同时可用于新商品的市场调研活动。

8. 即时反馈

QQ 总是有一批用户时时在线，企业广告发布出来后，这些用户可以立即看到，即时了解活动信息，这是搜索引擎营销、论坛营销都达不到的效果。QQ 营销的即时效果可用于推广短期的活动。

9. 便于追踪效果

QQ 营销可以附带网页链接，如果在链接的登录页中加入用户行为跟踪程序，就可以精确计算出用户互动的最终效果。

10. 渠道、模式多样

QQ 营销除了可与链接结合，利用网页进行二次营销，还可以通过 QQ 群进行邮件营销，通过 QQ 空间进行论坛营销，并且营销的模式既可以是文字，也可以是图片。

（三）QQ 营销的途径

QQ 营销有四大途径，分别是 QQ 群、QQ 空间、QQ 邮箱和生活服务。QQ 营销中，如果销售人员能够利用 QQ 自身的这四大功能，就能进行有效的营销。

1.QQ 群营销技巧

QQ 群是腾讯公司推出的多人聊天交流服务，群主在创建群以后，可以邀请朋友或者有共同兴趣爱好的人到这个群里面聊天。在群内除了聊天外，腾讯还提供了群标签、群公告、群相册、共享文件、群视频等方式进行交流。

企业如果想要进行 QQ 群营销，就必须多准备几个 QQ 号。对于 QQ 营销者来说，养 QQ 号就像养博客一样，必须将 QQ 的级别提升上去，才能让营销效果变得更加显著。当企业决定了用 QQ 群营销或者交流，第一步就是加群。在这里介绍几种可以获得 QQ 群的途径：一是通过朋友或同事的介绍，二是在一些网站、论坛等媒介上寻找推荐群，三是直接在 QQ 进行搜寻。

举例来说，如果企业是设计行业的，则可以在“群组”界面点击“查找群”按钮，然后输入群号码或关键词，点击“查找”按钮，就会出现相关行业的群；还可以根据“同城”或“热门”等条件进行筛选。

企业最好根据活跃度来选择要加入的群，因为很多人数多的群往往发言的人很少，有时可能几天都没有人发言，而活跃度高的群，其发言率一定很高，且人数也不会很少，十分便于企业推广。

如何在群内进行互动沟通是 QQ 群营销的关键环节，下面重点介绍一下进群后的推广技巧与注意事项。

（1）报到与群名片设置

在群主批准入群后，企业首先需要报到，介绍一下自己的姓名、业务、联系方式等。此外，企业还可以根据群成员名片的风格，设置一下自己的群名片，尽可能在群名片中把自己的姓名、业务、联系方式、公司介绍等填写准确。

（2）群内容初步了解

企业进群后除了设置群名片外，还可以看一下群内之前的聊天记录、共享文件、群活动，这样对群会有一个比较初步的了解。对于商家来说，进群很重要的一步是获取一些群的信息，这样对自己的专业及业务开展都有好处。企业可以把群通信录分类整理到自己的列表中，或者下载群共享里面对自己有用的资料，还可以从历史聊天记录中寻找与自身业务相关的群成员。

（3）群聊天技巧掌握

企业在群内发言时要抓住好时机，如果群内的话题刚好是自己熟悉的，就可以发表自己专业的见解或分享有用的信息；如果是自己主动发言，则可以发布比较新鲜的与群相关的信息，如果发布内容中有链接，需要在链接前说明主题内容。

（4）群沟通注意事项

在群里发言虽然理论上群成员都可以看到，但有时信息太多容易被淹没，这就要注意群成员间直接的沟通。企业在遇到与自己业务相关的潜在客户、供应商、行家、人脉广的群成员等最好的方式是申请加为好友，然后利用私下点对点的沟通、群里组织的活动，试着跟对方进一步互相认识。

对于企业来说，除了加群营销外，还可以自己建群推广。建群的营销效果会比加群更好，既不受别人的限制，权限相对来说也大得多。不过，虽然建群的好处很多，但也需要商家花费很多的心思来维护好群，让群具有更高的营销价值。

只有群有一定的活跃度，群内的成员才会喜欢这个群，才会对这个群产生归属感。这时候商家在群里进行推广，群成员才不会觉得反感，甚至有时还会持支持的态度。

2.QQ 空间营销技巧

QQ 空间其实就是一个博客，所以要利用 QQ 空间做好营销，原创文章的写作是最基本的。在 QQ 空间，心情日志更加逼近人的内心，情感更加真实，能够取得更多潜在客户的信任。但是，企业不能在 QQ 空间总是发布心情日志，有时也要适当写一些商业文章。

用户进入空间第一眼看的就是企业的空间网页，如果想给用户留下一个好印象，那么就要打造完美主页。打造完美主页要遵循以下三个技巧：

（1）不要太过炫亮

太炫亮的主页虽然能引起访问企业空间的用户的注意，但有时候太花哨的空间主页会适得其反，给人一种不可靠的感觉。用户也会对企业所销售的产品产生很强的不信任感，也失去了解产品的意愿，这不利于销售人员开展销售活动。

（2）注重主页排版

销售人员要注意利用空间里常用的模块，如最新日志、心情说说、个人资料、头像等，对这些模块进行合理的排版，给进入空间的用户留下好印象。

（3）将QQ空间装扮成企业官网

当销售人员以网站形式向客户呈现自己的QQ空间，用户就可以通过链接进入企业官网，了解更多企业和产品信息。

企业也可以适当地在空间发布一些产品的图片来吸引用户购买商品，不过必须注意不要一下发布太多的图片，因为这样会让用户感到反感，从而使其屏蔽产品消息。

另外，空间里互动的途径有很多，用户可以在空间里留言、评论等。QQ空间带来的互动沟通，不仅仅是感性方面的，其更多的是带着一种友好的认知度。比如说，QQ空间会提醒商家，某个朋友或者QQ好友要过生日了，商家通过生日祝福，可以拉近与用户间的距离。

空间的互动还表现在宣传的力度上，它会超出人们的预料范围，不受时间限制，广泛地进行推广。QQ说说内容也会进入好友圈，引起一定的关注度；此外空间又是和QQ窗口绑定的，便于用户更好地、更加深入地去了解商家的营销商品。

QQ空间作为一种老式的传播媒介，仍然具有强悍的营销能力，因为QQ空间在用户黏度等方面具有明显的优势。在QQ空间，企业可以添加任何与营销推广相关的个人资料、相片、日志和动态等信息。QQ空间是天生的营销工具，这里土壤肥沃，不仅可以向用户展示商品信息，而且传播力度非常大。

最后，企业在QQ空间进行推广时，如果能合适地把握住用户对于广告、产品的敏感度，就能很容易地引起关注，且获得不错的销量。因为，交易双方都是熟人关系，一方面信任感很足；另一方面朋友也会为企业做宣传，这种口口相传的效果和效率能够让企业收获到更大的营销效益。

3.QQ邮箱营销技巧

QQ邮箱营销是通过电子邮件的方式向目标用户传递有价值信息的一种营销手段。QQ邮箱以其特殊的邮箱格式及简单易记的特征，成为邮件营销中的主要资源，销售人员应充分利用QQ邮箱进行产品销售。

QQ邮箱营销是一个闭环图，经过长期循环的邮件发送与优化从而达到良好的邮件营销效果。下面介绍一些 QQ 邮箱营销的技巧。

（1）称呼收件人

谨记在收件人一栏填上收件人的名字及邮件地址，这是必要前提，而且有些电子邮件过滤软件会将在 TO（收件人）、CC（抄送）或 BCC（暗抄送）几栏中没有填写收件人电子邮件地址的信当成垃圾邮件处理掉。

（2）内容简洁

应把邮件内容整理得尽量易懂而直接，将内容清楚分段并配上小标题，使用户更易于阅读及理解。

（3）不要传送附件

有些附件会携带电子邮件病毒，读者也一般都提高了警觉，不轻易打开附件。因此，企业可以将要发的内容全放在电子邮件正文，以免被用户误以为是恶意邮件而遭到删除甚至被举报。

（4）提供联系方式

虽然收件人很少会直接联系发送邮件的企业，但此举有助于证明这封邮件不是垃圾邮件，也不是来自伪冒网站的。因此，提供联系方式，如电子邮件、电话号码与传真号码等，可给收件人留下一个正面的印象。

（5）切忌频繁发送

通常情况下，一个月发送一到两次是最合理的。

（6）选择干净设计

正确的邮件设计是简洁的文字配以适当的图片，而且一定要有足够留白，以便浏览者容易留意到企业邮件中每个元素。

（7）为用户提供价值

最好的邮件信息是对用户有用的。例如，一个销售服装的企业，可以在邮件中提供一个季节性的潮流风格指南；一家汽车企业可以发送一些安全驾驶的注意事项。

（8）挖掘用户需求

为了挖掘潜在用户的兴趣，企业需要了解的不仅仅是他们的邮箱地址。企业可以做一个兴趣调查，询问用户的职业和兴趣爱好。建议企业每年进行一次类似的调查，以便获得用户的最新情况。

4. 生活服务营销技巧

手机 QQ 加入了“生活服务”功能。“生活服务”为用户提供了滴滴打车、吃喝玩乐等服务。

“生活服务”功能采用了类似微信的公众平台营销模式，进一步对接了线下商家，实现了社会化媒体工具与 O2O 营销模式的深度融合。

“生活服务”平台和微信公众平台的概念类似，提供了生活服务账号查找、关注、信息展示等操作。和微信公众平台不同的是，“生活服务”更加侧重本地生活服务，走的是精品路线。前期手机 QQ 的“生活服务”主要面向腾讯内的业务体系，如 QQ 电影票、腾讯新闻等，后期则开始向周边的商家开放。

手机 QQ 引入“生活服务”平台后，新版手机 QQ 和“财付通”合作，在手机 QQ 内完成用户消费闭环。

手机 QQ 的移动支付主要有三种方式：

（1）二维码支付

通过扫描二维码跳转到支付页面，再通过财付通完成支付。

（2）公众号支付

通过点击“生活服务”的公众号，进入到支付页面当中，通过 QQ 钱包或者银行卡直接支付。

（3）外部支付

手机 QQ 可以唤起外部支付类 APP，调用手机本地的支付应用，如各种银行客户端、财付通客户端等，完成支付。

六、问答营销在社会化媒体营销中的运用

（一）问答营销的概念

问答营销是借助于问答社区进行口碑营销的一种网络营销方式，是近两年比较热门的新型营销方式，也是企业鉴于第三方口碑而创建的网络营销方式之一。问答营销方式既能与潜在消费者产生互动，又能植入商家广告，是做品牌口碑营销的方式之一。

（二）问答营销的特点

问答营销具备以下几个特点：

1．针对性

问答本身便具有针对某些问题的特点，所以有助于调动目标客户群体的积极性，使得更多的目标客户群体参与进来。

2. 广泛性

问答营销中，每一个有价值的问题总会引来不同的人进行讨论，而企业的品牌效应可以在这种讨论中逐渐增强。

3. 互动性

问答营销可以有效地补充企业官网内容的相对不足，通过与用户互动，增强营销推广的针对性与广泛性。

4. 可控制性

在问答营销中，企业可以通过相应的平台与媒介对一些评论进行审核，从而进行一定控制，使得那些重复、不符合规则的评论被屏蔽，有利于问答的内容更加健康。

5. 媒介性

比如，企业可以把相关文章或者问题发到一些大型问答网站上；然后借助这些媒介，使得阅读到企业文章及问题的人可以不同程度地了解企业及产品信息，从而一定程度上起到推动营销的作用。

（三）问答营销的问答方式

1. 自问自答

这种方式需要运营者在各个问答社区注册大量的 ID 马甲，也需频繁地更换新马甲，防止自己所提问和回答的内容被删或被举报为广告。

2. 选题作答

此种方式需要平时多关注与所需关键词相关的问题和受众行业人群的提问，在回答的内容上需注意精练且隐藏营销的内容，回答巧妙者很容易被提问者采纳为最佳答案，从而为自己的马甲加分。此种方式也需要频繁地更换马甲，否则回答很难避免被删或被举报。

3. 只提不答

此种方式的侧重点在于问题的设计。设计的问题主要可以分为企业信息类、产品概念功能类、顾客需求类、销售信息类（渠道信息、促销信息）、对比询问类，按顾客需求而设计的提问效果最好。

（四）问答营销的实施技巧

1. 注册问答平台的账户

这种营销方式需要不断地更换ID，所以需要注册很多的账号。但需注意的是，问答推广可以分为两个阶段：第一个阶段，企业需要大量的账号，频繁地更换账号来提问或问答，但是切记，提问账号与问答账号要分开，不要既提问又回答，否则不便于账号的管理；第二个阶段，企业前期做了很多的工作，各个账号中积累了很多的积分，接下来就需要将这些账号的积分汇总到几个账号里，为的是得到几个高等级的账号，因为高等级的账号可以让问答的权重更高、更有力度，推广的效果更好。

2. 选取关键字

做搜索问答推广，首先必须明确我们要推广的包含哪些关键字。选择正确合理的关键字会让问答营销更具有穿透力和目的性。

3. 设计问题和答案

在此种营销方式中，最常见的方式为自问自答。企业需要事先设计好关键字的位置、提问的方式和关键字的布局数量，当然如果有网友提供更好的提问和答案，也可以采纳。

企业在设计问答的过程中，很容易失去方向，同样的提问方式会出现很多次，这样就会造成语竭词穷的结果。能够使用不同的方式对同一个点进行提问是一种很重要的能力，需要一定的文字感觉和基础，新手们在这个环节一定要好好地研究。

设计问题的技巧主要有以下几种：

第一，简单模式：根据自身的条件进行提问。

第二，联想法：也叫衍生法，根据行业的特点衍生出更多的问题。

第三，事件法：在事件前后分别作问答推广。

第四，主动发难法：在行业内，难免会遇到竞争对手的栽赃陷害，或者遇到公关危机，所以要掌握主动权。

另外，一个完整的问答包括题目、补充问题、答案、参考资料、评价五部分，所以在植入关键字的时候，在这五部分都应该植入关键字。

4. 发布问题

不同的平台有不同的审核标准，审核严格的平台的信息质量比较高，而且能够更好地提供好的信息。审核差的平台充斥了大量的垃圾广告，不规范的管理，会让平台失去很多的用户和浏览量。

发布问题的技巧主要有以下两个：

（1）给予奖励积分

企业可以对回答自己提问的用户给予奖励积分，以吸引更多用户来参与回答。如果回答的人多了，企业的这个问题的权重就会增加，浏览量也会随之增加。当然积分奖励也不能太高，否则容易被系统或管理认为是在转积分而封掉该账号。

（2）把握补充问题

设计的问题可以很简单，但是补充问题必须写，而且要多写，要养成这个良好的习惯，这不仅仅是为了通过像新浪爱问这样的具有严格审核标准的平台的审核，还因为补充问题是一个很好的推广位置，不可以忽略掉。

5．回答问题

选择回答账号，用事先设计好的答案回答问题。

6．设置最佳答案并记录

把自己的回答或其他更符合企业推广目标的回答设置成最佳答案。之后，把该问题的链接整理到相应的文档里，做好记录和备份。

（五）实施问答营销的作用

实施问答营销可以有效地弥补企业网站内容的短板，并帮助潜在消费者扩展知识领域。此方法不仅可以实现特定目标营销，还可以获得广泛的影响力。

针对特定群体的问答可以选取与群体相关的焦点问题，调动并集结这些人群的力量，以达到更具针对性的效果。也可以引导更多的人参与进来，形成集体讨论的效应，从而更好地整合人群的力量。

问答营销本身的特点使得其适用范围非常广泛。许多人会对同一个问题或事件有不同的看法和评论，因此在问答过程中通常容易得到较好的建议。

我们可以使用文章或问题的形式在各个主流平台或媒体进行投稿。只要稿件或问题得到批准并通过，就能够借助媒介实现更好的传播效果。假设一家企业专注于发电机的制造，可以在相关的论坛上发布发电机的技术参数，借鉴高级工程师的评论和回答，以提高自身的技术水平。

若企业涉及平台或媒介业务，可通过审核评论的方式实现对内容的控制。清除重复、不符法规的评论，维护内容健康。

七、百科营销在社会化媒体营销中的运用

（一）百科营销的定义

所谓百科营销，就是借助百科知识平台，将企业所拥有的对用户有价值的信息（包括行业知识、产品信息、专业研究、企业文化以及经营理念等）传递给潜在用户，并逐渐形成对企业品牌和产品的认知，将潜在用户最终转化为用户的过程及各种营销行为。目前，比较著名的百科网站有维基百科、互动百科、百度百科、360 百科等。可以说，百科不仅是工具书，更是一种知识性的营销媒体。

（二）百科营销的优势

百科营销在营销体系中主要有以下几点优势：

1. 百科营销是深度营销

传统广告营销比较依赖广告的“狂轰滥炸”，这使得受众对传统广告推广方式的排斥心理越来越强；相对来说，百科通过传播知识来传递一种营销理念，突破了传统营销的思维模式，是一种绿色的营销方式。百科营销改变了人们过去对企业与产品的物化认知，强调了产品的知识属性，无形当中挖掘了产品的内在价值，因此是一种深度营销。

2. 利用百科提升品牌形象

相对于新闻、论坛、博客等网络内容来说，很多网民查找相关概念时会比较倾向于查看百科里的介绍。所以，百科在网民心目中的公信力和权威性是比较高的。正因如此，百科也被认为是互联网上的“定义媒体”。可以说，谁拥有了百科词条，谁就拥有了更高的品牌形象。

3. 利用百科传递权重

网站权重是由搜索引擎给网站（或网页）赋予一定的权威值；因而，提高网站权重，不仅利于网站在搜索引擎中的排名，还能提高整个网站的流量与信任度。相比较来说，百科内容的权重一般比较高，把企业的链接放在这样的页面中，能够潜移默化地提高企业网站的权重。

4. 精准找出潜在客户

百科营销不同于其他营销方式的一个显著特点是，网民如果需要重点了解某些概念，通常会主动在搜索引擎中搜索这些概念。这样，凡是看到企业百科词条

的，一般都是产品潜在的精准客户人群。从这个角度上看，百科营销是成本极为低廉的营销方式。

百科营销作为一种绿色的知识传播性营销方式，它的核心是内容的质量。因此，百科词条的内容要足够丰富、可用，具备一定的公益性，不能变成纯粹的广告。否则就会失去百科营销的意义。毕竟，每个人都希望获得更多的知识来服务于生活，如果这些知识是公益性的科普知识，就能够作为润滑剂，来有效拉近商家与顾客之间的距离。所以，内容的实用性很重要，是知识营销成功的关键。

为此，百科营销人员在收集知识、编辑知识的时候，一定要真心投入、用心编辑。这样营销人员才能以优质的内容吸引众多潜在顾客的注意。

（三）百科营销的主要形式

1. 词媒体营销

词媒体的代表就是“词条”了。“词”自古以来就是信息传播中最为浓缩的因子。比如，我们平时说的“80后”“90后”这些词就鲜明地代表了一个时代或一个人群。这在企业营销中仍然有重要的作用，举例来说，苹果公司就很注重词媒体营销，很少有人记得苹果公司所做的广告，但苹果公司给大家创造的“iPod”“iPhone”“iPad”等词却给人们留下了深刻的印象，从而具有很强的营销穿透力。

2. 企业百科营销

通过前面所述已经知道，百科媒体具有树立企业比较权威的定义权，所以，企业的品牌可以以百科知识的形式进行权威表述。举例来说，企业推广产品时用的一些“广告语”，大家看后未必会信，但如果从百科中看到该企业简介时也有这条“广告语”，感受就会大不一样，人们会觉得该“广告语”是企业自身属性的一部分，从而改善对该广告语的认识。可见，在百科中进行企业简介，并融入企业相关的广告语，将具备独特的妙用。

3. 行业百科营销

任何行业、任何产品都是一个细分的知识库，顾客在选购商品的时候通常会更加青睐产品所属行业中的优质企业。基于此，企业在进行百科营销时，可以积极支持行业百科的建设，并在百科中为消费者答疑解惑，这有助于树立企业在行业中的领军地位。假如顾客搜索某一个行业，在对这个行业的介绍中就能够出现本企业的名字，这在一定程度上能够增加顾客对企业形象的好感。

4. 特色百科营销

在百科营销中，还有些特色百科营销吸引人们的注意，比如说，一些地方关于本地介绍的百科建设、名人百科建设、企业家姓名百科建设等，都可以作为企业进行百科营销的阵地。

（四）百科营销的手段

1. 建立“企业百科”

无论企业的历史是否悠久、企业的品牌影响力有多大，一个正规的企业简介和信息总是被消费者作为重点参考的。因此，很多企业会重视企业网站的宣传作用，但相对来说，企业网站传播的内容毕竟是“一家之言”，在顾客看来，其公信力和权威性稍微弱些；但顾客从百科知识中获得对该企业的认识后，信任度会在一定程度上提高。

为此，企业可以创建自己的企业百科。在创建时可以使用词条，也可以使用小百科，然后可以把企业的网站简介与企业百科连接起来，使企业的简介更加真实可信。

2. 适当投资行业百科

从表面来看，企业重视行业百科似乎是企业为了整个行业而花钱。实际上，不管是哪个公司哪个企业，只有先将自己放到行业代表的位置上，才能慢慢进步，直到有一天真正成为行业领袖。

为此，企业不仅要投入一定资金，还要用心进行行业百科的编辑，在建设一个行业百科时，以行家的身份参与内容建设，并亲自回答用户关心的问题。

3. 适时推出新产品、新概念

当今的市场竞争，由于产品逐渐趋于同质化，因而竞争日益激烈，不断创新已经成为各个企业的共识。在这种情况下，企业只要有创新的举动或理念，就需要向用户诉说，彰显出自己的差异性。因此，企业选择适当的时机，在百科中创造相应的产品概念，一定程度上可以增加产品的影响力。

（五）进行百科营销的注意事项

有些企业在进行百科营销时，只是直接将公司名称创建为百科词条或小百科，这是不够的，还需要进一步完善。因为用户通常是按自己的需求进行查询，所以企业应该紧紧把握行业信息、生活知识，这是百科营销的前提；在撰写百科时，由于这是一种知识性的营销方式，要给人以权威、客观、中立的感觉，所以在百科中一般不要加入广告，否则会让阅读者感到不信任甚至厌恶；同时，要掌握知识量的投放，如果知识过于冗长或深奥，读者就难以理解和消化，要是过于简单，又会让读者觉得有些浅陋，所以，百科营销讲究"简而精"，需要内容精炼、简单易懂。

第二节　搜索引擎营销

一、搜索引擎营销的原理及特征

（一）搜索引擎营销的工作原理

搜索引擎是一个可以为用户需求和问题提供解决方案的平台。从营销的角度而言，搜索引擎是连接目标用户和企业的桥梁，一方面，用户通过搜索引擎在互联网中寻找自己感兴趣的产品或服务；而另一方面，企业需要让更多的人知道他们，从而寻找途径将自己的产品或服务展示给目标用户，希望用户产生购买行为，进而产生经济效益。[①] 搜索引擎营销的目的是通过搜索引擎的搜索结果来提升企业网站和品牌的知名度，同时寻求最佳的营销策略。从广义上来看，所有以搜索引擎为基础的营销策略都可归于搜索引擎营销。它的主要优势在于创造出最大的商业价值，并逐步成为广泛应用的营销模式。

企业通过搜索引擎营销实现营销目标的过程通常包括以下几个步骤：首先，企业在网站上发布产品推广信息，并将其转化为网页形式的信息来源；接着，企业的营销人员会使用多种搜索引擎以满足自身需求，将网站 URL 嵌入搜索引擎中，并尝试将其放在页面顶部；然后，当用户输入关键词进行搜索时，系统将匹配索引信息和链接 URL，以便在搜索引擎页面上展示相应的结果。最后，用户会通过访问和查询结果，根据自己的个人兴趣和需要，挑选出对其有用的信息，并点击相关 URL 链接进行访问。企业搜索引擎营销是将企业、搜索引擎和用户有效地结合起来，来实现营销目标。这一过程不仅可以帮助我们理解搜索引擎营销的原理，也能够使企业在市场上取得更佳的营销效果。

① 李卫琳．基于搜索引擎的精准营销分析 [J]. 电子商务，2020（5）：53—54.

（二）搜索引擎营销的特征

与传统的网络营销相比，搜索引擎营销之所以能够在激烈的市场竞争中快速发展壮大，是因为它有以下的特征和优势：

1. 进入门槛低，性价比高

因为搜索引擎为企业提供了一个不受限制、公平的平台来进行营销推广，所以进入门槛相对较低，并且推广效果的性价比也很高。搜索引擎的使用并不受限于企业规模、品牌实力或品牌知名度等因素。只要合理地运用搜索引擎营销策略，任何企业都有可能通过在搜索结果中排名靠前的方式来进行营销推广。此外，利用搜索引擎网站进行推广可以减少广告投入且提高效率。

2. 定位精准

搜索引擎会在自己的索引数据库中记录用户的网页浏览点击行为和其他信息并分类处理，以不同的标准为基础进行区分。企业实施搜索引擎营销时，会根据产品目标受众的需求来选择适合的搜索引擎，以更精准地定位营销目标。在搜索广告领域，企业会利用关键词广告吸引那些使用相关关键字进行搜索的用户，并将促销信息展示给这些潜在客户。但不用这些关键词进行搜索的用户则无法看到广告信息，因此企业能够尽可能准确地让目标受众看到推广信息。另外，搜索引擎将根据用户在互联网上的点击行为，对内容定位广告进行排名，并在用户使用关键词进行搜索时，匹配相应的广告。通过搜索引擎营销的关键词广告模式，用户能够更加精准地搜索与他们需求和业务发展相关的信息，从而点击匹配度最高的页面，使用户目标更加明确，同时也能有效提高营销效果。

3. 广泛应用

现今，使用搜索引擎已成为用户获取和筛选信息最广泛、最有效的方式。一方面，搜索引擎使用户能够轻松便捷地获取所需的信息。另一方面，搜索引擎运用特定的算法与技术，力求让用户找到更多符合他们搜索需求的结果。越来越多的企业将搜索引擎营销加入营销策略中。

4. 观众独立选择，信誉度高

搜索引擎与用户的搜索行为和点击行为密切相关，是以用户为中心的网络营销方式。这一过程中，企业处于被动地位，而搜索者则具有主动性。换句话说，用户通过浏览网页，独立选择广告，而企业无法控制用户选择的结果。用户搜索信息并自主选择的行为使他们对企业搜索引擎广告的可信度较高。

5. 用户主动查询，针对性强

作为网络营销平台，搜索引擎在“眼球经济”时代大行其道，已成为互联网用户信息检索工具的重要组成部分，可带来良好的宣传效果。要实现搜索引擎营销目标，企业必须确保营销信息在搜索结果中尽可能地显眼。随着搜索引擎对时间、空间和地域限制的摆脱，其营销低成本、目标精确等优势更加显著，这使许多企业选择这种营销方式来获得收益。

二、搜索引擎营销决策的影响因素

（一）影响搜索引擎营销的外部因素

企业的战略决策和生产经营会受到一系列外部因素直接或间接的影响。本书将从政治和法律、经济、社会和环境、技术四个层面探究外部因素对于搜索引擎营销的影响。

1. 政治和法律因素

政治与法律的影响因素指的是对企业经营有潜在或现实影响的政治力量，以及对经营活动提出限制和要求的各种法律法规。政治因素包括国家和地区政治的稳定性，政策的连续性与一贯性，以及国家的法规和指导方针。这些政策涵盖了产业、税收和政府补贴的方方面面。在进行搜索引擎营销时，企业的搜索引擎广告要遵守国家互联网广告宣传的相关政策和法规。

2. 经济因素

经济因素指一些宏观经济指标，这些指标会对商业活动的实施产生影响。企业在进行搜索引擎营销活动时，必须注意国家经济政策和发展趋势，同时要精准掌握互联网经济和搜索引擎营销市场的发展现状和未来趋势。更具体地讲，在互联网经济处于良好状态的情况下，企业可以加大对搜索引擎营销策略的投入，以进一步开拓市场，提升销售额，从而获取更多的利润。反之，企业则要根据自身情况适当调整甚至放弃搜索引擎营销策略，以规避风险并防止企业利润下降。

3. 社会和环境因素

社会和环境因素包括了社会背景和文化特征，这些因素也会对企业经营活动产生影响。互联网信息传播范围广泛，不受地域限制，因此企业的搜索引擎营销会涉及很多个地区。不同地区的文化有所不同，消费者的消费模式和购买偏好也不同。因此，在实施企业搜索引擎营销时，应该充分考虑该地区的社会、文化、人口等多方面因素，并制定具有针对性和能够准确定位的搜索引擎营销策略。

4. 技术因素

新技术、新方法或新产品都属于技术因素，它能够助力公司通过搜索引擎营销获取利润和实现战略目标。随着搜索引擎逐渐占据市场并获得越来越多的用户，搜索引擎营销也随之出现，它的发展和实施与搜索引擎技术水平的进步和提高密不可分。具体而言，企业需根据这几个方面来评估搜索引擎的技术水平：其技术能力、功能及服务是否有助于企业快速、稳定的发展；企业的搜索引擎营销目标是否能够实现；新技术、新方法或新产品是否有助于企业提高市场份额和利润。

（二）企业广告预算及其影响因素

搜索引擎广告发布是搜索引擎营销中不可或缺的一部分，企业可通过该渠道向用户推广产品信息。企业可以利用目标客户搜索的方式，最大化展示与广告主题相关的关键字，从而扩大潜在用户群。广告在搜索引擎上的投放困境在于如何合理安排广告预算用以不同的搜索引擎。因此，广告预算成本及其相关因素对搜索引擎营销方案的决策具有显著的影响。

1. 企业广告预算的内涵

企业制定的广告预算是一项资本成本计划，其包括广告总费用、使用范围以及分配方式。企业广告顺利进行的必要条件就是有一个科学合理的广告预算。广告预算是一个系统性的项目，它规定了广告费用的数额，具体分配方式及明确的执行计划，以便有效地管理和控制企业的广告成本。这种计划可以确保广告的目标与业务营销的宏观目标保持一致，使广告运作更有条理。设计合理有效的预算分布方案可以有助于降低广告成本、提高广告经济效益。

实施广告活动之初，广告预算规划具有至关重要的作用。首先，一个经过科学考量的广告预算规划，可以让广告费用与商业条件相匹配。为了有效地实施全面的营销策略，企业应当合理地控制广告成本，确保其在适当的范围内。要确定预算，必须考虑企业的生产和销售规模。通过预算设置，可以调和两者之间的关系。其次，通过广告预算，我们可以评估广告效果的有效性。广告效果是指广告系列所达成的广告目标的程度。

通过明确的预算规划，可以确定每项活动的成本与其效果之间的关系，并进一步比较各项活动的经济效益。广告商制定合理计划时会考虑广告预算、广告开支、覆盖范围以及经济利益等因素。使用预算和绩效评估技术，可以有效地监控和管理广告系列，确保其与企业的营销目标保持一致。这样做有利于防止广告系列偏离企业的商业策略，还可以更加科学和精准地运用广告。为了确保广告资金的有效利用，需要科学规划广告预算，避免不必要的浪费，实现最优化的广告效果。通过科学的规划、使用广告预算，可以最大程度地利用资源和配置，以确保用有限的成本获得最大的回报。

2. 影响企业广告预算的因素

我们需要综合考虑预算内外部的业务发展，并且分析对广告预算产生影响的各种因素。这样可以提高广告预算的科学性和合理性。企业广告预算会受到多种因素的影响，其中包括：

（1）市场元素

市场元素指的是目标市场的规模、范围和趋势，以及品牌消费群体和市场份额等方面的集中程度。这些元素将直接影响广告预算的配置。区域越集中，投资需求越少，但获得的收益越高。反之，投资越多，效益越低。随着品牌消费群体的提升，市场份额也随之增长，广告成本也逐渐降低。反之，广告费用也会增加。通过对这些市场元素的分析，可以在一定程度上确保预算控制在合理的范围内。

（2）企业的广告目标

企业广告的目标主要分为三个方面：销售目标、信息传播目标和品牌形象目标。广告预算的发展会受到诸如销售目标、销售收入、销售利润等因素的影响。当销售量和利润率提高时，广告预算也会相应增加。不同的广告目标也可能会影响到预算的分配。通常情况下，提高市场占有率的广告目标比提高品牌知名度的广告目标更重要。

（3）企业实力

企业的实力不仅包括有形方面的，还包括无形方面的。企业的有形实力指企业的财务实力和生产能力；企业的无形实力主要涵盖了技术、管理、销售和员工素质等方面。企业实力的核心在于财务实力。对经营稳健的企业而言，其财务状况雄厚，对广告宣传投入较多。反之，如果企业财务状况不佳，广告预算将会减少。经济效益与广告费用成正比，即广告费用越高，经济效益也越高。但企业若投入过多的广告费用，有可能导致资金浪费，增加成本负担，并且难以达成有效的广告效果。

（4）竞争对手的实力

竞争对手的竞争能力会影响到企业的广告策略，因为竞争对手采取的广告策略会对企业产生直接的影响。在市场竞争日趋激烈的情况下，企业需要投入更多的广告预算以增强自身的竞争能力，吸引更多的客户并扩大市场占有率。在搜索引擎广告中，竞价排名是一个关键的因素。排名越高，需要支付的费用就越高。因此，企业为了让自己的营销信息在更显著和有利的位置展示以吸引更多的用户，必须不断增加广告投放的成本。因此，为了在市场上拥有更具竞争力的预算水平，公司需要了解竞争对手的综合实力、市场占有率以及广告预算等信息。

通常有两个指标可以用于评估竞争对手的实力：媒体份额（即企业广告支出占行业广告总支出的比例）和市场份额。产品在市场上的占有率与其媒体份额存在着一定的联系，换句话说，媒体的份额会直接或间接影响产品在市场上的份额。通常情况下，随着媒体份额的增加，市场份额也会相应增加。

（5）产品生命周期

产品生命周期指的是一个产品从生产开始到销售结束的整个过程，通常可以被分为进入期、增长期、成熟期和衰退期。在产品的不同发展阶段，广告预算会有显著的变化。在产品刚刚上市、销售量较低、销售增长缓慢的进入期和增长期，需要通过大量广告来吸引消费者、提高产品知名度、增加销售利润。随着产品走向成熟阶段，因其已经在市场上占有一定的份额，消费者对其变得更加熟悉，在这种情况下，所需的广告将逐渐减少。

企业产品进入市场时，为了迅速锁定目标消费群体并建立品牌知名度，广告支出通常较为可观。不过随着销售业绩的稳步增长，广告投入将逐渐减少。在成长时期，品牌知名度得到提升，销售量稳步上升。为了更进一步拓展市场，广告投入需要持续增长。随着进入衰退期，广告投入逐步收缩。因此，企业应该充分考虑自身实力、竞争对手、产品生命周期的阶段等因素，以科学合理的方式制定广告预算计划。

（6）媒体因素

广告投放的最高支出通常来自媒介投放，其费用通常占据广告总费用的 80% 以上。一般情况下，广告支出随着媒体成本和广告频次的增加而增加。新媒体的发展和互联网的普及，使企业在广告宣传活动中获得了更多选择，不再局限于传统媒体。另外，广告媒体的成本也在不断提高，对目标受众的影响力也在扩大。因此，企业应当综合考虑不同媒体的特性及目标人群的基本情况，并合理规划广告宣传渠道。

（7）产品风险和可替代性

产品风险就是消费者在购买产品时可能需要承担的风险，它包括这些方面：首先，产品的实际成本会被风险影响；其次，需要关注产品是否能够满足用户的需求或有效地解决问题。通常情况下，若产品风险较小，产品适销对路，则更容易营销推广，那么需要投入的广告费用则会降低。反之，广告成本预算则需要增加。还有一项影响因素是产品的可替代性。若产品的可替代性高，则会面临激烈的市场竞争，以及被其他同类产品替代的风险。为了维持或增加产品在市场上的份额，公司应考虑适当增加广告预算。反过来说，如果产品具备较低的可替代性，则需要投入的广告费用会更低。

（三）搜索引擎质量的影响因素

要进行有效的搜索引擎营销，企业需要考虑一系列因素，包括外部因素和内部因素。这种情况下，充足的广告预算是必要的，同时企业还需要选择适合自己的搜索引擎作为网络营销媒体。这样才能确保搜索引擎营销的有效实施。在进行搜索引擎营销时，为了让产品广告的效果达到最大化，吸引更多用户进行搜索并提高用户转化为潜在客户的机会，企业需要提供优质的服务，并使用高效的搜索引擎来进行网络营销推广。面对众多搜索引擎，如何评估其质量并选择适合企业营销的搜索引擎，成为影响搜索引擎营销效果的重要因素。

企业通过进行评估和比较搜索引擎质量，可以更好地了解各个搜索引擎的优劣之处，从而选择最适合自己营销目标的搜索引擎，并提高搜索引擎营销的效果。搜索引擎的质量主要取决于以下因素：

1. 纳入信息的全面性和合理性

如果搜索引擎的数据库涵盖信息更全面，搜索功能更完善，那么它便能更好地满足用户的需求。因而，搜索引擎的实用性和功能性的基础要素在于其数据库的规模。信息全面性指的是搜索引擎的数据库中所涵盖的信息类型十分广泛，覆盖的信息量也非常大。索引数据库中信息的准确性、权威性和价值性决定了其包含的信息是否具有合理性。由于互联网上信息资源非常广泛和丰富，搜索引擎在收集信息时难免遇到一些无效的页面或链接。为了保证搜索引擎的质量，在构建索引数据库时，不仅需要关注信息的覆盖率和广度，更需要重视信息的准确性和合理性。

2. 更新速度和更新频率

搜索引擎的质量还可以通过其内容的更新速度和更新频率来衡量。由于搜索引擎可以迅速、精准地访问信息，因此比传统媒体更具优势。所以索引数据库的更新速度对内容的即时性有着直接的影响。网络信息的变化是持续不断的，因此，索引数据库必须及时更新才能成为对用户有效、有价值的工具。企业可以通过计算搜索结果中出现的重复链接和死链接的次数来衡量索引数据库更新频率。如果更新速度不够快、更新频率不够高，就有可能出现重复链接和死链接。尽管搜索引擎的数据更新频率和所涉及的信息及网站类型不相同，但无论如何必须保证其内容的及时性和链接的可靠性。

3. 搜索功能

搜索引擎的搜索结果质量、数量和功能使用密切相关。为了确保互联网搜索引擎的搜索结果更加准确和有效，企业还需要采取一系列措施来对检索功能进行评估。搜索引擎的检索功能包括基本检索功能和高级检索功能，具体如表 5–2–1、5–2–2 所示。

表 5-2-1 搜索引擎基本检索功能

检索功能名称	检索方式
布尔检索	检索词被布尔运算符连接，由计算机进行逻辑运算。布尔运算符包括：逻辑与“AND”，逻辑或“OR”，逻辑非“NOT”
截词检索	将检索词分为若干词语来查询信息
限制范围检索	把检索范围限制在标题、URL、锚文本等部分，以缩小检索范围
词组或短语检索	将词组或短语作为一个独立的运算单元进行匹配检索

表 5-2-2 搜索引擎高级检索功能

功能名称	检索方式
自然语言检索	通过问句形式输入自然语言提问
多语种检索	跨语种检索或翻译检索结果
专题检索	对新闻、论坛、大学、黄页等某一专题领域内进行检索

续表

功能名称	检索方式
多媒体信息检索	对图片、音频或视频等多媒体文件进行检索
文件检索	对特定文件类型进行检索
同义词检索	可以用同义词对相关信息进行检索
相关信息检索	从现有的搜索结果中选取与检索关键词相关的词作为下一轮检索的入口词
概念检索	通过对被检索项信息进行语义层面上的自然语言处理，析取各种概念信息形成知识库，并根据对用户查询的理解，检索知识库中相关信息以确定检索结果

4. 检索效果

检索效果是衡量搜索引擎质量的核心要素，它可以通过查全率和查准率这两个有力的指标来评估搜索引擎的搜索能力。随着搜索引擎技术的不断进步，用户的期望也在不断提高。由此，我们需要引入更多的指标，比如响应速度、重复率和死链接率等，来提升评估系统的有效性。查全率是指在全部相关文献中检索出的文献数量所占比例。查准率是指相关文献被正确地检索出来的比例。响应速度，就是指在发出搜索指令后，获取到搜索结果所需的时间。重复率指的是搜索结果中重复出现的数量占检索结果总数的比例。死链接率指的是检出结果中死链接数量占总数的比例。

5. 用户界面友好

用户界面的友好性是衡量搜索引擎易用性的重要指标。搜索工具的主要作用是为网络用户提供最便捷和实用的信息搜索途径。若使用高效运行且易于操作的搜索引擎，用户可以更快速地获取自己需要的信息。搜索引擎的用户界面友好因素包括页面设计美观、搜索操作清晰、能够提供详细的帮助信息、强大的交互式功能以及个性化搜索功能。此外，由于互联网上的信息资源繁多复杂，垃圾网页较多，导致用户较难迅速而准确地找到自己所需的信息。因此，搜索引擎除了考虑用户界面的友好性外，还需要具备垃圾网页过滤和屏蔽的能力。

（四）网络用户点击行为及其影响因素

企业之所以实施搜索引擎营销，是为了通过提高产品信息的曝光率，吸引更多搜索引擎用户的点击，进而将他们转化为顾客，从而实现营销目标。因此，在推行搜索引擎营销时，企业需考虑自身的实际情况和目标，制定符合其要求的广告预算和分配计划，科学合理地选定搜索引擎作为网络营销平台，并分析用户偏好及其往常的浏览以及点击行为。在搜索引擎营销中，用户有很大的自主性，包括选择检索关键词、搜索引擎、点击进入哪个网站以及是否购买产品等决策。为了让企业在网络营销中更具主动性，需要深入分析网络用户的浏览、点击行为特点，包括影响这些行为的因素，以制定出适应网络用户习惯的搜索引擎营销策略。

随着互联网的不断普及，越来越多的人成为网络用户，他们使用互联网进行各种活动，其中大部分都与浏览网页有关。因此，浏览网页已广泛、普遍存在于人们的日常生活中。几乎所有的互联网活动都需要通过搜索引擎来实现。据大量用户行为研究结果显示，大多数用户在访问互联网上的众多网站时，主要通过点击超链接来完成。网页中的大量超链接直接将用户带到其他有用且相关的网站和网页。一般来说，用户会先挑选一个网页作为搜索信息的开始，然后通过网页中的超链接跳转到其他页面，继续查找相关信息，如此反复，直至获得足够有用的信息为止。然而，用户无法精准判断网页中大量超链接是否与其搜索需求相关，只能通过逐个点击来筛选信息。

根据对已有文献和研究结果的总结，我们可以认为搜索引擎用户的点击行为受到以下几方面因素的影响：

1. 主题的相关性

这是用户点击行为最为基本的影响因素之一，其主要考虑网页呈现的信息主题是否与用户所需信息相符。

2. 信息质量

信息质量是网络用户关注度很高的因素，它指搜索引擎所连接的网页中，网页标题和内容是否能够清晰明确地表达观点并且真实可信。

3. 可用性

这一因素是用户发现和使用网站链接的便利性。其中，网页使用收费模式还是免费模式也会对用户的在线浏览和点击行为产生一定的影响。

4. 新颖性

新颖性指的是在使用搜索引擎进行检索后，所获取的相关网页包含的内容是独特或独一无二的，可能是独家创作，或者是其他同类型网页所不具备的。此外，用户对搜索引擎的偏好程度也会对其浏览和点击行为产生影响。

5. 及时性

这个因素是指网页上的信息是否为最新的、及时的信息。

6. 表现特征

这一因素包括四方面内容，网页所呈现的信息含有有价值的信息；页面内容长度符合用户的喜好和习惯；网页内容较为全面综合；网页内容能够提供细节性的信息。

7. 来源特征

网页的设计是否美观，内容是否清晰明了；网页帮助信息是否详细具体，是否有助于用户进行操作；网页在用户中的口碑。这三个方面都会影响用户的点击行为。

8. 信息特征

信息特征主要是指网页的描述方法与技巧，或者网页中是否带有图片、表格等辅助元素，或者网页是否提供索引和相关链接等。

9. 信息的吸引性

信息的吸引性是指网页的内容对用户具有吸引力，能够引起用户的关注。

三、搜索引擎营销策略研究

鉴于搜索引擎在网络用户中的巨大影响，为了成功进行网络营销，企业需要重视搜索引擎营销，并在网站建设过程中注重搜索引擎登录。无论在搜索引擎营销还是其他形式的网络营销中，只要拥有自己的网站，搜索引擎登录就是必要的。这些已经成为网站建设者的共识。搜索引擎之间相互作用，并且网站在某一搜索引擎中的权重越高，其在其他搜索引擎中的排名也会跟着有所提升。因此，企业在进行搜索引擎营销时应该尽可能涵盖主流搜索引擎，在其登录网站时记录这些搜索引擎，以增加网站流量。要想进一步推动搜索引擎营销，则需要投入更多的时间和资金。

在策划搜索引擎营销之前，企业必须先考虑目标用户和市场环境，通过对自身情况的分析，确定营销方式和相应的实施策略。成功往往无法被简单地复制，单纯地模仿其他企业的经验总是片面的。

（一）搜索引擎优化的主要策略

随着搜索引擎优化（SEO）的普及，大多数网站在建站时会考虑不同程度的优化措施，以符合搜索引擎的标准。

搜索引擎优化的主要策略如图 5–2–1 所示。

实际上，即使企业能够通过排名靠前的方法获得更多流量，也并不意味着访问者会成为客户。因此，相对于外部优化而言，网站内部的优化更关键。考虑到用户体验、网站或网页的价值和搜索引擎爬取的方式，任何有助于提高用户体验的行为都可以视为对搜索引擎的优化。网站结构优化、网页内容优化和外部链接（简称外链）建设优化是搜索引擎优化中最主要和流行的策略。

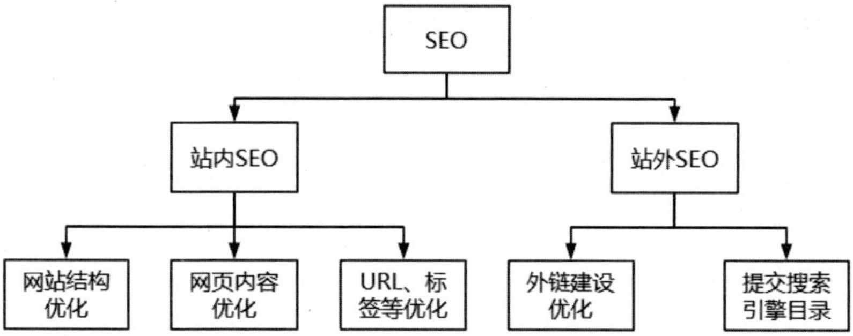

图 5-2-1　搜索引擎优化的主要策略

1. 网站结构优化

企业要确保网站的结构合理清晰，而且要考虑到网站的深浅程度和宽度，以保证最恰当的布局。通常情况下，一个网站的深度不应超过 3 个级别，一个站点的列不超过 8 个，这将有助于提高搜索引擎的检索效率。对于一个优秀的网站而言，具备网站导航系统（网站地图）是至关重要的，这可以使搜索引擎的信息检索更加便捷。将网站导航系统作为网站内部链接，不仅可以方便用户浏览网站内容，还有助于搜索引擎对网站的内容进行检索和收集。

2. 网页内容优化

对于企业而言，优化网页内容不仅是提高网站排名的关键，还是吸引用户、留住用户的有效手段。首先，为每个网页设置恰当的标题，以方便用户快速获取所需信息。在保证用户可识别的情况下，标题应包含尽可能丰富的关键词。标题中的关键词至关重要，因为它们可以提高搜索引擎的准确性。其次，网页设计要使用静态网页和动态网页，其中以静态网页为主。为了使当前的搜索引擎机器人程序能够检索到网页上的信息，网页设计应尽量采用文本描述。但从用户体验的角度来看，图片和动画的效果则比文本描述更佳。因此，在考虑搜索引擎的搜索规则的同时，也需要考虑用户体验，在网页中补充适量的图片和视频。另外，对网页的内容定期更新，这是搜索引擎对网站质量要求的重要标准之一。

3. 外链建设优化

外部链接建设是提高网站权重最有效的策略，这种策略可以促进网站的权威和知名度。一个被其他网页广泛链接的页面才是优质的页面，这意味着该页面在自然搜索结果中将获得优先显示的链接位置。它包括交换链接（或购买方法的使用）和发布外链。交换链接是一种与同行业其他网站合作，进行相互链接的方式，也可以提供与网站外部类似的服务，这类链接通常放置于网页底部。在这一过程中，需考虑到外链的数量和质量。更优质的外链网站能够比低质量网站外链更加有实际成效，并且低质量的外链网站可能会对搜索引擎产生负面影响。

因此，在考虑外链时，应主要关注质量，尽可能与优质网站交换链接。如果对方不愿意交换，则可以考虑购买，但需根据个人情况决定。用户访问的机会随着外链数量的增多而增加。如果一个网站在外部链接的质量和数量方面有优势，那么它将在所有搜索引擎中得到更好的排名。发布外链是指在网上相关的社区、论坛和社交网络上发布文章时引用自己的网站链接。尽管其原理类似于外链，但它需要投入更多的时间和精力。目前，大量的搜索引擎优化手段已经泛滥于网络，这导致引用链接的文章质量急剧下降，也促使一些著名的网络社区不再接受含有关键字锚链接的文章，主要论坛也加紧了审核新内容发布的力度。然而企业依旧可以利用网络媒体发布新闻稿的方式配合外链的发布。

（二）关键词广告的主要策略

在发布关键词广告之前，企业需要先分析自身的能力和市场情况，以制定相应的营销策略。随后根据目标用户的行为特点，挑选适合的搜索引擎和关键词。根据选定的搜索引擎制定相应的生产促销方案和推广计划，接着执行并进行后期优化，最终需要检验营销效果是否达到了预期目标，并归纳总结本次营销的经验，为未来的市场营销提供有益帮助

1. 关键词选择策略

公司要根据自己的实际情况谨慎选择关键词类型。在竞争激烈的市场环境下，选择高频词意味着需要资金充足的营销计划；使用低频次的关键词获得的流量会比较低，但适用于预算有限且需要长期营销的计划。

在确定关键词时，需要考虑其针对的企业页面，以确保关键词与页面内容高度相关。排名的高低与用户访问的数量直接相关。除了具体页面的产品词，自有品牌词和竞争对手的品牌名称也很重要。此外，企业可以采取“长尾词”策略，即通过使用限定符或者描述性词组来获取更精准的关键词流量。举例来说，上海一家制衣厂商可以优先考虑精准的关键词，如“上海服装批发”“服装制造商”，来避免使用广泛的关键词，如“服装”“衣服”，甚至可以将这些广泛的关键词添加为否定关键词，以确保不会通过这些关键词搜索到广告。这些措施可以帮助提高广告的精准度和效果。此外，在选取关键词时，需要考虑目标受众的视角，包括可能的关键词变体和短语顺序等。执行营销方案时，可以根据不同关键词的表现情况，判断是否需要对关键词进行删除或扩展。企业不能像用户一样，启用所有相关的关键词。因此，查看和整理触发广告的关键词并优化现有的关键词，是必要的举措。

2. 投放策略

投放策略首要考虑的是投放时间的选择，因为不同的时间段对广告效果有不同的影响。11:00、16:00～17:00 以及 22:00 是互联网用户搜索的高峰时间段，而 2:00～8:00 则是搜索量相对较低的时间段。在工作日上班时间，9:00～17:00，人们的搜索量更高；休息日的晚上 19:00～24:00，搜索量较高。同样地，在搜索周期的高峰期，人们对信息的需求也更大。通过考虑互联网用户的搜索习惯进行精准投放，可以提升营销的效果。此外，不同的产业在推出不同产品的时间方面也有所不同。在投放广告时，企业需要根据不同的时机进行调整，以实现最优效果。

选择合适的投放设备也是至关重要的。目前，搜索引擎关键词广告的投放设备主要分为两种：PC 端和手机端。随着越来越多的用户从 PC 转向移动设备，移动端营销的价值逐渐显现。尽管搜索引擎营销主要仍然以个人电脑为基础，但是单独的移动端流量也是非常重要的，不能忽视。对于某些特殊行业，比如移动应用开发商和移动设备游戏厂商，移动用户的流量是尤为宝贵的。

此外，在广告排名方面，企业可根据自己的预算和关键词的重要性做出合理安排，不一定非要占据第一位。具体策略如表 5-2-3 所示。

表 5-2-3　关键词广告排名策略

预算	关键词重要程度	
	重要	一般
预算充足	排名靠前	不必高价竞争前几位
预算有限	排名尽量靠前，重点放在优化关键词质量上	保持低价，从广告和目标页面等方面进行优化

（三）内容定位广告的主要策略

内容定位广告指以内容为目标的广告，是基于关键词广告的另一广告形式，其策略与关键词广告具有相似之处，如一般实施过程、投放策略等。但作为一种新形式，内容定位广告有一些特殊的策略。

在早期营销中，利用受众较为广泛的定位形式提升网站流量，做到“广撒网”。内容定位广告的门槛远远低于关键词广告，为广告客户提供了广泛的受众群体和增加用户流量的基础。通过使用统计分析工具根据企业的不同需求对用户行为进行分析和分类，然后针对用户的类别进行精确的广告宣传。

以 Google 的内容定位广告方案的具体实施流程为例，在具体方案实施之前，企业先将 Google Analytics（GA）系统提供的统计代码安装到企业网站的相关页面，不同产品页面、不同转化步骤页面使用不同的代码，然后创建主题定位、兴趣定位、关键词内容定位等（根据具体情况选择一种或多种）定位形式吸引用户访问网站，GA 系统会按照预先设定好的规则统计各类人群的数据，最后企业利用再营销的形式针对这些不同类别的用户群体投放相应的广告。

对于以品牌宣传为主的企业而言，利用网站定位和主题定位的形式，采用 CPM（千人成本）的付费模式来提高用户的认知和兴趣，关注广告的展示情况，既能节省成本又能产生广泛的品牌效应。对于以业务推广（产品销售）或活动促销为主的企业而言，为了获得用户的直接反应，需要采用关键词内容定位、再营销等相对精确的投放方式来吸引精准的用户点击广告，利用 PPC（点击付费广告）的付费模式达到成本的精确调整和控制。有数据显示，超过半数的消费者在形成购买决策前都会访问网站 4～6 次，多次营销就显得非常有必要。因此，综合采用多种内容定位广告形式是极为有效的营销策略，它不仅能有效地挖掘潜在消费者，还能对广泛的受众进行多次针对性的营销，这就大大增加了企业的营销机会。

尽管每种营销形式都能达到不错的效果，但单一的营销形式都有其局限性。企业在进行搜索引擎营销时，应当适当结合使用多种营销形式，在企业或产品的不同发展阶段采用不同的形式组合和营销策略，发挥各自的长处并弥补各自的不足，从而使整体营销效果最大化。

每种搜索引擎营销形式各有其优点和不足，在专业程度、流量大小、访问者质量等方面的表现情况如表 5–2–4 所示。搜索引擎登录会提高网站的自然排名，而当企业的网站同时显示在自然搜索和付费搜索结果中时，搜索者点击企业链接的概率就会在 90% 以上。很明显，将多种搜索引擎营销形式整合使用，将会给企业带来更大的收益。

表 5-2-4 搜索引擎营销形式比较

营销形式	专业程度	流量大小	访问者质量	效果及时性	花销
搜索引擎登录	低	低	中等	慢	免费
搜索引擎优化	高	中等	高	中等	中等
关键词广告	中等	中等	高	快	高
内容定位广告	中等	高	中等或高	快	高

（四）搜索引擎营销的评估

要确定搜索引擎营销是否有效，企业必须对其进行评估。除了评估营销过程以改进营销策略之外，同时还需评估营销成果以判断营销计划能否取得成功，这一步骤对企业至关重要。因为每个行业都有其独特的特点，所以企业在评估搜索引擎营销效果时，需要根据自身所处的行业来制定相应的评估体系。评估搜索引擎优化效果有两种方法：检查公司所需的关键词在搜索引擎中的排名是否有所提升；监控网站的流量及其对预期目标的贡献是否有所增加。而付费广告的效果评估方式则更加复杂，下面我们将分别对其过程和结果进行分析。

1. 对搜索引擎营销过程的评估

企业在进行搜索引擎营销的过程中需要分析以下数据。

（1）展示量

展示量是指广告向受众展示的次数，它是评估营销效果的关键指标。企业的目标市场最大化覆盖受到目标用户群体规模和营销方式的影响，应当根据实际数据来判断是否达到预期目标。

（2）点击量

点击量是指广告被点击的次数，这是测算营销费用的一个重要指标。主要的影响因素包括关键词的搜索量、广告排名以及对用户的吸引力。

（3）消费

消费是指在一段时间内，执行营销计划所支出的费用。它的多少取决于出价和点击量，需要根据营销预算进行合理的管理。

（4）平均点击价格

平均点击价格是指每次广告点击所产生的平均费用，其计算方法是：平均点击价格＝消费 ÷ 点击量。

（5）点击率

点击率是指广告被点击的频率，是评估营销账户和广告文案是否良好的主要指标。其计算方法是：点击率＝点击量 ÷ 展示量。

（6）访问量

网站访问量是指用户通过搜索引擎营销途径进入网站的次数。按照理想情况，访问量和点击量应该是一致的。实际上，许多因素会导致用户在网页未完全加载完毕时就提前离开，例如网站反应速度等。此外，统计工具无法完全精准统计也会使访问量比点击量更低。另一种统计访问次数的方法是唯一身份统计法，即依据 IP 地址对访问网站的用户进行去重，将同一 IP 地址的多次访问算作一次访问。这样可以准确统计出实际上有多少不同的用户访问了网站。

（7）浏览量

浏览量是指到访用户访问网站的网页数量，体现了用户访问的深度和广度。

（8）注册量

注册量是指通过在线注册系统收集到的注册用户数。这是企业构建用户数据库的有效方法。

（9）订单量

订单量是指用户在网站上购买产品的订单数量。一般只适用于电子商务网站或其他具有在线订购系统的网站。

展示量、点击量、消费、平均点击价格和点击率是通过搜索引擎直接提供的数据，而其他数据则需要使用专门的工具来进行监测和统计。一些大型搜索引擎，比如 Google 的 GA 统计和百度的百度统计，也提供了这类工具。

在本书中，我们将流量数据划分为四个层级。通常情况下，这四个层级从下到上依次是：订单量和注册量、浏览量和访问量、点击量、展示量。这些数据的大小会随着级别的提高而逐级递减（同级之间不作比较，因为浏览量涉及的数据主体不同，所以不包含在比较范围内）。在企业中，高层级的数据通常具备更大的价值。通过这种结构可以清楚地观察到用户在每个层级上的流失量。企业可以利用这种数据结构来监测搜索引擎营销计划的有效性，以便对不足的环节进行优化升级。针对用户流失率最高的环节，分析相关的影响因素，寻找导致用户流失的根本原因并制定相应的解决方案。此外，这些数据还适用于衡量搜索引擎营销成果。

2. 对搜索引擎营销结果的评估

对搜索引擎营销结果进行评估是为了及时发现问题并加以解决，以达到最佳的营销效果。评估搜索引擎营销的结果是为了确定企业采用这种营销方式的效果和价值是否符合预期，一般有两种常用的评估方式。

（1）转化率

一般来说，转化率的计算是以点击量和转化量为基础的，具体计算公式为：转化率 = 转化量 ÷ 点击量 ×100%。企业可以根据自身情况设定不同的转化目标，比如增加网站访问量、提高注册人数、增加订单量或者增加电话咨询量等。对于盈利能力较高的网站，企业可根据自身情况测算每次购买能够带来的收益，也就是客单价，并考虑临界利润，以此计算出预期转化率。如果实际转化率超过这个数字，那么企业就能获利。为了评估营销效果，我们需要在事先设定好转化目标和相应的转化率的基础上，以转化率为标准来进行对比分析，从而判断营销活动的效果如何。由于市场环境复杂多变，因此该评估方法的适用性会受到一定限制。

（2）投资回报率

在当前市场情况下，投资回报率（ROI）是主要用于评估搜索引擎营销效果的方式之一，也是一种比较可行的评估方式。通常情况下，ROI 的计算方法为：（搜索引擎营销销售额 − 搜索引擎营销的总投入）/ 搜索引擎营销的总投入 ×100%。同样地，企业必须利用产品的利润信息来计算投资回报率的临界点，以确定必须达到哪个水平的投资回报率才可以盈利。此公式可直接应用于电子商务业，以便快速有效地计算投资回报率。一些企业的营销利润难以准确计算，此时需要借助其他数据配合计算投资回报率。举例来说，品牌产品销售企业需要综合考虑用户注册量和产品订单量两个指标（假设该企业的在线订购系统无法获取订单金额，实际生活中这种情况也确实存在），因为注册用户往往是潜在客户，企业可根据过去的销售数据预估每个注册用户和每个订单的销售额，从而计算出营销利润。尽管这种评估方式并不十分准确，但它仍然具有实际意义。企业进行搜索引擎营销评估时，通常需要运用多种评估方法，并将它们综合利用起来，形成完整的评估体系。采用这种方法，不仅可以更加有针对性地引导营销流程，还可以更全面地评估营销成果。需要强调的是，对于搜索引擎营销的评估不应当独立于整个营销计划的实施过程，而应当贯穿始终。

第三节　跨界营销

在营销上最常运用的跨界概念有商品跨界、文化跨界、渠道跨界。跨界营销的经典案例不胜枚举。从过往到现代，从欧洲到亚洲，跨界已经代表了一种特定的个性追求和审美方式，代表了新锐、时尚的生活态度。通过跨界合作，让本来毫不相干甚至矛盾、对立的元素融于品牌，使品牌的立体感和深度感相互渗透、相互融合。

一、跨界营销的原则

正确的营销方向与思路决定了营销策略的成败。品牌营销是累积品牌资产的必要手段，一步之差可能直接导致品牌在市场的失利或隐没，不但不能赢得新进者的"芳心"，甚至动摇忠诚者的品牌信仰。所以，企业在使用跨界营销这一时兴的营销方式之前，必须先了解它的原则。

（一）资源相匹配原则

资源相匹配是指两个不同的企业品牌跨界营销的时候，需要具有一定的共同性和对等性，主要体现在企业的品牌实力、营销思路和能力、企业战略、消费群体、市场地位等多个方面，只有拥有一定的共同点和对等的能力，跨界营销才会有更好的效果。

（二）品牌效应叠加原则

所谓品牌效应叠加，就是两个品牌在优劣势上进行相互补充，通过将各自已经确立的市场人气和品牌内涵互相拓展到对方品牌身上，或者利用传播效应的互相累加，来丰富合作双方品牌的内涵及品牌整体影响力。

（三）消费群体一致性原则

成功的品牌都有其准确定位的目标消费群体。作为跨界营销的实施品牌或合作企业，由于其所处行业、品牌价值及商品的不同，若要成功跨界，就要求双方企业或者品牌必须具备一致或者交叉的消费群体。跨界营销的实质就是实现多个品牌从不同角度诠释同一个用户群体特征。

所以，企业在思考跨界营销活动时，需要对目标消费群体做深入的分析，掌握其消费习惯和品牌使用习惯，以作为营销和传播工作的有效依据；还应注意策略的协调性，避免重新注入的元素和消费者的其他特性产生冲突，从而造成品牌印象的混乱。

在新品牌进入市场时，若使用跨界营销策略，消费者群体一致性原则就显得尤其重要，使用得当则事半功倍，有利于形成良好又鲜明的品牌形象。

（四）品牌力量非竞争性原则

跨界营销的目的在于通过合作丰富各自商品或品牌的内涵，实现双方在品牌或在商品销售上的提升，以达到双赢的结果。即参与跨界营销的企业或品牌应是互惠互利、互相借势增长的共生关系而不是此消彼长的竞争关系，因此要求进行合作的企业在品牌上不具备竞争性。否则，跨界营销就变味为行业联盟。在打破传统营销思维模式、避免单独作战的同时，跨界营销寻求的是非业内的合作伙伴，以发挥不同类别品牌的协同效应。跨界合作旨在满足消费者多方位的感官体验和需求，这是有着相近定位的单一品类品牌联合无法实现的。

（五）商品功能非互补性原则

商品功能非互补性指进行跨界营销合作的企业，在商品属性上要具备相对独立性。跨界营销合作不是对各自商品在功能上进行相互的补充，比如桌子和椅子、沙发和茶几的关系，而是商品在能够相互独立存在的基础上各取所需，是一种基于共性和个性的特质，以便带给消费者多维度的消费体验。即在渠道、品牌内涵、商品人气或者消费群体上进行互补。换而言之，跨界营销合作强调的是用户体验上的互补，而非简单的功能互补。

（六）品牌理念一致性

品牌作为一种文化的载体，体现着消费群体的文化、个性等多方面的特征。品牌理念的一致性就是指参与合作的双方品牌在内涵上有着一致或者相似的诉求点或代表有相同特征的消费群体。

只有品牌理念保持一致性，才能在跨界营销的实施过程中实现两个品牌的相关联。

（七）以消费者为中心

现代营销出现了巨大转变，企业的营销行为从过去以生产者为中心转向了以消费者为中心，从过去关注自身转向关注消费者，因此，关注消费者需求、提供消费者所需才是跨界营销合作的真正目的。

二、跨界设计的形式

（一）多品牌跨界设计形式

多品牌跨界设计形式指两个或者两个以上不同领域的品牌之间通过合作进行跨界设计，从而产生新的亮点，给予消费者“一件产品，两个大牌”的感觉。

1. 共创新品牌形式

该模式即两个品牌通过跨界设计，开发出一个全新的子品牌。新的子品牌同时具备两个母品牌各自的优点，从而能更加吸引消费者。与此同时，该子品牌也能够充分利用两个母品牌的数据信息、渠道、用户资源等，实现利益最大化。

索尼爱立信这个曾经的知名品牌就属于该模式。该品牌由索尼与爱立信各自控股 50%，融合了索尼在产品规划、设计能力、营销和品牌推广方面的专长及爱立信在移动通信技术、网络设施、与运营商关系等方面的专长。2005 年，索尼爱立信推出 Walkman 品牌音乐手机，全球消费者对把移动电话作为音乐播放器的概念表示广泛的认可及高度的热情。

2. 一方主导形式

这种形式可以是以 A 品牌为主品牌，B 品牌为辅品牌，经过跨界设计共同开发设计出的产品属于主品牌，由此扩充主品牌的品类与品质；或是 B 品牌单纯服务于 A 品牌。这种跨界设计模式，使得主品牌可以借他人之长补己之短，抑或是锦上添花。

例如，华硕与兰博基尼通过跨界设计，推出的华硕兰博基尼 VX6，笔记本电脑的整体造型充分展现了兰博基尼跑车的酷感元素。创新的设计与绝妙的构想，为该产品吸引了大量的消费者。

这种形式还可以是以 B 品牌为主导，结合 A 品牌的特性，为 B 品牌进行跨界设计。

（二）单品牌跨界设计形式

这一形式是指单一品牌进行的跨界设计。这类模式虽没有与其他品牌进行合作，但存在品牌与独立设计师或名人，以及品牌与元素之间的合作。

1. 以名人为设计主导

该模式下，一般以名人为设计主导，品牌为其提供设计平台。这种形式打破了传统的品牌代言方式，邀请名人参与跨界设计，使产品从设计、生产、推广都烙上名人的印记，既能使品牌文化得以提升，又能吸引大量名人粉丝的追捧。此处的名人一般为明星、设计师、艺术家等。

2. 以跨界元素为设计主导

以跨界元素为主导的设计，不再依赖其他品牌或名人，而是运用品牌自身的跨界概念，增强跨界设计模式的灵活性、自由度和可操控性。跨界元素包括当前的流行趋势、社会热点话题以及消费者体验等方面。

品牌可以利用流行趋势来研发产品或制定相应策略，实现时尚跨界设计。近些年来，中国风、中国文化逐渐引领全球时尚浪潮，各大品牌相继推出了含有中国元素的系列产品。例如，很多西方知名时装品牌开始把目光转向中国，将龙、凤凰等中国元素填充到服装线条中，以经典形式为主，在颜色、裙子和袖子的长度、式样以及材料上进行着各种变换。

品牌还可以结合热门话题，开发符合该话题的产品或营销方案。随着舞蹈《唐宫夜宴》的火爆“出圈”，许多品牌和厂商也紧跟话题热度，将自己的品牌或产品与舞蹈、“大唐”元素进行结合。例如，沃尔玛延续了《唐宫夜宴》IP 的文化热度，在中秋节期间推出了《月圆奇妙夜》广告片，以此吸引顾客的目光。

体验型跨界设计强调品牌要给消费者一种体验，而非仅仅进行商品交易。企业需要快速、有效地了解市场，以进行品牌创新，同时探索创造能够激发消费者参与的体验模式。

三、跨界营销中的品牌策略

（一）产品跨界营销的品牌策略

1. 品牌嫁接策略

（1）概念与内涵

品牌嫁接策略是指将某一品牌的标志元素嫁接到另一产品中，从而产生新产品的策略。这种策略通常是在现有产品的基础上进行局部或表面的改变而形成的。被嫁接品牌的商品包装上通常会标明不同的规格、功能特色或使用人群以便区分。

（2）原因与着力点

品牌嫁接策略的出发点有这三个：首先，嫁接品牌可以使品牌生产能力得到充分利用，或者让原有产品焕然一新，改变其难以获得更多关注和市场的困境；其次，嫁接品牌可通过依托其他品牌，以较低的成本实现既定目标；最后，可以通过推新的方式来深化与目标受众的关系，增强其对品牌的忠诚度。同时，该方法还可以渗透到对方品牌的用户群中，形成长期的战略伙伴关系。

（3）弊端与风险

品牌嫁接策略也存在一些风险。如果嫁接的对象或嫁接的方式不合适，或者宣传过程中表达不准确，品牌可能会失去其特定的含义，甚至被曲解。其次，随着嫁接的时间不断延长，品牌原有的独特性和形象可能会减弱，特别是在一个品牌过于强大的情况下，会导致另一个品牌变成“子品牌”。在嫁接过程中，如果出现一方出现问题，那么双方的嫁接产品将需要共同承担后果。

2. 品牌联合策略

（1）概念与内涵

品牌联合策略是指两个独立的品牌，在以不改变或新增自身产品为合作关系的前提下，基于共同受众和战略目标而进行合作的一种策略方式。这种策略可分为同行业联盟和跨行业联盟。

（2）原因与着力点

首先，在某一种产品品类的市场萌芽期和发展期，同行业公司通常会联合起来成立联盟，以满足市场需求。这是因为一个品牌很难独自开拓一个市场。市场上的多元竞争促进了市场的快速成长和发展。有些市场刚开始时充满朝气和活力，但最终却无法繁荣发展，很大的原因便是参与者的数量太少。多个品牌一同出现是支持一个整体性市场的必备条件。

其次，跨行业联盟在市场中越来越常见。这主要是因为各行各业已经能够满足市场的需求，行业内部趋于饱和，竞争也就越来越激烈。因此品牌需要通过跨行业合作来获取更多的资源链接和互换，以在同行业竞争中取得更多优势。

（3）局限性与应对措施

品牌联合策略虽然有着很多优越性，但同时也存在诸多局限性。例如两个品牌可以通过资源共享和连接来扩大各自品牌的资源存储，但由于缺乏具体的合作成果，计算合作所带来的价值就变得十分困难。为了克服这个问题，可以在品牌联盟之前和之后对目标人群进行市场调研，这样就可以对策略的影响效果进行全面准确的统计分析，然后根据实施策略的情况进行调整并优化联盟策略的执行计划。

3. 品牌创新策略

（1）概念与内涵

品牌创新策略是指在不改变已有品牌及产品的前提下，通过创新性思维，以新的产品或理念为基础，为品牌创造全新的营销策略。

（2）原因与着力点

品牌创新策略通常适用于强强联合，可以介入彼此原有领域、共享用户、为实现长期联盟做试点等。核心着力点在于双方可以发挥各自的优势使得新创品牌可以高效高质的完成其既定目标。

（3）局限性与应对措施

品牌创新策略在实行的初期通常面临的最大问题是新创产品和品牌的知名度低、缺乏用户基础。渡过初期难关的方式有以下几个方面：一是借助原有品牌的知名度对新品牌进行捆绑式推广；二是巧妙选择时机、抓住热点进行借势推广；三是在新创品牌面临困难的同时看到其最大的机遇和优势所在，新创品牌具有更多的可能性定位，可以在原有品牌的经验教训中做出新创品牌的高度性和新颖性。

（二）渠道跨界营销的品牌策略

渠道跨界营销策略可分为三类：线上跨界策略、线下跨界策略、跨线跨界策略。

1. 线上跨界策略

线上跨界策略指的是品牌原本的推广方式在线上，所选择的跨界渠道同为其他类别的线上渠道。双方通过互相分享各自独特的推广渠道，进行有效的渠道交流、置换。品牌线上跨界利用新媒体的强大影响力和高度自传播性，结合低成本的投放和即时效果，已经成为必不可少的策略模式。在网络传媒领域，新媒体给我们带来了大量的信息，但也存在信息量过大、信息碎片化、真实性难以保证等问题。因此，若品牌想要在线上跨界扩展业务，就必须充分考虑品牌自身的性质和目标消费群体，在全面准确地评估新媒体平台的基础上，选择最适合的投放平台。

2. 线下跨界策略

线下跨界策略是指品牌在线下推广时，选择与其他不同类别的线下渠道进行合作。这种策略可以有效地扩大品牌的影响力和市场覆盖面。同时，不同领域的合作也能带来新的创意和想法，为品牌带来更多的可能性。更优秀、更高效的线下跨界营销策略是"与周边环境巧妙结合的长期广告 + 富有趣味和高度参与性的短期活动"，这不仅会增强客户对品牌的好印象，还能提高他们对品牌的忠诚度。

3. 跨线跨界策略

跨界营销策略指的是一种将原本专注于线上推广的品牌策略扩展到线下，或是将专注于线下推广的品牌策略扩展到线上的方法，这种方法可以更有效地推广品牌。采取"利用线上媒体全程跟进传播 + 线下互动现场 + 同受众的多屏精准传递 + 相同核心内容的多角度二次传播"的模式，可以充分发挥这一渠道的价值。

综上所述，品牌的跨界营销策略属于产品和渠道两个领域，也有可能只属于其中之一，具体取决于品牌的需求和目标。为了打造高品质的产品并最大化其价值传播，企业需要运用产品和渠道跨界的创新思维。通过综合这两种跨界营销方式，企业可以让受众对品牌的印象更加独特、体验更加多样化、记忆更加深刻。

第六章 “互联网 +”背景下的品牌危机管理

本章为“互联网 +”背景下的品牌危机管理，介绍了“互联网 +”背景下的品牌维护、“互联网 +”背景下的品牌危机应对策略、法律保护机制在品牌危机中的应用研究三节内容。

第一节 “互联网 +”背景下的品牌维护

品牌维护是企业针对外部环境的相应变化给品牌带来的影响所进行的维护品牌形象、保持品牌的市场地位和品牌价值的一系列活动的统称。

一、品牌维护的必要性

品牌的竞争力和价值是企业的重要资产，需要耗费大量心血才能打造成功。市场和消费者的需求是在不断变化的，所以企业需要持续进行品牌维护。如果品牌没有做好必要的品牌维护，很可能在市场竞争中失去竞争力。

（一）避免品牌老化

品牌老化是指企业品牌在市场竞争中逐渐失去竞争力，表现为品牌知名度、声誉度下降以及销量、市场份额降低等。在当今竞争激烈的市场中，任何品牌都可能老化过时。因此，适时对品牌进行维护是预防品牌老化的关键。

（二）保持和增强品牌的生命力

从某种程度上来看，品牌的生命力是由消费者的需求决定的。当品牌能够跟上消费者变化的需求并作出相应的调整时，该品牌就能在充满竞争的市场中处于更强大的地位。为了满足市场和消费者的需求以及保持和增强品牌的生命力，需要不断维护品牌的形象。

（三）预防和化解危机

随着市场的不断变化和消费者维权意识的不断提高，品牌面临越来越多的威胁，因此品牌必须采取预防措施。如果品牌没有针对预测到的危机预备应对策略，它就很容易面临非常危险的境地。这意味着企业需要加强品牌产品或服务的质量，并有效地预防内部原因引起的品牌危机。同时，品牌的核心价值也需要进一步提升，从而实现合理的品牌延伸和扩张，以降低危机发生后的风险影响。

（四）抵御竞争品牌

在竞争激烈的市场中，其他竞争品牌的表现会影响企业品牌的价值。因而，经常进行品牌维护不仅可以保持品牌在竞争市场上的优势，同时还能够对抵御假冒品牌产生一定的作用。

二、品牌维护的基本内容

企业的主要职责就是对品牌进行维护。与此同时，品牌维护还少不了政府和消费者两股重要的力量。企业对品牌进行维护，主要有以下三方面的内容：

（一）产品保证

产品由核心产品、形式产品和附加产品构成。其中，核心产品是功能的需求满足；形式产品是指产品的实物状态，如愉悦人心的包装设计；附加产品是指消费者在购得产品时所获得的附加利益，如完善的售后服务。

满足消费者的需求是所有产品质量设计的一个出发点，与此同时还要考虑到产品的安全性、耐用性、实用性和新颖性。

1. 安全性

对于消费者来说，他们对产品最起码的要求就是安全可靠。因此，安全性能是否良好和产品的市场发展前景以及品牌的形象有着直接的关系。特别是对于那些可能会造成重大安全问题的产品，如汽车、家用热水器等，安全性对于消费者而言，可以说是至关重要的一点。

2. 耐用性

至于结实耐用，这是对产品质量的一个基本要求。一种产品能够被长期、无故障地使用的话，会更容易得到消费者的认可和青睐。当然，从现在的消费观念来看，耐用性并不一定适合时尚消费者的市场发展趋势。例如，在前几年甚至前几十年，耐穿是人们对服装的最基本的要求。而在这个日新月异的时代，一部分人会为了时尚、潮流，而降低对服装耐穿的要求。但对于大多数产品而言，耐用性仍是举足轻重的一点。

3. 实用性

所谓的实用性，就是完全从消费者的需求出发，对于产品的局部性能进行适当的调节，以增加产品对消费者的有用性。

有些产品虽说本身融入了许多高科技的相关成分，功能齐全，独特新颖，在一定程度上来说还极为方便，但是多数的消费者并不需要那么多的功能，他们会认为只需要具备最基本的功能就足够了。

4. 新颖性

严格来说，产品的新颖性并不在产品质量的范畴里，但是从市场竞争的角度来看，产品具有新颖性的功能往往能使产品质量有一定的提高。例如磁性冰箱门的发明，由于原来的冰箱门都是使用机械门闩，结果就多次发生了儿童钻进冰箱却无法从内部打开而造成窒息的悲剧。磁性冰箱门的使用解决了这一安全问题，使冰箱更方便使用、更灵活美观。

人们的生活水平在不断地提高，对美的追求也是越来越丰富。针对这一特征，企业对产品的设计、包装加以改进时，应该进行周全的考虑，以更好地适应甚至引导消费者不断变化的审美观，使产品在消费者心目中始终保持美好、新颖的形象。

（二）质量管理

企业的质量管理是指为使消费者的需求得到满足，运用系统的理论和方法对质量问题进行深入研究，组织全体职工参与并综合运用各种科学手段和方法，对产品的设计、制造、销售和使用等全过程进行的相关质量管理活动。

品牌维护的根基就是“质量第一”。“以质取胜”是永不过时的真理。对于企业来说，在制定质量发展的目标上，要做到切实可行，针对国际国内的先进标准积极采用，使得产品质量更高，从而提高品牌的市场占有率，突出品牌形象。

（三）广告宣传

在企业形象塑造、企业知名度提升、品牌的推广和维护等方面，广告宣传起到了不可忽视的作用。在很多企业发展的过程中，广告宣传能在较短时间内将品牌信息传递给消费者。企业用合理的费用开支和渠道进行有效的广告创意及发布，能够引导消费者在选择中建立品牌偏好，逐步形成品牌忠诚。

用广告作为重要手段来引导消费者，需要着重强调以下几点：

第一，不断对品牌声誉进行强化。无论是来自公众舆论的集体效力还是来自专家学者的权威效力，对品牌声誉的树立和强化都能起到很大的作用。

第二，对广告宣传力度适度加大，使产品有形而且“有声”。通过广告的形式对产品销售起到促进作用，再通过产品销售使得品牌市场地位得到提升。

第三，把广告宣传的关注点从介绍产品的功能转移到注重品牌形象上来。因为同类产品太多，不同产品可能具有同种功能或类似功能，所以，广告不能只重视产品功能而对品牌的宣传力度减弱。

与此同时，还有一些其他用于品牌日常维护的宣传方式：

第一，赠送样品。为消费者准备一些可以使用的样品，免费赠送给他们。这样一来，可以使得消费者在进行亲身体验的时候认识并注意到该产品和品牌，也能够让企业对自己的产品有一个充分的了解，即自己的产品是否能较好地满足消费者的需求。

第二，促销。为了更多地吸引消费者，或是促使一些原有的消费者进行重复消费，利用相关的打折、附送纪念品等刺激性手段也是企业进行促销的一种方式。现在，促销已成为企业最常用的营销方式。

但这种方式需要注意的一点就是，不适合频繁地进行使用，否则，会对品牌的形象造成一定程度的损害。许多行销专家认为，促销活动属于一种短期行为，它并不能像广告那样让消费者建立起品牌忠诚。

第三，公关活动。所谓的公关活动，具体指的是采用公众宣传的方法手段来提高品牌的知名度，以赞助的名义来提高品牌的美誉度等。

公关与广告不能混为一谈，它们之间的定义也有所不同。广告是让人们“买我”，公关是让人们“爱我”。相比之下，公关比广告有更高的可信度，但是公众必须对公关活动宣传的品牌有一定印象才行，所以，广告和公关配合使用，会收获意想不到的效果。

第四，业务会议和贸易展览。企业可以通过业务会议和贸易展览等相关活动，针对自己的产品和品牌向中间商进行合理的宣传，以此招揽顾客，为其介绍新产品或新品牌。

第五，寻求权威支持。为了使产品增加可信度，企业可以采取寻求官方或民间有关组织或权威个人的认可和支持的方式，使消费者购买产品的安全感会更强一些。得到了来自消费大众的信任，品牌形象自然可以获得广泛的支持。

对于企业而言，针对品牌的常规维护是一个长期的过程。这就要求企业要从每一个相关的细节做起，日积月累，才能在人们心中树立起牢固的品牌形象。

三、品牌维护的相关策略

企业要想使品牌快速发展为强势品牌，在品牌发展过程中就要对品牌不断地进行细致入微的维护。可以说，品牌维护对品牌的成功以及维持强势品牌的地位起着至关重要的作用。如何着手品牌维护、需要做哪些方面的维护、维护品牌的任务交由谁来完成都是品牌维护需要考虑的问题。

（一）关心和维护品牌

可以说，品牌能够与其正常生命周期做相应抗争的前提是企业要重视并维护好品牌。因此，企业在品牌发展过程中，必须时刻保持警惕。

确保品牌平台不受到损害是对品牌进行维护的基础。这就要企业确保在开展与品牌个性和核心价值相关的每一项活动时，都要前后一致，要合适得体，而且在维持品牌的定位上不能有任何妥协。

尽可能地向顾客提供最好的品牌体验是整个工作的首要目的。在管理和维护品牌的过程中，宣传战略是最为突出、重要的一点。许多企业因对品牌维护的忽视，最终出现“大意失荆州”的结果。

（二）建设强大的企业品牌

除了上面提到的品牌维护策略，我们还需要不断丰富构成强势品牌的各个方面，如增加品牌资产、提高品牌价值、加强品牌识别特征、不断诠释品牌的个性等。

此外，另一个关键的品牌维护是确保品牌所有者具备建立独特品牌文化的能力，以真实地反映广告所宣传的品牌个性和品牌定位。对于那些从事服务行业的公司来说，这个问题尤为关键。因为在服务行业中，品牌和顾客的互动要更加紧密、更加个性化。

要想让企业成为公众注意的焦点，形成强大的企业品牌形象，企业必须采取相应的措施，利用合理的手段，围绕品牌个性建立完整的品牌文化。近期，企业文化似乎成了一个最平常的话题，是因为现在很多的企业都在试图向现代工作的方式慢慢靠拢，调整相应的管理风格，进行合理的改变。除此之外，很多企业甚至请了相关的专家，针对复杂的培训和组织发展计划进行调整，以对当前的企业文化有更好的影响，并且在以后的发展中能够有卓越性的提高。企业文化就是企业做事的方法这种看法是片面的，做事方法只是企业文化呈现的一个形态而已。

如果企业开始建立全新的企业品牌文化或对现有的文化进行改进，可以通过制定一系列的企业价值观，并将其作为员工应该遵循的行为规范来实现。在建立品牌时，赋予其独特的个性是非常重要的，这是品牌成功的关键。品牌个性实际上是对品牌本质呈现的综合整理。塑造独特的品牌形象和个性特征能够让消费者更容易被产品吸引，更容易做出选择。需要特别强调的是，如果个性特征成为品牌的构成元素，那么企业品牌文化就要注重体现同一性。这意味着个性特点需要和企业品牌价值承担相同的作用。

（三）定义品牌价值

企业通过对企业品牌的个性特点进行相关的选择利用，然后让大家对这些存在的特点都有所了解，在一定程度上来说，还是远远不够的。这就需要在以下两个层次上对这些个性特点进行更为仔细的定义。

在全体的层次上：在全体的层次上加以普遍定义，这样的举措会使得员工对于这些个性特点有一个更为详细的了解，了解组织的远景和相关使命。在此，企业需要做的就是，让全体员工知道企业品牌的个性、这些个性存在的原因以及个性对品牌的重要性，缺一不可。

在个人的层次上：个性特点之所以必须在个人的层次上加以定义，是因为企业需要建立属于自己的品牌，而其中的关键就是过程中的每个步骤都得体现出企业的个性特点。这就要求企业的上上下下，无论是首席执行官还是基层的每个员工，在进行相关的工作时必须尽最大的努力体现出这种个性。对于员工来说，其在全体层次上可能对企业品牌个性和有关的描述有了一定的认识，但是，这些对于他的工作究竟意味着什么，才是他需要去搞清楚、弄明白的。归根结底，顾客是通过企业员工来对品牌进行详细体验的。因此，必须确保员工对企业品牌的个性特点不能只做到了解，还需要在此基础上懂得如何把这些特点体现在工作之中。

这项工作相对来说有一定的难度，但无论是对人事管理、员工培养还是培训等，都有着非比寻常的意义。通过让员工对品牌的个性有相关的了解，使得员工更有方向感，这是区别于其他培训的一点。

（四）建立品牌个性战略

企业创建自己的企业品牌需要有一套完整的战略。而且企业的战略应该建立在品牌价值基础之上。因此，让企业的各个分支部门提出各自将如何实现品牌价值的短期和中期计划，是一个最有效的办法。

这就需要各个分支部门为此出谋划策，最终上报到上级管理层并说明针对自己的计划具体实施的方法。所谓的计划需要有清晰的方向、具体的时间安排和详细的完成标准。长期这样执行，员工就会对于这种计划制订养成习惯，这对企业品牌的建立是有一定好处的，企业也容易掌控局面，各个部门也会体会到这样做的优势。如此一来，按照品牌的要求相应地给大家的工作进行明确的定义就会更容易了。

如果主要的品牌价值或是个性特点具备创新性，那么，企业就应该确保产品和服务相对应地具备创新性，如吉列企业规定其年销售额的 40% 以上要来自过去三年中推出的产品，而 3M 企业则将这一比例定为 25%。[①]

具有这类价值的部分企业，如杜邦，它鼓励所有的员工都参与到创新培训当中，因为这些企业相信任何一个人都有创新的想法和思想，可以想出一些独特而新颖并富有创意的主意。

（五）品牌重新定位

在品牌不断发展的过程中，社会环境以及市场环境等多方面的变化，会对其造成一定的影响，所以，必须适当地对品牌定位进行调整，这同时也是进行品牌维护的一个重要方式。就品牌维护过程中的品牌定位而言，其实是对品牌进行了重新定位。所以企业必须以一个全新的状态出现，因为在这之前，人们已经大致形成了对它的固有印象。重新定位的时机包括以下四种：

1. 品牌形象模糊

这种情况下，消费者会对品牌形象的感受较弱，甚至在认识上模糊不清，不能进行分辨。如果在前期，企业对品牌没有做到明确的定位，那么就会很容易出现这种情况。在中国现有的一些企业中，这种情况最为常见。当对品牌进行了相关审查后，得出的结果却是因为在针对顾客的喜好吸引方面，该品牌与其他品牌几乎没有什么区别，没有新颖独创之地，反而接近雷同，因此失去了创新点所在。

---

① 钟伟．品牌营销策划与管理 [M]．北京：科学出版社，2009．

如果出现这种情况，企业应及时做出反应，对品牌进行重新定位，让自己的品牌具有区别于其他品牌的地方，有自己的独特个性，与众不同。

2. 竞争逼近

如今，只要是取得了一定成功的品牌，都会不可避免地面临竞争逼近的威胁。甚至，有的时候情况发展过于迅速而让企业应接不暇。

在消费品的类别中，每天都存在这样的威胁。这就要求，企业要对自己现有的产品不断地进行创新，通过不断地推出新产品，来使自己的地位更加稳固。知名的快递企业——联邦快递，在发现其他企业在效仿自己之后，马上采取了应对措施，以快速服务为出发点，并展开了很大力度的宣传：即使条件再恶劣，联邦快递都会准确无误地进行交货。这个举动使与产品相关的属性，加倍地体现出了企业的个性，在快递业中独树一帜。①

3. 品牌价值观更新

在推出新品牌价值观、个性特点或是进行自我复兴之前，企业需要制定详细、周全的重新定位计划。各种法规政策的调整和实施使许多企业不得不对其价值及文化进行一定程度上的改变。这一点对于企业来说，极具挑战性。因为原有的品牌价值观和个性特点在消费者的心中已根深蒂固，而要针对原有的品牌进行重新定位，就需要企业有极大的毅力，同时还需要一种完全不同于原有的品牌文化与顾客的体验做后盾。

4. 企业转向新的目标顾客群

品牌要想在以后有更开阔的市场，继续长远发展，就应该在目前细分市场的基础上再增加新的细分市场。当然，这个过程难免会有一定的风险，因此需要企业有一个心理准备，那就是可能会对品牌现有的顾客基础造成冷落的现象。

例如，一本非常著名的女性杂志品牌，现有的读者群为 25～40 岁的女性，如果它想再进行细分一下，将顾客的群体扩展至 18～25 岁的女性，但是又不能确保新的群体有着与原群体相同的兴趣和态度，这就相当于给重新定位增加了一定的难度。因此，针对该品牌应该进行怎样的改变，是一个需要认真考虑的问题。

综上所述，企业是为改进人们对品牌的现有认识才对品牌进行重新定位。因此，重新定位的前提和重中之重是必须使顾客在原来的基础上获得更好的品牌体验。

① 钟伟．品牌营销策划与管理[M]．北京：科学出版社，2009.

（六）品牌审查

市场永远在不停地变化，品牌也是一样，因此需要在短时间内得到创新，不能停留在一个时间之内静止不变，否则会遭到市场的淘汰。

对于品牌来说，要想维持一个跟得上市场变化的发展规律，作为一个强势品牌长期立足于市场发展的不败之地，就必须不断地对自身进行审查，以此来作出一系列的调整，使品牌个性更为清晰。因此，品牌维护的一个最基本的方法就是品牌审查。

品牌审查包括对品牌与消费者之间的关系进行相应的诊断，对品牌与竞争品牌的关系进行诊断，对品牌资产进行相关的评估。

品牌维护是对品牌成长为强势品牌的一个坚强保证，在品牌发展过程中，品牌维护既是一个必不可少的步骤，也是一个品牌长足发展的基础，它对于中国企业走品牌化道路有着深远的指导意义。因此，品牌的经营者要用正确的态度去对待品牌维护。

第二节 “互联网 +”背景下的品牌危机应对策略

一、“互联网 +”背景下企业品牌危机的特点分析

（一）信息源的难控性

在“互联网 +”的时代背景下，企业对品牌危机信息源的控制面临新的挑战。其中，信息源的扩散和信息传播渠道的复杂化是两个主要的特点。

首先，信息源的扩散使得企业对于品牌危机的控制变得更加困难。在传统媒体时代，信息的传播主要依赖于主流媒体，企业可以相对容易地掌握品牌危机的信息源。然而，在“互联网 +”的背景下，信息的传播变得更加多元化，每个人都可以成为信息的发布者。这种信息发布的大众化、民主化趋势，使得企业需要花费更多的时间和精力去筛选、辨别和掌握与品牌相关的信息。在这个过程中，任何细小的疏忽都可能导致品牌危机的出现，给企业带来潜在的风险。

其次，信息传播渠道的复杂化也增加了企业对于品牌危机信息源控制的难度。在“互联网 +”的时代，信息的传播渠道不仅包括传统的媒体和网络媒体，还包括社交媒体、论坛、博客等多元化的平台。这些平台的交互性和实时性使得信息

的传播速度加快，同时也给企业对于信息源的控制带来了新的挑战。这些平台信息发布自由、审核不严格的特点，使得虚假信息和恶意攻击更容易出现，给企业的品牌形象带来潜在的风险。此外，这些平台的多元化和个性化特点也使得企业需要更加精准地掌握相关信息，以避免遗漏任何可能引发品牌危机的信息。

此外，“互联网 +”背景下的信息传播还具有去中心化的特点。在传统媒体时代，信息的传播主要依赖于主流媒体，而这些媒体通常具有明确的权威性和主导性。然而，在“互联网 +”的背景下，信息的传播变得更加去中心化，每个人都可以成为信息的源头和传播者。这种去中心化的特点使得信息的真实性和可信度变得更加难以判断，同时也给企业对于品牌危机的控制带来了新的挑战。在信息传播去中心化的背景下，企业需要更加关注网络上各个角落的信息源，包括社交媒体、论坛、博客等平台。这些平台的信息发布具有自由、快速和匿名的特点，很容易造成信息的失真和误导。因此，企业需要加强对于这些平台上相关信息的监测和审核，以避免不实信息和负面信息对于品牌形象的影响。

另外，“互联网 +”背景下信息传播的互动性也增加了企业对于品牌危机信息源控制的难度。在传统媒体时代，信息的传播往往是单向的，受众只能被动地接受信息。然而，在“互联网 +”的背景下，信息的传播变得更具互动性，公众可以随时随地发表自己的观点和意见。这种互动性的特点也使得信息的传播变得更加复杂和难以控制。企业需要时刻关注网络上的互动信息，以掌握与品牌相关的最新动态和公众反应。同时，企业也需要积极与公众互动，及时回应公众的质疑和负面评论，以避免品牌危机的出现。

（二）覆盖面的广泛性

在“互联网 +”的背景下，覆盖面的广泛性成为企业品牌危机的新特点。全球范围内的互联网的普及，使得信息传播打破了地域限制，实现了国际化的传播。无论是大型跨国公司还是小型本地企业，都无法避免来自全球公众的关注。品牌危机的任何一个细节都可能在短时间内传遍全球，让所有的消费者都可能成为危机信息的传播者，从而增加了品牌危机发生的可能性。

（三）传播的快捷性

在“互联网 +”时代，信息的传播速度得到了极大的提升，几乎所有的信息都可以在瞬间传遍全球。这一现象对于企业品牌危机而言，意味着其负面影响的传播速度也得到了极大的提升。在传统媒体时代，信息的传播速度是以天为单位计算的，因此企业有一定的时间来应对危机。而在“互联网＋”时代，信息的传播速度是以秒为单位计算的，这给企业应对危机的时间带来了极大的挑战。

首先，互联网的普及和新媒体的涌现使得信息传播突破了空间和时间的限制。在传统媒体时代，信息的传播范围和传播速度都受到严重限制，企业可以根据传统媒体的传播速度来合理安排自己的应对措施。而在“互联网＋”时代，信息的传播范围不再受限于地域和国界，信息的传播速度也得到空前提高，这使得企业很难掌握信息的传播范围和传播速度，难以预测和控制危机的负面影响。

其次，互联网的交互性也使得信息传播更加快捷。在传统媒体时代，信息是单向传播的，公众只能被动地接受信息。而在“互联网＋”时代，信息的传播是双向的，公众可以随时随地发表自己的观点和看法，这使得信息的传播更加快捷和广泛。

（四）危机负面影响的联动性

在“互联网＋”的时代背景下，企业品牌危机所带来的负面影响展现出一种联动性的特点。这个特点主要表现在以下几个方面：

第一，互联网的即时性使得品牌危机的影响能够在短时间内迅速扩大。在“互联网＋”的推动下，信息传播的速度和广度得到了前所未有的提升。一旦发生品牌危机，负面信息可以在几秒钟内传遍全球，引起全球公众的热议和讨论。

第二，互联网的匿名性使得品牌危机中的群体行为更具盲目性。在现实生活中，人们往往会受到各种规范和道德的约束，而在互联网的虚拟环境中，这些约束往往被减少或打破，使得人们在群体中更容易失去自我意识，更容易对某个品牌产生消极的情绪。这种情绪相互影响、相互强化，最终形成一种“群体压力”，使得更多的人倾向于支持对品牌不利的观点。

第三，互联网的互动性在缓解品牌危机的同时也加大了其控制的难度。在传统的信息传播模式下，信息的接收者往往是被动的一方，而在互联网时代，信息的接收者同时也是信息的传播者。这种互动性的传播方式虽然可以增加品牌的可信度，但在危急时刻却可能加大危机控制的难度。一旦出现对品牌不利的言论，往往会在短时间内引发更多人的关注和讨论。

第四，互联网的数据化使得品牌危机的评估更为直观和精准。在大数据和人工智能的帮助下，企业能够实时监控互联网上的言论，根据公众对品牌的反应进行量化分析。这种数据化的分析方式虽然能够帮助企业更好地理解公众的需求和态度，但在面临危机时也可能加剧企业的恐慌情绪。

因此，“互联网 +”下企业品牌危机负面影响的联动性具有即时性、匿名性、互动性和数据化的特点。这些特点既能够为企业的品牌管理带来新的机遇，也可能为企业的品牌管理带来新的挑战。在面对品牌危机时，企业需要灵活应对，充分利用互联网的优势来缓解危机，同时也需要积极应对互联网带来的挑战，避免危机进一步扩大。

二、“互联网 +”背景下企业品牌危机的预防管理

企业品牌危机通常是静态或慢性动态的趋势。静态或长期的动态标记危机通常只涉及危机本身。然而，具体的现实系统是动态系统，静态系统只是对动态系统的近似或理想化的描述，因此品牌管理人员需要从管理的角度控制和预防企业品牌危机。在“互联网 +”的新环境中，传统媒体占据主导地位的少数群体智慧逐渐让位给基于“互联网 +”的公众智慧。个人、群体、媒体和竞争对手对品牌的蓄意或无意的攻击使品牌的生存条件变得更加困难。品牌危机来势汹汹，往往使企业措手不及。因此，在“互联网 +”的背景下，预防危机管理的策略尤其重要。

（一）危机预防体系的建立

在传统媒体的背景下，危机预防体系的建立包括四个要素。这四个要素逐步实施，构成了危机预防措施的整个流程，如图 6–2–1 所示。

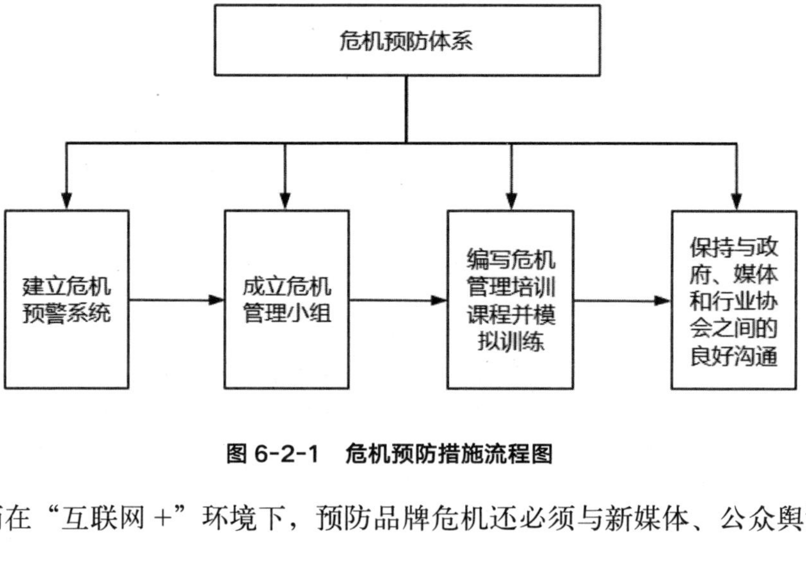

图 6-2-1　危机预防措施流程图

然而在“互联网 +”环境下，预防品牌危机还必须与新媒体、公众舆论和消

费者联系在一起，必须考虑到与他们的互动。因此，传统媒体的主流预防系统无法及时应对“互联网 +”环境下危机对品牌造成的损害。因此，过去的危机预防体系就显示出对互联网的不适应。

“互联网 +”环境下，品牌管理者除了需要与媒体和政府保持良好的沟通以外，还要与公众保持良好的沟通，并且与消费者进行有效的对话。

综上，在“互联网 +”环境下建立品牌危机预防体系的基本原则有如下几点：

1. 主动性原则

在当今的商业环境中，品牌危机已经成为一种无法避免的存在，而传统的品牌危机预防模式往往是被动防御策略，即在危机发生后再采取行动。然而，在“互联网 +”的复杂环境下，这种传统的预防模式已经无法满足企业的需求。为了更好地应对品牌危机，企业需要采取更加主动的预防措施，以防止品牌危机的发生或者减轻其对企业的影响。

在实践中，许多品牌危机都是由于企业的不作为或者不当行为而产生的。例如，有些企业可能没有及时处理客户投诉，导致客户的不满情绪逐渐升级，最终演变成一场品牌危机；或者有些企业可能没有对网络上的负面评论进行有效的监控和应对，导致负面评论迅速扩散，最终给品牌形象带来极大的损害。因此，企业需要认识到品牌危机预防的重要性，并采取积极的措施来预防和应对品牌危机。

针对“互联网 +”环境下的品牌危机预防，企业需要遵循以下几个主动性原则。

第一，建立积极主动的危机预防意识。企业应该认识到品牌危机预防的重要性，积极主动地建立危机预防机制。只有具备了危机预防意识，企业才能够在日常工作中及时发现并解决问题，避免危机发生。

第二，建立完善的品牌危机监测机制。企业应该利用现代技术手段，如大数据、人工智能等，建立完善的品牌危机监测机制。通过实时监测舆情、口碑等信息，及时发现并解决问题，避免问题升级成为品牌危机。

第三，建立快速响应机制。企业应该明确各个部门和人员的职责和分工，以建立快速响应机制，确保在危机发生时能够迅速响应并采取有效的应对措施。

第四，建立诚信透明的沟通机制。在品牌危机处理过程中，企业需要建立诚信透明的沟通机制。通过积极与媒体、客户等利益相关者进行沟通，及时传递正确的信息，消除误解和谣言，赢得公众的信任和支持。

第五，加强品牌形象建设。品牌形象是企业在市场竞争中的重要资产，也是预防品牌危机的重要手段。因此，企业需要加强品牌形象建设，提高品牌知名度和美誉度。通过不断优化产品和服务质量、积极履行社会责任等方式来增强品牌形象。

总之，在“互联网 +”的复杂环境下，企业需要采取积极主动的品牌危机预防策略，以防止品牌危机的发生或者减轻其对企业的影响。通过建立完善的品牌危机监测机制、快速响应机制、诚信透明的沟通机制以及加强品牌形象建设等方式来提高企业的竞争力，为企业的可持续发展提供有力的保障。

2. 敏感性原则

“互联网 +”品牌危机防范系统在新的通信环境下可以对企业进行宏观经济控制，在一定的情况下，还可以确定所有潜在的危机。

“互联网 +”品牌危机防范系统的预防措施具体包括如下几点。

第一，互联网的价值链具有“传坏不传好”的信息导向性。因此，企业在日常的营销中，应该建立和关注互联网分销渠道，与互联网分销渠道建立良好的关系，使品牌互联网在任何时候都能监控负面信息。

第二，主动建立品牌形象。企业应当注重公益和慈善活动，通过互联网发布信息，让消费者了解品牌形象广告、产品广告；在互联网的帮助下，建立一个健康的品牌形象。

第三，重塑舆论中心。互联网的广泛使用模糊了发件人与接收者之间的界限，在信息的传播发展中没有明显的引领人。因此企业需要重塑舆论中心，要加强通信网络建设，给公众提供相关信息，同时培育有影响的“活跃者”。这些“活跃者”起着中介和过滤的作用，他们既收集信息又发布信息，形成两个层次的信息传播。

通过培养企业品牌的 KOL（网络意见领袖），企业可以有效地影响网络发展趋势，为品牌发展提供保障。

第四，消除传播壁垒。在传统的媒体模式中，企业的品牌推广相对于现在“互联网 +”的模式，效果较差，不仅影响被削弱，有时甚至改变了原本的意图。而互联网的建立可以实现与消费者“零距离”互动，消除消费者由于与品牌间接沟通而产生的负面影响。因此企业要利用互联网加强与消费者的沟通互动，消除传播壁垒。

第五，优化危机预警系统。企业的传统品牌危机预警并不能完全识别“互联网 +”的潜伏危机，而且警报系统是预防体制的重要部分，因此企业应建立“互联网 +”的危机预警系统。

（二）预防机制人员的配备

“互联网＋”的危机预警系统对相关人员提出了新的要求。因此，企业品牌危机管理部门应加强相关的人力资源建设。

1．互联网关系维护专员

随着互联网的普及和在各个领域的深入应用，传统的部门已经无法完全应对企业品牌危机。因此，增加专门负责维护网络关系的人员是必要的措施。这些人员需要负责维护企业的品牌形象，及时处理网络上出现的与企业相关的不利信息，以及协调与新闻媒体和其他网络平台的关系。

对于企业品牌危机管理部门而言，加强人力资源建设是非常重要的。在这个互联网时代，互联网关系维护专员成了不可或缺的角色。他们需要具备专业的知识和技能，包括了解各种网络平台的运作机制和规则、掌握信息检索和数据分析技能、具备良好的沟通能力和危机处理能力等。

互联网关系维护专员的工作范围不仅限于新闻网站，还包括搜索引擎、论坛、博客和其他网络平台。他们需要密切关注网络上的信息流向，及时发现和处理不利于企业的信息，以及与各种网络平台进行有效的沟通和合作。

除了日常的维护工作外，互联网关系维护专员还需要在危机发生时迅速采取有效的措施。例如，在短时间内关闭“闸门”，阻止不利信息在企业网站和社交媒体平台上进一步传播。此外，他们还需要与新闻媒体和其他网络平台进行协调，及时发布企业品牌的正面信息，引导公众舆论，减轻危机对企业品牌造成的不利影响。

为了确保互联网关系维护专员能够胜任工作，企业品牌危机管理部门需要对其进行全面的培训。他们需要了解各个网络平台的特性和规则，掌握危机处理的方法和技巧，以及培养良好的沟通和协调能力。此外，他们还需要了解相关的法律法规和道德规范，确保在工作中遵循正确的准则和规范。

总之，随着互联网的不断发展，企业品牌危机管理部门需要加强人力资源建设，增加专门负责维护网络关系的互联网关系维护专员，以有效地应对企业品牌危机，维护企业的品牌形象和声誉。

2．互联网广告投放专员

在当前环境下，互联网广告已经成为许多企业进行品牌推广和实现销售增长的重要手段。然而，随着互联网广告投放数量的不断增加，也出现了许多危机和挑战。其中最主要的问题是互联网广告的投放效果难以预测和控制，这给企业的品牌价值带来了一定的风险。因此，建立一个健全的“互联网+”危机预警系统对于企业品牌危机管理部门而言至关重要。

在这个“互联网+”时代背景下，如何通过细分受众来准确地向特定的消费者传递信息，已成为各大企业关注的焦点。而网络广告作为互联网营销的主要手段之一，可以通过动态分析报告书来分析市场需求和趋势，以符合品牌需求的主题寻找网络连接渠道，已成为现代企业在激烈的市场竞争中获胜的重要因素。

然而，在盲目地进行网上调查以及不进行缜密研究的情况下随意释放广告，不仅会浪费企业的资源，还可能破坏品牌价值。因此，企业品牌危机管理部门应加强互联网广告投放的人力资源建设。通过专业的培训让这些专业人员具备足够的投放知识和技能，从而有效地控制广告投放风险，避免给企业的品牌价值带来损失。

同时，企业品牌危机管理部门还需要密切关注市场动态和政策变化，及时调整和优化广告投放策略。例如，在互联网广告新政策出台或调整的情况下，企业应积极响应并调整投放策略，确保在符合国家政策法规的前提下，实现广告投放效益最大化。此外，企业在进行互联网广告投放时，还需要重视对用户隐私和权益的保护，避免因不当投放而引发负面社会影响。

如何准确地向特定的消费者传递信息并避免潜在的风险，是现代企业在互联网营销中面临的重要问题。因此，企业品牌危机管理部门应加强互联网广告投放的人力资源建设，通过专业的培训，让这些专业人员具备足够的投放技能和知识。同时密切关注市场动态和政策变化，及时调整和优化广告投放策略，以最大程度地实现广告投放效果并保护用户隐私和权益。

3. 跨媒体公关人员

随着互联网技术的不断发展，传统媒体逐渐失去了其垄断地位，而新媒体的崛起使得信息传播更加快捷、广泛和深入。这种变化不仅改变了人们获取信息的方式，也对企业品牌危机管理提出了新的挑战。为了应对这些挑战，企业品牌危机管理部门应该加强跨媒体公关的人力资源建设，以便建立各种沟通渠道，及时监测和应对品牌危机事件。

首先，企业品牌危机管理部门需要认识到新媒体对品牌危机管理的重要性。新媒体具有高度互动性和社交性，使得公众更容易参与到品牌危机事件中来。同时，新媒体具有传播速度快、覆盖面广等特点，企业必须快速、准确地应对危机事件，否则很可能会导致品牌形象受损。因此，企业应该建立一支具有较强新闻素养、熟悉新媒体运作的跨媒体公关团队，以便及时监测和应对品牌危机事件。

其次，企业品牌危机管理部门需要加强跨媒体公关人员的人力资源建设。具体来说，企业可以从以下几个方面入手：

一是加强人才引进和培养。要积极引进具有新闻传播、公共关系、市场营销等专业背景的人才，并为其提供系统的新媒体知识和技能培训，以提升其综合素质。

二是加强团队建设。要建立良好的工作机制和沟通机制，使团队成员之间能够及时分享信息和协同工作。同时，要注重团队成员的心理素质培养，提高其应对品牌危机事件的能力。

三是加强媒体关系建设。要与各类媒体保持良好的合作关系，以便在品牌危机事件发生时能够及时获得信息，并通过媒体发布正式声明和进行回应。

四是加强舆情监测和分析能力建设。要及时掌握公众对品牌危机事件的反应和态度，以便制定出相应的应对策略。

最后，企业品牌危机管理部门需要通过实践来不断完善跨媒体公关的人力资源建设。具体来说，企业可以从以下几个方面入手：

一是加强品牌危机事件的应对实践。通过模拟品牌危机事件等方式，让企业跨媒体公关人员在实际情境中学习和提升应对技巧。同时，要鼓励跨媒体公关人员积极参与到品牌危机事件的应对中来，以便更好地掌握实际情况和提升应对能力。

二是增强培训内容的针对性和实用性。要结合实际案例和实践经验，针对跨媒体公关人员在品牌危机事件应对中的薄弱环节进行重点培训，并注重培训内容的实用性和可操作性。

三是建立有效的激励机制。要鼓励跨媒体公关人员积极参与到品牌危机事件的应对中来，并为其提供合理的激励和奖励措施，如给予一定的奖金、晋升机会等。

四是建立品牌危机事件数据库和管理系统。要对历史上发生过的品牌危机事件进行整理和归类，总结出相应的应对策略和经验教训，以便在今后应对类似事件时能够更加高效和准确。

总之，企业品牌危机管理部门应该加强跨媒体公关的人力资源建设，以便建立各种沟通渠道，及时监测和应对品牌危机事件。这不仅可以帮助企业在“互联网 +”时代背景下更好地掌控品牌危机事件对企业形象的影响，还可以提升企业的综合竞争力。

4. 消费者行为分析人员

在当今的互联网时代，品牌的生存和发展不仅依赖于产品的质量和营销策略，而且还需要对消费者的偏好和需求有深入的理解。这种理解不仅仅是对消费者需求的静态分析，更需要对消费者行为进行动态的观察和研究。这需要消费者行动专家时刻分析消费者的行为。否则，品牌可能会因缺乏理解和适应而开始僵化，甚至老化。这种情况一旦扩大，便可能通过网络平台引发一场危机。

“互联网 +”的危机预警系统对相关人员提出了新的要求。这个系统不仅仅需要相关人员有先进的技术，更需要其有预见性的思维和快速反应的能力。这需要从消费者的角度出发，对消费者的需求进行深入的研究，对消费者的行为进行精确的预测。因此，企业品牌危机管理部门应加强消费者行为分析人员的人力资源建设。

消费者行为分析人员不仅仅是市场营销人员，也是具有数据分析和心理学背景的专业人员。他们需要通过各种数据收集和分析工具，对消费者的行为进行全面的研究。他们需要了解消费者的购买习惯，研究消费者的兴趣和需求，甚至需要深入探究消费者的心理，以预测消费者的未来行为。这样的研究不仅可以为企业提供更精确的市场信息，而且可以为品牌的危机预警提供重要的参考。

特别是在互联网时代，信息的传播速度非常快，危机可能瞬间爆发。因此，消费者行为分析人员需要在危机爆发之前就预测到可能的危机，并及时向企业提出预警。这就需要他们不仅有深厚的数据分析能力，而且需要有敏锐的洞察力和快速反应的能力。

此外，消费者行为分析人员还需要与企业的其他部门进行有效的合作。例如，他们需要与产品研发部门密切合作，以了解产品的特性和消费者的反馈；他们需要与市场部门紧密合作，以制定有效的营销策略；他们还需要与公关部门紧密合作，以在危机发生时迅速做出反应。

在实践中，消费者行为分析人员还需要通过各种方式与消费者进行有效的互动。这不仅可以更好地理解消费者的需求和行为，而且可以在危机发生时迅速获得消费者的反馈，以便及时做出反应。同时，通过与消费者的互动，消费者行为分析人员还可以为消费者提供有价值的信息和指导，增强消费者的信任和忠诚度。

消费者行为分析人员在“互联网 +”的危机预警系统中扮演着重要的角色。他们需要有深厚的数据分析能力、敏锐的市场洞察力、快速反应的能力以及良好的团队协作能力。因此，企业品牌危机管理部门应加强消费者行为分析人员的人力资源建设，提高他们的专业素质和综合能力，以适应互联网时代复杂多变的市场环境。这样，才能使企业在激烈的市场竞争中保持领先地位，成功地驾驭各种危机，实现持续稳定的发展。

5. 技术开发人员

随着“互联网 +”时代的到来，信息收集、处理和传播的方式发生了翻天覆地的变化。互联网及网络技术的广泛应用使得大量数据可以被处理和分析。通过搜索引擎的 Email 技术分析工具，可以对数据进行自动化处理、自动分组和人工智能技术分组等交互式研究。这些技术手段对于信息收集工作来说至关重要，而信息收集主要依赖企业内部网络（内联网）。

在这样的背景下，企业的品牌危机管理部门必须适应时代发展的要求，不断加强人力资源建设和技术开发人员建设。企业要想有效地应对品牌危机，就需要掌握现代化的网络技术手段，利用大数据分析等方法，快速、准确地掌握相关信息，以便及时采取应对措施。

企业应该加大投入力度，加强内部网络基础设施建设，使信息收集、处理和传播更加快速、准确和可靠。同时，企业应该注重与外部网络之间的联系和沟通，以便及时获取外部信息，了解市场和消费者需求的变化。

企业应该建立一个早期预警系统数据库，通过对历史数据的分析，判断未来可能出现的问题，以及如何应对这些问题。这个数据库应该包括企业自身的信息资料、市场环境、消费者需求等方面的数据，以及针对这些数据进行分析和预测的工具。

在信息收集、处理和传播过程中，需要运用复杂的技术手段，如数据库编程语言、数据库管理和加密等。这些技术手段可以保证信息的安全性和可靠性，防止信息被泄露或被攻击。

为了保障以上工作的顺利开展，企业需要组建专业的技术团队，引进高素质的技术人才。这些技术人才不仅需要具备扎实的计算机技术基础，还需要具备良好的沟通能力、创新思维和敏锐的市场洞察力。通过建设这样的技术团队，可以有效地提高企业的技术水平，提升企业的核心竞争力。

因此，企业应该加强相关人员的培训和学习，不断提高他们的综合素质和技术水平。同时，企业应该鼓励员工自主学习和创新，为员工的个人成长和发展提供良好的环境和支持。

总之，“互联网 +”时代对企业品牌危机管理部门提出了新的要求和挑战。要想在这个时代立足并取得长足发展，企业必须加强技术开发人员建设，建立有效的“互联网 +”危机预警系统。只有这样，企业才能够在激烈的市场竞争中立于不败之地。

（三）预警系统的构建

关于品牌危机的预警系统的探索和研究，在学术界已相当成熟。一般来讲，预警系统分为：预警信息系统、预警指标体系和预警对策系统。但是，这些研究都没有互联网的特点，对“互联网 +”中品牌存在的危机，这些预警措施的针对性不强。“互联网 +”背景下的预警系统面临更新的挑战，本书针对“互联网 +”背景下的组成创建品牌危机预警系统的关键点进行讲解。

1. 品牌危机预警系统构建的原则

针对危机预警系统在“互联网 +”背景下的不足，企业在搭建预警系统的过程中应该遵循以下原则：

（1）前期监控与后期预警相统筹

在搭建预警系统的过程中，企业需要遵循前期监控与后期预警相统筹的原则，注重全面性、系统性和智能化分析，并与企业的危机管理计划相结合，以确保预警系统的有效性和实用性，为品牌的稳定发展提供有力保障。

预警系统的构建要保证前期监控和后期预警的有效衔接。这涉及对品牌危机的早期识别和预防，以及对危机发生后的及时响应和处置。在“互联网 +”环境下，信息传播迅速，对危机的反应速度直接关系到品牌的声誉和形象。因此，预警系统需要具备实时监控和快速响应的能力，以便在危机迹象出现时能够及时采取应对措施。

预警系统的构建应注重全面性和系统性。这包括对品牌各方面的监测，如网络舆情、消费者反馈、竞争对手动态等。同时，预警系统还需要与企业的战略目标、市场环境、组织架构等因素相匹配，以确保预警的有效性和实用性。

预警系统应具备智能化分析和预测功能。预警系统可以通过利用大数据、人工智能等技术手段，对收集到的信息进行深度分析和预测，以发现潜在的品牌风险和危机。这有助于企业提前做好防范措施，减少危机对品牌的影响。

预警系统的实施需要与企业的危机管理计划相结合。预警系统不仅是一个工具，更是企业危机管理的重要组成部分。因此，在搭建预警系统的过程中，需要充分考虑企业的实际情况，制定相应的危机管理计划，以确保在危机发生时能够迅速、有效地应对。

（2）舆论引导与管制行为相兼顾

企业在搭建预警系统的过程中应该充分考虑品牌损害的性质、风险率和其他因素的影响。同时遵循舆论引导与管制行为相兼顾的原则。在应对危机时，企业需要迅速做出反应，采取有效的措施来控制局势，同时积极引导公众舆论。通过这样的方式，企业不仅可以有效应对危机，还可以维护品牌形象和声誉，进而增强公众对品牌的信任和好感度。

搭建预警系统需要关注品牌损害的性质。品牌的形象和声誉是企业在市场中生存和发展的关键。一旦品牌形象受损，对企业的影响将是巨大的。因此，在搭建预警系统时，企业必须充分考虑品牌损害的性质，深入了解不同类型的损害以及其对品牌的影响程度。根据不同的损害性质，制定相应的应急计划，可以有效预防和应对可能出现的危机。

风险率也是搭建预警系统不容忽视的因素。品牌面临的风险来源是不同的。有些风险可能来自产品质量问题，有些可能来自市场环境的变化，还有些可能来自企业内部的矛盾。因此，企业在制定应急计划时，必须充分考虑这些风险因素，并根据风险的大小对各种解决方案进行权衡和优化。

在搭建预警系统时，其他因素也需要考虑到。例如，企业的规模、行业地位、市场占有率等因素都会对企业预警系统的搭建产生影响。对于大型企业来说，它们往往拥有更多的资源来应对危机，但同时也需要更加注重对公众的舆论引导。而对于中小企业来说，它们可能更需要考虑如何在短时间内采取有效的管理行为来应对危机。

在应对品牌危机的过程中，舆论引导原则和企业直接控制原则通常被用作补充原则。这意味着，在应对危机时，企业不仅需要采取有效的措施来控制局势，还需要积极引导公众舆论，维护品牌形象。通过合理、公正、透明的信息披露和积极有效的沟通，企业可以增强公众对品牌的信任和好感度，进而减少危机对品牌的影响。

（3）事件解决与舆论影响相平衡

在“互联网 +”的时代背景下，品牌运营的复杂性和多变性愈发突出，这也意味着企业品牌面临着更多的潜在危机事件。这些危机可能来自各种因素，如产品质量问题、恶性竞争、社会舆论的误解，甚至是自然灾害等不可抗力因素。因此，建立一套完善的企业品牌危机预警系统，旨在提前识别并预警可能出现的危机事件，以便企业能够及时采取相应措施，解决这些潜在危机，从而消减其对品牌的负面影响。然而，在搭建预警系统的过程中，我们必须充分考虑短期效果和长期影响，权衡直接和间接效益，平衡舆论影响和事件解决之间的关系，坚决避免以牺牲品牌形象为代价。

对于知名品牌而言，其品牌形象是经过长期积累和创新而来的，因此任何对品牌形象造成负面影响的行动都必须得到高度重视。在处理潜在危机事件时，虽然可能面临短期的困难和挑战，但预警系统的构建必须始终以维护品牌形象为基本原则。如果在处理危机时以牺牲品牌形象为代价，虽然可能在短期内可以看到一些明显的“效果”，但长期来看，这将对品牌的信誉和声誉造成无法弥补的损失。

因此，除了关注短期效果，企业更应重视长期影响。在预警过程中，企业应充分考虑每个潜在危机事件可能带来的长期影响。对于那些可能在短期内带来较大收益的解决方案，如果可能对品牌的长期发展产生负面影响，企业就需要慎重考虑其长期的后果。

同时，预警系统的搭建还要权衡直接和间接效益。在解决潜在危机事件的过程中，企业不仅要关注事件本身可能带来的影响，还要考虑其间接的影响。例如，一个潜在危机事件可能引发公众对某一行业或产品的不信任，从而对企业的销售和市场份额产生影响。因此，企业在处理危机时，需要全面评估这些间接的影响。

平衡舆论影响和事件解决之间的关系也是非常重要的。在“互联网 +”时代，信息的传播速度极快，公众舆论对企业品牌的影响越来越大。因此，在解决危机事件的过程中，企业不仅要关注事件本身的解决，还需要关注舆论的影响。一方面，企业需要通过有效的公关手段引导公众的舆论走向，避免舆论的误解或过度解读；另一方面，企业也需要尊重公众的知情权和表达权，及时、透明地公开信息，让公众了解事件的真相和处理过程。

坚决避免以牺牲品牌形象为代价是预警系统的基本原则。无论是在处理危机事件的过程中，还是在搭建预警系统的过程中，企业都应始终坚持以维护品牌形象为首要任务。这不仅要求企业在处理危机时保持冷静、理智，还要求企业在构建预警系统时充分考虑到各种可能的情况，制定出既能预警又能保护品牌形象的策略。

在危机预警系统的搭建过程中，企业应始终遵循事件解决与舆论影响相平衡的原则。这需要企业在处理危机事件时充分考虑短期效果和长期影响、权衡直接和间接效益、平衡舆论影响和事件解决之间的关系，同时坚决避免以牺牲品牌形象为代价。只有这样，企业才能真正搭建出一个既符合“互联网 +”时代特点又能够有效维护品牌形象的企业品牌危机预警系统。

2. 品牌危机预警系统的结构

设计“互联网 +”下品牌危机预警系统的结构，遵循了管理信息系统的基本组成设计，并结合“互联网 +”对品牌预警的特殊要求，具体分为品牌风险感染区、品牌风险评价指标体系和品牌风险预警区三部分。

（1）品牌风险感染区

风险感染区包括两部分。一部分是没有经过验证的在线品牌信息，这主要是指工业和信息化部以及互联网信息安全部门未经过审查的品牌的不同离散信息。这些未经证实的信息一旦出现，就会对企业安全构成重大威胁，因此，必须对这些信息进行严格把控。另一部分是品牌危机风险因素的存在。这主要是指未经核实的信息的存在不仅是互联网监管的问题，也反映了互联网上的技术问题。在互联网这个开放、自由的平台上，各种信息良莠不齐、真伪难辨，甚至一些经过审查的品牌信息也可能产生潜在的品牌风险。因此，在“互联网 +”环境下，基于不同背景和复杂目的（如炒作、谣言和语言暴力）的操作，使互联网成为一个容器，将经过验证和未经验证的信息品牌置于潜在危险的环境中，从而成为互联网感染的来源。

这些风险感染区不仅会对品牌自身产生影响，还会对整个社会造成一定的影响。首先，这些风险感染区会对品牌的形象和声誉造成损害，从而影响品牌的市场份额和销售额。其次，这些风险感染区还会对消费者造成影响，因为消费者会因为品牌出现危机而受到损失（如财产损失或精神损失）。此外，这些风险感染区甚至会影响整个行业的声誉和发展。例如，一些不良企业的行为被曝光后，整个行业都会受到牵连和影响，消费者会对该行业失去信心，从而影响该行业的发展。

企业需要采取以下措施来应对和管理风险感染区：

建立品牌危机预警机制。企业需要建立一套完善的品牌危机预警机制，及时监测和识别潜在的品牌危机风险。这包括对品牌形象的监测、对市场竞争环境的分析、对消费者需求和反馈的关注等。一旦发现潜在风险，企业需要及时采取措施进行干预，防止风险扩大。

积极应对和处理危机事件。在品牌危机事件发生后，企业需要积极应对和处理危机，包括及时发布正面声明、积极与消费者沟通、制定相应的应急预案等。同时，企业还需要根据不同危机事件的特点和影响，采取针对性的处理措施，以最大程度地减少品牌损失。

加强品牌形象的塑造和维护。企业需要注重品牌形象的塑造和维护，提升品牌的知名度和美誉度。这可以通过持续加强品牌宣传、提供优质的产品和服务、加强消费者关系管理等方式来实现。同时，企业还需要积极履行社会责任，增强社会对品牌的信任和支持。

强化互联网营销和社交媒体管理。在互联网时代，企业需要加强互联网营销和社交媒体管理，合理利用互联网资源，提高品牌的曝光度和市场竞争力。同时，企业还需要加强对社交媒体上品牌口碑和声誉的监测和管理，及时发现和处理不良信息，保障品牌形象和声誉不受损害。

加强与政府、行业和消费者的合作。企业需要积极与政府、行业和消费者合作，共同应对品牌危机风险。政府可以为企业提供政策支持和保障，行业可以为企业提供信息和资源支持，消费者可以为企业提供反馈和建议，这些都有助于企业更好地应对品牌危机风险。

总之，企业需要从多个方面入手，建立完善的风险感染区应对和管理机制，保障品牌的安全和稳定发展。

（2）品牌风险评价指标体系

在进入预警系统之前，品牌危机风险因素应经过严格的风险评估，如表 6–2–1 所示。

表 6-2-1 “互联网 +”背景下品牌危机风险评价指标体系

	一级指标	二级指标
目标层	互联网关注	品牌信息点击率
		品牌信息搜索排行
		品牌信息链接点击率及转载率
	互联网评论	评论内容的质量
		评论者的资信度
		评论的时效性
		评论的数量
	媒介介入	介入媒体的数量

续表

	一级指标	二级指标
目标层	媒介介入	信息源的权威性
		报道的客观性
		信息更新频率
	消费者吸收与过滤	品牌美誉度
		品牌联想度
		品牌知名度
		品牌认知度
		品牌忠诚度

①互联网关注。在互联网平台出现的品牌受损事件会引起互联网受众的围观，这说明了互联网具有互动性和自主性。

品牌信息点击率、品牌信息搜索排行榜以及品牌信息链接点击率和转载率是构成互联网关注指标的二级指标。

②互联网评论。互联网用户对品牌信息的反馈是评估“互联网 +”环境下品牌安全状态的重要参考标准。品牌在互联网上具有积极正面的评价，更容易在消费者心目中形成良好的品牌形象。同时，品牌必须具备应对危机的能力并不断提升这种能力。网络评论可以借助不同的形式进行，包括但不限于论坛评论、新闻、博客留言等。长期频繁地接触相关网络评论，消费者对品牌的联想和看法会逐渐转变。

评论内容的质量、评论者的资信度、评论的时效性和评论的数量是构成互联网评论指标的二级指标。

③媒介介入。品牌受损事件逐渐发展，一旦引起社会的广泛关注，各种媒体将被迫介入干预。传统媒体和互联网都属于媒体这一范畴。互联网在报道品牌受损事件时缺乏真正的新闻道德和责任感，可能使品牌受损事件具有极大的商业风险，同时传统媒体不加判断地跟风报道也可能导致该事件演变成群体性事件，从而对品牌安全造成破坏性影响。

介入媒体的数量、信息源的权威性、报道的客观性以及信息更新频率这四个指标是构成媒介介入指标的二级指标。

④消费者吸收与过滤。“互联网 +”背景下，所有品牌信息行为都将向公众展示，并且会影响品牌客户的参与程度。所以这些品牌遇到的危机事件不仅考验了消费者对品牌的信任度，也对品牌的口碑造成了负面影响，极大地制约了品牌的推广和运营。

品牌美誉度、品牌联想度、品牌知名度、品牌认知度和品牌忠诚度是构成消费者吸收与过滤指标的二级指标。

（3）品牌风险预警区

品牌风险预警区由四个部分组成：

①事件导入系统。它是根据评估结果对评估指标进行评估的品牌受损事件的详细初步分析。它可以通过事件的起因、事件属性和公众反应三方面具体定位，这一环节代表着整个预警系统专业化分析的开始。

②专家分析系统。专家分析系统的数据库是专业分析系统的基础。一旦信息初步筛入专家分析系统，系统将从事件敏感性、消费者准备情况、监管干预等方面仔细分析事件，并将分析结果收集到数据库中以形成案例。未来发生类似事件时为了让计算机执行智能模拟处理并提供初步处理建议，企业可以通过参考这些数据和意见采取相应措施，避免潜在的风险因子演变成品牌危机事件。

③预警对策系统。该系统可以在品牌受损的情况下分析各种结果，并采取各种预警措施，主要包括技术处理、宣传引导、媒体监督和法律保护四类措施。例如，对于非法散布谣言的网站、论坛、博客、QQ 群、手机号码和境外 IP 等，可以寻求法律部门的帮助，进行依法查处和关闭；对于不恰当的互联网评论，可以联系相关的互联网机构、管理人员或网络技术人员，及时删除帖子，并要求发帖者停止传播错误的言论；还可以利用社交媒体和 KOL 进行正向宣传和积极引导。

④风险反馈系统。处理任何品牌受损事件最终都会有结果，可能是及时使用适当的预警策略淡化、消除事件的影响；可能是对预警的不恰当反应，导致事件逐渐恶化甚至爆发危机。第二个结果是非常危险的，对品牌的影响是毁灭性的。因此，搭建品牌危机预警系统、制订科学的计划以扼杀处在萌芽状态的突发事件，是非常重要的。

第三节 法律保护机制在品牌危机中的应用研究

一、企业品牌法律风险管控的特征

（一）规范性

企业的品牌法律风险管控行为是基于企业危机管理和品牌管理的双重管理。企业的规章制度需要规范化的管理方式，因此，要求业务流程部门有强大和严格的执行能力以完成其管理任务。这种规范性反映在以下几个方面：

企业品牌法律风险管控不仅涉及企业的危机管理，还与企业的品牌管理紧密相连。在品牌面临法律风险时，企业需要采取及时、有效的措施来规避和化解危机。这包括对品牌法律风险的识别、评估、控制和监督等方面进行全面管理。同时，企业的品牌管理也需要规范化，确保品牌战略的制定和实施符合法律法规和市场规则，防止因为不合规行为而引发法律风险。

企业的规章制度是企业管理的基础和保障，必须符合法律法规的要求。对于品牌法律风险管控而言，企业需要制定并完善相关的规章制度，包括商标管理规定、知识产权保护制度、合同管理制度等。这些规章制度需要明确相关业务流程和岗位职责，并建立严格的授权和审批流程，确保品牌法律风险的识别、评估、控制和监督得以规范化进行。

企业品牌法律风险管控的规范性需要业务流程部门强大和严格的执行能力来保障。业务流程部门需要根据企业的规章制度和品牌战略，制定并执行规范化、标准化的业务流程。在业务流程中，需要对品牌法律风险进行全面识别、评估、控制和监督，并采取及时、有效的措施来规避和化解风险。同时，业务流程部门还需要与其他部门密切配合，形成协同效应，共同维护企业的品牌形象和合法权益。

（二）系统性

现代企业管理理论普遍认为，企业是一个开放的社会系统，为了实现一定的管理任务，系统中的每个环节和部门都要密切配合。这是因为企业的运营并不是一个孤立的过程，而是需要各个组成部分相互协作、相互影响的结果。无论是生产、销售、人力资源、财务等各个部门，都需要在企业的战略指导下，协同工作，才能实现企业的整体目标。

品牌的法律风险管理是企业管理中不可或缺的一部分。对于品牌的管理，不仅需要创新和冒险精神，更需要理性和审慎的态度。品牌的法律风险管理关乎企业的声誉、形象和市场地位，是企业管理中的重要一环。企业在创建品牌阶段，需要从一开始就考虑法律风险，比如商标注册、版权保护等问题；在推广品牌阶段，要确保所有的宣传和营销活动都符合法律法规的要求；在维护品牌阶段，需要建立一套危机管理机制，以应对可能出现的法律风险。

因此，对于品牌的法律风险管理，也需要有一套合理、确实可行的体系进行协同运作。首先，企业需要建立一套完善的法律风险管理制度，包括对内外合同的管理、知识产权的保护、消费者权益的保护等方面。其次，企业需要加强内部培训和外部合作，提高全体员工的法律风险意识，同时借助外部专业力量，共同应对法律风险。最后，企业要建立一套危机管理机制，以便在遇到法律风险时能够及时、有效地应对。

（三）预见性

现代企业管理理论强调，企业作为一个开放的社会系统，不仅需要关注日常运营的顺利进行，更需要具备对未来可能出现的灾难性事件的预见和应对能力。对于影响企业品牌形象、品牌利益，甚至对品牌生存造成威胁的法律风险事件，更需要在其尚未发生或尚未全面爆发之前，进行有效的预防和管控。

防患于未然是法律风险管控的关键特点之一。企业需要认识到，大多数法律风险事件并非突如其来，而是企业在日常运营中各种不当行为累积的结果。因此，预防法律风险的第一步就是要有预见性，对可能出现的法律风险进行预测和评估。企业需要建立一套完善的法律风险评估机制，通过定期的法律风险评估，发现可能存在的问题，及时进行预防和修正。

管理者需要结合企业内部经营目标的变化来管控品牌的法律风险。企业的经营目标会随着市场环境的变化而调整，在这个过程中，法律风险也会发生变化。因此，管理者需要紧密关注企业内部经营目标的变化，从中洞察可能出现的法律风险，及时调整策略，防止法律风险的出现和扩大。

当政治、经济、法律等外部环境发生变动时，企业需要对这些变化进行敏锐的预见性分析。这些外部环境因素的变化可能会给企业带来新的法律风险。企业需要有一套完善的预警机制，对外部环境变化进行密切关注和分析，预测其对品牌法律风险的影响，提前制定应对策略。

制定有预见性的品牌法律风险管控方案和应急预案是防患于未然的重要手段。对于可能出现的品牌法律风险事件，企业需要有预先设计好的应对方案和应急预案。这些方案和预案需要在日常工作中不断演练和完善，以确保在真正的危机出现时，能够迅速、有效地发挥作用，保护品牌形象、品牌利益和品牌生存。

（四）合规性

企业品牌是市场和经济概念，代表着企业的形象、声誉和价值。为了保护企业品牌形象和商标权益，企业需要严格遵守相关法律法规，确保商标的使用和管理符合规范，从而规避危机或化解危机。

商标是企业的标志，代表着企业的形象和声誉。商标的使用和管理必须符合相关法律法规的规定，确保商标的合法性和规范性。任何未经授权的使用和管理都可能导致商标侵权、不正当竞争等违法行为，给企业带来严重的法律风险和经济损失。因此，企业必须制定严格的商标使用和管理规范，并加强对商标使用人的培训和监督，确保商标使用的合法性和规范性。

为了保护企业品牌形象和商标权益，企业需要充分认识和依法实施企业风险管理，采取多种法律手段进行约束规范。首先，企业需要根据《中华人民共和国商标法》和《中华人民共和国反不正当竞争法》等相关法律法规，明确商标使用的范围、方式和规范，避免商标侵权和不正当竞争行为。其次，企业可以借助司法文件和调解等方式解决商标纠纷，保护自身权益。此外，企业还需要加强对国际贸易条约和协定等相关法律法规的学习和应用，避免遭遇国际贸易摩擦和市场风险。

企业品牌法律风险管控的合规性不仅需要制度和法律手段的保障，更需要企业全体员工合法合规意识的支持。因此，企业必须加强对员工的培训和教育，提高员工的法律意识和合规意识，使员工充分认识到商标使用和管理的规范性和避免法律风险的重要性。同时，企业还需要建立健全的内部风险管理体系，强化风险评估、风险控制和风险监测等环节，确保企业品牌法律风险得到有效控制。

二、企业法律风险管控和企业品牌法律风险管控的关系

企业法律风险管控和企业品牌法律风险管控可以认为是一般与个别的关系，也可以理解为两种管理关系之间的局部关联。二者都是由公司实施的，以避免商业风险，使用科学方法对法律风险进行系统和全面的识别；分析企业面临的法律

风险，建立合法、规范、动态的风险管控体系作为公司活动的长效机制。由于存在特别的风险管控需求和手段。因此，企业品牌法律风险管控和企业法律风险管控可以视为特殊和普遍的关系。更准确的理解应该是有两种管控具有交叉点。除上述交叉点外，两者的区别主要体现在以下方面：

（一）传统与新型管理的不同

企业传统的法律风险，包括法律会计风险、劳动争议法律风险以及债权债务法律风险等，是全面风险管控的重要组成部分。对于这些风险，企业有必要采取基本措施进行控制和应对，这不仅涉及企业内部管理，更关系到企业的稳健发展。通过实施这些措施，企业可以显著降低整体法律风险，进而保障企业持续、健康的发展。

在企业的运营过程中，品牌是一种极其重要的资产，因此，对品牌的法律风险进行管理和控制也显得尤为重要。品牌的创新和企业的积累是品牌知识产权的核心，它从无到有，再到动态的变化过程，都与知识产权的时间性、地域性、无形性和独占性特点密切相关。这些特点在很大程度上影响着品牌的发展变化，需要管理者站在企业经营和品牌运营的战略高度，采取全局性和前瞻性的管理手段来降低品牌的法律风险，以实现品牌的保值增值。

品牌的法律风险管控这不仅涉及品牌自身的知识产权保护，也涉及品牌与消费者、合作伙伴以及内部员工之间的各种法律关系管理。企业通过运用全局性和前瞻性的管理手段，可以有效地预防和解决潜在的法律风险，进而保护企业的品牌资产，实现品牌的保值增值。这是品牌知识产权管理的关键步骤，也是企业实现可持续发展的重要保障。

（二）管理意义和价值的不同

企业在法律风险管控方面的首要任务是避免已经面临或可预见的法律风险损失。这是因为法律风险可能导致企业出现严重的财务和声誉损失。

在法律风险管控中，企业品牌的培育和维护是一个关键的侧重点。品牌是企业的无形资产之一，具有重要的商业价值。通过良好的品牌管理，企业能够建立和加强其在市场中的形象和声誉，树立起顾客对企业产品或服务的认知和信任，从而获得市场份额和实际经营效益。

品牌法律风险管控着重于保护和维护企业的品牌价值和声誉。品牌法律风险包括侵权行为、虚假宣传、商标侵权、商业秘密泄露等。这些风险可能导致企业遭受重大的法律诉讼和赔偿，对企业品牌形象和声誉造成损害。

为了有效管控品牌法律风险，企业需要采取一系列措施。首先，企业应建立健全的法律风险管控机制，明确法律风险管控的责任与流程，确保法律风险能够及时被发现和应对。其次，企业应加强法律合规教育和培训，提升员工的法律意识和合规意识，降低因员工的错误行为而导致的法律风险。最后，企业还应定期评估和更新法律风险清单，及时调整和采取风险防范措施。此外，对于品牌法律风险的管控，企业还可以寻求专业的法律服务和咨询。律师和法律团队能够提供专业的法律意见和建议，为企业的品牌法律风险管控提供有力的支持。

三、企业品牌法律风险管控的意义与价值

随着国家实施知识产权战略以及中国经济发展逐步由“制造大国”向“智造大国”转型，企业增强核心竞争力的关键因素逐渐显现为企业对品牌的培育和建设。这些关键因素为企业在国内外市场中占有优势地位起到举足轻重的作用。因此，一个企业成长和发展的过程就是从创立品牌开始，通过不断对品牌进行培育和保护，最终形成具有较高知名度和价值的品牌。

但是在世界范围内，不论是占据品牌榜前列的企业还是排名靠后的企业，都存在品牌的法律风险问题。以苹果公司为例，由于其 iPhone 商标此前没有在中国手机产品上注册成功，iPhone 商标专用权之前属于汉王科技，在 2009 年苹果公司花费 365 万美元购买此商标。此后，一次失败的品牌收购事件导致苹果公司于 2013 年花费 6000 万美元从唯冠公司购买 iPad 商标专用权，这两个事件引起了社会广泛关注，反映出企业品牌法律风险管控的很多问题。同样的法律风险在中国的企业中也屡见不鲜，西门子公司在德国抢先注册与海信公司仅一字之差的“Hisense”商标，就因为这一字之差，海信公司险些损失 4000 万欧元的商标转让费，经过十几年的谈判甚至“对簿公堂”都未果，最终因为中国商务部和欧盟的交涉，海信公司和西门子公司才达成了和解协议。由此可见，企业的发展历程会伴随企业的品牌法律风险，越是知名的品牌越可能在市场中遇到复杂的法律风险。企业因此受到经济损失只是其一，重要的是企业将可能面临失去已占有的市场和未来可能占有的市场，甚至可能完全失去一个品牌所有的价值。

有效的品牌法律风险管控制度需要规范。提前预防企业品牌已经面临或可能面临的法律风险，并制定各项风险应对预案，为企业品牌价值提供保值增值服务，为企业赢得市场优势地位，从而获得更大的经济利益，这些就是企业品牌法律风险管控的意义和价值。

四、企业品牌法律风险管控的不足

2008 年 6 月 5 日，国务院颁布实施了《国家知识产权战略纲要》，从指导国家政策和国家立法的角度出发，提出了更为明确的防范企业品牌风险的实施文件和措施。但是，中国企业品牌法律风险的管理和控制仍存在诸多问题，概括为以下方面：

（一）品牌法律风险管控意识淡薄

企业品牌法律风险管控意识的薄弱，反映了商标风险管控意识薄弱的两个方面。一是比较根源性的顽疾，即品牌意识薄弱。中小企业普遍存在缺乏品牌的意识的现象，对产品和服务质量没有追求，“山寨”产品就是这一类的企业产品在中国的特殊称谓。随着社会的发展，这些公司的法律风险管理意识已从无到有，逐渐增加。从一开始宣称自己的产品是某知名品牌的产品，到中期改为使用与知名商标或产品近似的商标或商品以蒙混过关，到近些年发展为不正当竞争行为。例如，在十几年前假冒“中华”香烟、假冒“阿玛尼”服装等假货遍布大街小巷，到中期改为“康帅傅”方便面、“粤利粤”饼干、“周住牌”洗衣粉等，这些冒牌货让群众上当受骗，到近期类似商标投机商人故意抢注扰乱市场案件频有发生，如在蚊香产品上抢注和使用“黑人”商标。二是企业已经初步创立了自有品牌，由于法律风险防范意识薄弱和疏于管理，本应该占有的市场份额和品牌声誉因其他商家抢注或者仿冒而被不断吞噬。

（二）品牌法律风险管控投入不足

企业出现法律风险的主要原因：一是由于管理者没有把品牌和商标管理工作提到足够高的管理层面，管理意识和风险意识薄弱；二是企业为创造直观价值的生产、经营和销售活动投入了更多的管理资源，过于注重企业的经济管理和经营效益，而忽视了企业品牌核心竞争因素。企业传统意识较为保守，往往将知识产权管理视为成本中心，被视为纯成本中心的品牌管理方面得不到更多的管理成本。但事实上，想要品牌安全运营和品牌价值提升，企业必须在品牌法律风险管控上有一定的投入。品牌的法律风险管控为企业带来的市场利益和利润是无法通过成本进行核算的，这一点上，很多企业没有明确的认识，付诸行动的更是少之又少。

（三）品牌法律风险管控手段有限

现阶段，企业一般采用的品牌法律风险管控手段都比较传统，包括信息查询、信息监测、尽职调查以及聘请法律顾问等。然而，我国知识产权法律制度逐渐趋于完善和普及，企业内外部法律环境也在不断变化，企业所面临的品牌法律风险已经打破了传统的形式。在现阶段品牌法律风险形式日趋复杂的环境下，企业传统的品牌法律风险管控手段已经不能很好地满足和规避潜在的法律风险。因此，为了维护品牌的合法权益和应有的市场价值，需要企业的管理者站在更高的品牌战略高度，采用更多以及更新的管理手段，应对日益复杂和不断变化的市场法律环境。

（四）品牌法律风险管控资源有限

企业管理工作中管理资源和管理工具的先进性十分关键。知识产权制度实施以来，中国的知识产权保护不仅取得了重大进展，而且大大促进了经济的健康发展和社会的整体表现。但是，我国知识产权法律制度仍需要不断完善。例如，缺乏专业的品牌风险管理的专业人才。虽然我国已在全国建立评估系统，如企业法律顾问资格和律师执业资格的考试，但作为一名专业性和细分程度较高的品牌或品牌领导者，没有统一的评级和职业制度，服务于市场和品牌的法律知识水平并不统一，很难满足顶级品牌公司的管理需求。又如，缺乏专业的管理系统和管理工具。我国已经提出“知识产权战略”和“知识产权强国”的宏伟蓝图，同时国家乃至企业层面积极实践知识产权的战略管理，但是，从目前的发展状况来看，我国仍存在管理工具比较广泛、管理效率不高的问题。大多数企业不能制定一套符合公司品牌管理需要的制度和系统，仍然停留在复制其他知名企业的管理制度层面，并且容易存在法律风险漏洞。

五、品牌法律风险预警

品牌法律风险管控的前置管理系统是一种风险预警体系，风险预警设立的目的是及时掌握和汇总各种可能引起品牌法律风险的潜在因素。构建品牌法律风险预警体系需要注意以下几个方面：

（一）品牌设计管控

品牌对于一个企业的成功至关重要。作为一项重要的无形资产，品牌能够为企业带来独特的竞争优势。为了确保品牌的成功打造，并避免潜在的法律风险，企业管理部门需要采取一系列措施来管理和保护品牌。

为了确保商标法律保护的创造条件得到满足，企业必须及时评估其商标专用权的可获得性。这涉及对商标注册申请的进展、竞争对手的商标情况以及相关法律法规的变动进行深入了解和分析。此外，对于那些已经取得在先权利的商标，企业需要考虑是否存在潜在的冲突或侵权风险，并采取相应的措施以避免可能的法律纠纷。

企业还需要关注品牌的法律合规性。这意味着企业必须了解并遵守所有与品牌相关的法律法规，例如商标法、广告法、消费者保护法等。在品牌解决方案的设计过程中，企业需要将这些法规的要求纳入考虑范围，以确保品牌在市场上的表现符合法律规定。

此外，对于一些明显不可以作为商标使用或者缺乏商标显著性的情况，企业必须及时进行风险预警。例如，一些与竞争对手相似或混淆的商标名称可能会引发商标侵权风险，而过于普通或缺乏独特性的商标则可能难以获得法律保护。对于这些问题，企业应当及时向市场和管理部门发出风险警示，以便在品牌设计之初就避免潜在的风险和损失。

（二）品牌使用管控

企业成功创建一个品牌后，需要安全地使用这个品牌。这就需要在市场上维护和增强品牌声誉和价值。为了实现这一目标，企业需要采取一系列系统和有效的管理措施。

首要任务是制定一项全面的品牌使用管理手册。该手册应明确规定品牌使用的准则和规范，包括如何正确使用品牌、可接受的使用方式以及禁止的使用行为。该手册还应该包含针对不同情境的详细指南，如品牌联合、促销活动和广告宣传等，以确保品牌在各种情况下都能得到恰当的应用。此外，手册还应设立统一的标准和流程，以保持品牌形象的一致性，防止因使用不规范而给消费者带来困扰或负面影响。

为了确保品牌使用的安全性和合规性，企业还需要对品牌管理行为进行监督。这包括对内部和外部各方的监督，如员工、合作伙伴和第三方代理商。通过定期检查和评估，企业可以确保所有相关人员都在遵循品牌管理手册的指导原则。一旦发现违规行为，企业需要及时采取行动，对违规者进行纠正或处罚，以示警诫。

除了监督品牌管理手册的使用，企业还需要对可能存在的风险进行及时的监测和评估。这些风险可能来自多个方面，如未按注册商标授权的范围使用、注册商标连续三年未使用、存在法律瑕疵的许可和转让行为，以及品牌质押和投资环节可能存在的法律风险。为了防止这些风险对品牌资产造成损害和不必要的损失，公司需要建立一套风险评估机制，定期对各项活动进行审查和分析，以便及时发现问题并采取相应的应对措施。

（三）品牌保护管控

品牌保护是法律授予企业应有的维护商标专用权的行为。从企业的品牌管理需求来看，企业通常会采取品牌保护监测的方式进行风险预警，其法律风险管控的目的在于持续维持品牌的市场优势地位，杜绝被其他企业仿冒和侵权。这种品牌监测信息通常来自两个方面：

第一，来自市场层面。企业可以通过信息搜集和反馈渠道及时获知他人在市场经营环节涉嫌侵犯企业商标权的行为，并做出反应，避免品牌声誉受到影响和价值受损，同时维护企业品牌的市场份额。这一类信息监测和预警，需要企业的市场和销售部门参与，它还要求公司的多个部门相互合作、收集信息。由于商标侵权风险主要发生在销售过程中，如果发生商标侵权，公司的品牌销售将受到影响，消费者也将受到影响。

第二，来自国家层面，尤其是国家商贸局发布的品牌信息，其中初审信息和商标声明是最重要的。商标持有人可以指定公司法务部门或品牌管理部门对商标进行审查，监督和防止他人进行商标注册损害品牌企业的利益，可以通过人工或系统监测的方式实现。此外，公司法律部门需要通过各种渠道收集信息，特别是在非传统销售渠道，此类网络信息是企业品牌保护预警情报搜集的主要渠道。这是因为在电子商务极其繁荣的今天，网络侵权现象十分突出。

建立符合品牌风险管理要求的企业风险预警体系是品牌风险管理和控制体系中最重要的组成部分。它承担收集品牌风险信息的功能，并为下一步的风险评估和响应提供充分的准备。

六、企业品牌法律风险管控系统的建立

企业品牌法律风险管控由四个环节组成，即风险预警、风险评估、风险应对、风险善后，如图 6-3-1 所示。通过这些环节建立的企业品牌法律风险管控系统，更符合企业的品牌管理需求、品牌风险管理和控制需求；能够有效实现风险管控目标，以及提升品牌推广核心价值的目标。

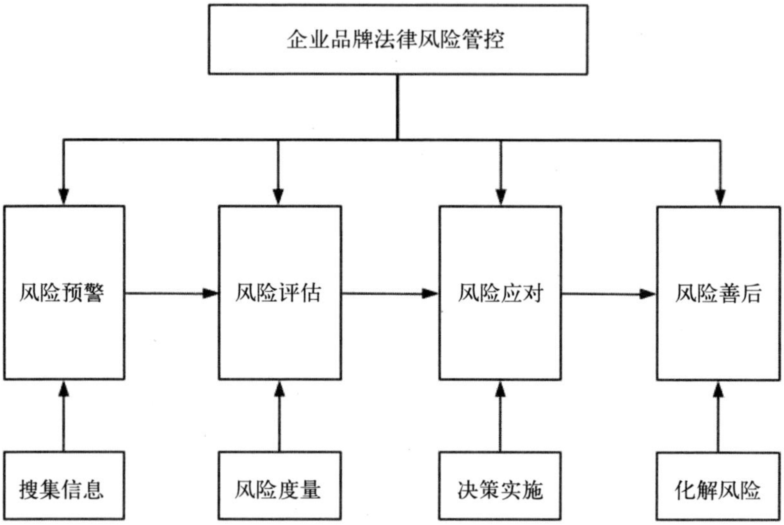

图 6-3-1　企业品牌法律风险管控系统

（一）风险预警

品牌风险预警系统搜集到的信息具有信息量大、难以查找或需要处理识别的关键信息等特点，还可能存在信息不能直接使用的问题。因此，企业需要对预警信息进行初步分类和风险管理评估。首先，对信息进行去伪存真。信息本身存在真伪性，这是由信息的来源和渠道决定的，如果信息的真实性无法确定，就会出现因虚假信息导致公司风险管理不善。其次，对信息进行去粗取精，提高信息的可用性。为避免不准确的风险评估，企业需要从大量复杂的信息中提取有用的信息。最后，风险评估工作就是由此及彼和由表及里的过程。该工作的核心原则是企业商标风险管理部门将结合不同部门管理意见的警示信息，提供给企业的风险管理委员会或领导人并征求意见，形成更全面的信息汇总，提高信息的可直接利用率。

（二）风险评估

完成预警信息分析的第一步之后，企业需要进行风险评估，并确定这些信息和因素是否构成了潜在的风险。在这个评估过程中，企业需要解决两个核心问题：第一，要确定这些信息和因素是否具有风险的性质；第二，要评估这些风险的严重程度。通过综合考量风险识别和风险程度评估的多个因素，可以判断企业是否已经建立起了一个适用于指导风险管理下一步措施的法律风险框架。企业应根据风险评估手册中所描述的管理需求，以及结合自身的管理需求对风险的程度进行评估。评估可以从风险发生的概率、危害程度以及受损规模等方面进行综合考量。在此基础上，将评估结果与企业的风险承受能力进行比较，以进一步确定风险的优先级和应对策略。

（三）风险应对

企业建立品牌法律风险管控的核心目的是，当企业通过风险识别确定即将或已经发生品牌法律风险时，可以及时采取措施解决危机并提升整个风险管理系统的品牌风险控制。因此，企业有效应对品牌风险可以分为前置阶段和应对阶段。

1. 前置阶段

风险前置阶段控制是指在危机发生之前采取措施来解决潜在风险问题。该阶段的目标是消除品牌危机的可能性，通过及时降低、排除和减弱风险因素等措施，预测和处理还未转化为品牌法律危机事件的预警信息，并对已经转化为品牌法律危机的事件采取措施以控制危机的影响，从而降低风险程度。

例如，在市场上发现假冒产品的情况下，预防程序会向违规者发出违规警告信，并建议对方停止违规行为。另外，在品牌设计的早期阶段，如果风险预警程序发现商标已经被注册，预防程序将需要及时调整品牌设计，通过改变品牌设计或增加可注册因素等方式来消除法律风险。这些措施都旨在在危机出现之前，及时识别并处理潜在的风险问题，以避免危机的发生并降低潜在风险的影响。

2. 应对阶段

当品牌法律风险预警信息通过前置程序没有及时将危机控制在萌芽阶段，并演变成威胁品牌的风险事件时，企业应积极应对风险，同时对风险管理程序进行优化和调整。在这个阶段企业要做好两项具体任务：一是制定计划消灭风险；二是实施风险解决计划。首先，制定风险处置方案的基本原则和内容是根据风险识别对风险类型定性和对风险定级，确定风险处置的目标、基本策略和预估效果，制定风险处置措施和工作细则、记录风险应对节点和效果评估；其次，风险管理解决方案的实施应与风险应对措施的有效性相关联，否则预警和风险对应就是无用的。

（四）风险善后

一个品牌的法律风险就像一个病人从重病中康复。虽然“治疗”方面是重要的，但如果“恢复”工作做得不好，就有可能给品牌带来“后遗症”，对企业造成长期性的不良影响和难以愈合的损害。

品牌法律风险善后的根本目的是恢复品牌危机之前的原状，在这个环节当中应处理好下面几项工作：

首先，消除法律危机事件给品牌带来的后续影响。企业的核心就是品牌，品牌起到了无形资产和特殊的作用，往往会牵一发而动全身，甚至造成“蝴蝶效应”，对企业产生不利影响。因此，尽量减少或降低法律危机对企业品牌的后续影响首先要做的是法律风险管理。具体而言，不同的企业品牌管理策略有不同的方法处理后续影响。例如，单一品牌经营策略的公司往往会选择通过公关等方式，来防止危机持续发酵和消除危机的后续影响。而多品牌经营策略的企业，可以选择雪藏危机品牌。

其次，进行“亡羊补牢”式的品牌建设。企业品牌经过一次危机事件，必然会暴露一些方面的不足，包括执行方面的漏洞，或者是管控系统建设方面的问题。总而言之，一定会发现品牌管理方面的漏洞。企业应积极把握这样的机遇，对品牌法律风险管控方面存在的漏洞进行及时的弥补，并且举一反三，避免类似的风险事件再次发生。

参考文献

[1] 李喆，刘华 . 品牌管理与营销 [M]. 北京：中国纺织出版社，2019.

[2] 商超余 . 品牌营销新论 [M]. 北京：经济日报出版社，2017.

[3] 胡逾，张珺，宣学君 . 品牌文化与市场营销 [M]. 北京：光明日报出版社，2016.

[4] 刘红艳 . 品牌危机与品牌长期管理 [M]. 北京：中国经济出版社，2019.

[5] 覃素香 . 中小企业品牌营销及策划研究 [M]. 成都：电子科技大学出版社，2017.

[6] 许安心 . 企业品牌危机管理研究 [M]. 北京：中国广播影视出版社，2017.

[7] 王新刚 . 品牌管理 [M]. 北京：机械工业出版社，2020.

[8] 蓝天 . 企业品牌与文化 [M]. 武汉：华中科技大学出版社，2012.

[9] 李玉香 . 品牌与企业发展 [M]. 北京：知识产权出版社，2010.

[10] 戴维斯 . 品牌设计与营销 [M]. 陆以理，李柏英，译 . 沈阳：辽宁科学技术出版社，2018.

[11] 侯明娟 . "互联网 +" 时代的品牌营销战略与实施路径 [J]. 商场现代化，2022（20）：43-45.

[12] 杨苗 . 互联网环境下企业品牌营销策略的创新探索 [J]. 商场现代化，2022（17）：49-51.

[13] 朱明岗 . 互联网环境下企业品牌营销策略的创新探索 [J]. 互联网周刊，2021（16）：60-62.

[14] 贾学芳，董璐，徐斌斌 . 互联网 + 中小企业品牌塑造路径研究 [J]. 国际公关，2020（3）：212.

[15] 周雨航，张浚哲 . "互联网 +" 背景下传统企业转型及品牌营销创新策略研究：以"洽洽食品"为例 [J]. 经济研究导刊，2020（3）：48-49，61.

[16] 杨璇．论互联网时代企业品牌营销的品效合一 [J]. 市场研究，2020（1）：58–60.

[17] 樊哲，张原．“互联网 +”背景下企业品牌推广模式的几点探讨 [J]. 中外企业家，2018（35）：142–143.

[18] 冯居君．互联网 + 时代的品牌营销新战略与实施路径研究 [J]. 品牌研究，2018（2）：45，47.

[19] 李亚子．互联网 + 时代的品牌营销新思路 [J]. 品牌研究，2018（2）：49–50.

[20] 张丽娟．“互联网 +”时代企业品牌传播的创新研究 [J]. 洛阳理工学院学报（社会科学版），2017，32（6）：43–46.

[21] 乔中杰．“互联网 +”环境下青花汾酒品牌推广分析 [D]. 太原：山西财经大学，2023.

[22] 谷明风．“互联网 +”背景下老字号品牌凤阳酒厂营销策略优化研究 [D]. 蚌埠：安徽财经大学，2021.

[23] 齐浩妏．“互联网 +”背景下旅游景区的品牌传播探究 [D]. 大连：东北财经大学，2020.

[24] 周士琳．“互联网 +”背景下吉茜大米面膜品牌推广策略研究 [D]. 大连：大连工业大学，2020.

[25] 魏垚．“互联网 +”背景下 X 镇旅游品牌推广策略研究 [D]. 贵阳：贵州财经大学，2019.

[26] 王硕．Z 基金公司基于“互联网 +”的品牌构塑研究 [D]. 北京：北京交通大学，2019.

[27] 刘永熙．“互联网 +”环境下设计师品牌营销模式创新研究 [D]. 大连：大连工业大学，2018.

[28] 李慧．“互联网 +”背景下企业营销创新策略研究 [D]. 北京：北京邮电大学，2018.

[29] 刘静 . 互联网 + 时代汽车品牌的价值营销策略研究 [D]. 广州：暨南大学，2016.

[30] 李瑞星 . 基于互联网 + 的企业新媒体营销策略研究 [D]. 石家庄：石家庄铁道大学，2016.